全本全注全译丛书

中华经典名著

张　景　张松辉◎译注

道德经

中华书局

图书在版编目（CIP）数据

道德经/张景,张松辉译注. —北京:中华书局,2021.5
（2025.9重印）
（中华经典名著全本全注全译丛书）
ISBN 978-7-101-15159-6

Ⅰ.道… Ⅱ.①张…②张… Ⅲ.①道家②《道德经》-译文
③《道德经》-注释 Ⅳ.B223.15

中国版本图书馆 CIP 数据核字（2021）第 067218 号

书 名	道德经
译 注 者	张 景 张松辉
丛 书 名	中华经典名著全本全注全译丛书
责任编辑	周 旻 舒 琴 张 敏
责任印制	陈丽娜
出版发行	中华书局

(北京市丰台区太平桥西里 38 号 100073)
http://www.zhbc.com.cn
E-mail:zhbc@zhbc.com.cn

印 刷	北京盛通印刷股份有限公司
版 次	2021 年 5 月第 1 版
	2025 年 9 月第 18 次印刷
规 格	开本/880×1230 毫米 1/32
	印张 11½ 字数 230 千字
印 数	810001–860000 册
国际书号	ISBN 978-7-101-15159-6
定 价	30.00 元

目录

前言

　　《道德经》又称《道德真经》《老子》《老子经》，其作者老子为圣人孔子之师。《道德经》不仅是传统文化中鼎立三足之一的道家（包括道教）代表作，而且还被尊为诸子之首。《道德经》虽然只有五千字左右，却蕴含着极为丰富的哲学、政治、军事、教育、人生处世等各方面智慧，对中华民族乃至整个世界都产生了重大影响。

一、老子生平与《道德经》

　　《道德经》的作者为春秋末期的大哲学家老子，关于老子生平及其著作，《史记·老子韩非列传》有一个迄今为止最为可信的简要介绍：

　　　　老子者，楚苦县厉乡曲仁里人也。姓李氏，名耳，字聃，周守藏室之史也。

　　　　孔子适周，将问礼于老子。老子曰："子所言者，其人与骨皆已朽矣，独其言在耳。且君子得其时则驾，不得其时则蓬累而行。吾闻之：良贾深藏若虚，君子盛德，容貌若愚。去子之骄气与多欲，态色与淫志，是皆无益于子之身。吾所以告子，若是而已。"

　　　　孔子去，谓弟子曰："鸟，吾知其能飞；鱼，吾知其能游；兽，吾知其能走。走者可以为罔，游者可以为纶，飞者可以为矰。至于龙，吾不能知，其乘风云而上天。吾今日见老子，其犹龙邪！"

老子修道德，其学以自隐无名为务。居周久之，见周之衰，乃遂去。至关，关令尹喜曰："子将隐矣，强为我著书。"于是老子乃著书上下篇，言道德之意五千余言而去，莫知其所终。

准确地讲，老子应是春秋末期陈国苦县（今河南鹿邑）人，大约在老子去世后不久，陈国即被并入楚国，所以《史记》又说他是楚国人。老子姓李，名耳，字聃。其生卒年不可详考，大约生于公元前580年（周简王六年），死于公元前500年（周敬王二十年）。他曾担任过周朝藏书室史官，是一位知识渊博的学者。孔子三十多岁时，曾专程去向他请教有关礼制的问题。后来孔子在自己的弟子面前，赞叹老子就像"乘风云而上天"的龙一样，因此后人又称老子为"犹龙"。

老子对当时的政治状况极为不满和失望，为此他辞官隐居。当他出关（后人认为是函谷关，一说为散关）时，守关的官员尹喜为这位大学者的隐退甚为惋惜，便劝他著书立说，以便为社会留下宝贵的精神财富。于是老子就著书上、下两篇，这就是我们今天看到的《道德经》。至于老子此后的情况，人们就不太清楚了。

《史记·老子韩非列传》接着还有一段记载："盖老子百有六十余岁，或言二百余岁，以其修道而养寿也。自孔子死之后百二十九年，而史记周太史儋见秦献公曰：'始秦与周合，合五百岁而离，离七十岁而霸王者出焉。'或曰儋即老子，或曰非也，世莫知其然否。老子，隐君子也。"当时社会上传说老子活了两百岁左右，而且战国时期的太史儋即老子，一些学者把这条记载作为证据之一，说老子为战国时期的人。仔细研味《史记》记载的这些传言，全属无法证实的游言虚辞，连司马迁也不太相信。

由于老子被后来的道教尊为太上老君，所以一些方士、道人就慢慢为老子的出身、经历增添了不少神话传说，其一为："老子西游，关令尹喜望见有紫气浮关，而老子果乘青牛而过也。"（《史记·老子韩非子列传》集解引《列仙传》）说尹喜因为看到一团紫气从东方飘浮而来，马上意识到将有圣人要来到函谷关,于是就仔细查访,不久,果然看到一位老人乘坐着青牛,神情从容而凝重地来到关下。这位老人就是尹喜所要寻找的圣人——老子。于是尹喜就拜老子为师,一起隐居修道去了。这就是后人所津津乐道、带有神秘色彩的"紫气东来""骑青牛过关"这一典故的来历。

《道德经》的书名,其雏形已经见于《史记》说的"老子修道德……言道德之意五千余言",但此时的"道德"毕竟还不是书名。《汉书·外戚传》记载:"窦太后好黄帝、老子言,景帝及诸窦不得不读《老子》,尊其术。"《汉书·艺文志》也著录有《老子邻氏经传》四篇、《老子傅氏经说》三十七篇、《老子徐氏经说》六篇、刘向《说老子》四篇,这说明当时人们一般称《道德经》为《老子》。《文史通义》卷一对《老子》书名的变化,有一个简单介绍:

> 《老子》二篇,刘、班著录,初不称经,《隋志》乃依阮《录》,称《老子经》,意者阮《录》出于梁世,梁武崇尚异教,则佛老皆列经科,其所仿也。而加以《道德真经》,与《庄子》之加以《南华真经》,《列子》之加以《冲虚真经》,则开元之玄教设科,附饰文致,又其后而益甚者也。

这种说法有两处不妥。一是认为《老子》称"经"始于南朝萧梁,实际上《汉书》记载的《老子邻氏经传》《老子傅氏经说》《老子徐氏经说》这些书名中的"经"无疑都是指《老子》原文而言,嵇康《圣贤高士传》载:"安丘望之,字仲都,京兆长陵人。少持《老子经》,恬净不求进宦,号曰安丘丈人。"可见至迟于魏晋时,《老子经》这一书名就已出现。二是说《道德经》一名出于唐玄宗开元年间,也不确。远在隋朝以前,《道德经》这一书名就屡见于史书。《晋书·王羲之列传》:"道士云:'为写《道德经》,当举群相赠耳。'羲之欣然写毕,笼鹅而归,甚以为乐。"《北齐书·杜弼列传》:"(杜)弼性好名理,探味玄宗,自在军旅,带经从役。注老子《道德经》二卷。"《北史·卢光列传》:"(卢光)注《道德经章句》行于世。"《隋书·经籍志》为我们提供了更多的信息:

《老子道德经》二卷　　周柱下史李耳撰。汉文帝时,河上公注。梁有战国时河上丈人注《老子经》二卷,汉长陵三老毌丘望之注《老子》二卷,汉徵士严遵注《老子》二卷,虞翻注《老子》二卷,亡。

《老子道德经》二卷　　王弼注。梁有《老子道德经》二卷,张嗣注;《老子道德经》二卷,蜀才注。亡。

《老子道德经》二卷　　锺会注。梁有《老子道德经》二卷,晋太傅羊祜解释;《老子经》二卷,东晋江州刺史王尚述注;《老子》二卷,晋郎中程韶集解;《老子》二卷,邯郸氏注;《老子》二卷,常氏传;《老子》二卷,孟氏注;《老子》二卷,盈氏注。亡。

《老子道德经》二卷、音一卷　　晋尚书郎孙登注。

《老子道德经》二卷　　刘仲融注。梁有《老子道德经》二卷,巨生解;《老子道德经》二卷,晋西中郎将袁真注;《老子道德经》二卷,张凭注;《老子道德经》二卷,释惠琳注;《老子道德经》二卷,释惠严注;《老子道德经》二卷,王玄载注。亡。

《老子道德经》二卷　　卢景裕撰。

依据这些记载,我们可以做出如下判断:远在战国时期,《老子》已称《老子经》,甚至已称《老子道德经》。如果说这一判断还有可以商榷余地的话,那么至迟到魏晋时期,《道德经》这一书名已经出现,因为《晋书》《北史》《隋书》等如此多的史书记载说明,《道德经》是当时注释者所普遍使用的书名。

《文史通义》之所以说《道德经》书名出于唐玄宗,可能是由于对《旧唐书·礼仪志》一段话的误读:"开元二十九年正月己丑,诏两京及诸州各置玄元皇帝庙一所,并置崇玄学。其生徒令习《道德经》及《庄子》《列子》《文子》等。……至天宝元年正月……置玄元庙于太宁坊,东都于积善坊旧邸。二月丁亥,……诏:'《古今人表》,玄元皇帝升入上圣。庄子号南华真人,文子号通玄真人,列子号冲虚真人,庚桑子号洞虚真人。改《庄子》为《南华真经》,《文子》为《通玄真经》,《列子》为《冲虚真经》,《庚桑子》为《洞虚真经》。'"仔细研读这段文字,我们不难发现,唐玄宗在天宝元年(《文史通义》误为开元年间)的诏书中只是下令修改了《庄子》《文子》《列子》《庚桑子》四本书名,根本没有提到《道德经》,因为在此之前,《老子》已称《道德经》了,故不在改名之列。

《道德经》只有五千多字,后人把它分为八十一章。《史记》说"老子乃著书上、下篇",是指《道德经》中的上篇《道经》(前三十七章)和下篇《德经》(后四十四章)。这样划分,是因为前三十七章主要阐述"道",而后四十四章主要阐述"德"。

二、《道德经》的思想

《道德经》虽然只有五千字左右,但言简意赅,内容非常丰富,涉及哲学、政治、军事、人生处世等方方面面。特别是《道德经》把人放置于大自然这一无限的时空中去探求人与自然、人与人、身与心之间的关系,通过逆向思维,提出了许多为时人所忽略的重大问题,显得大气恢宏,发人深省。

第一,哲学思想。

《道德经》这本书的主旨是谈论政治与人生的,但它把自己的政治思想及人生处世原则都上升到哲学的高度去加以论证,因此本书的哲学意味就显得特别浓郁。

在本体论方面,老子提出了其思想体系中的最高概念"道"和与之密切相关的"德"。这也是老子开创的学派被称为道家、本书被称为《道德经》的原因所在。但老子讲的"道德"与我们今天讲的"道德"在内涵上具有极大的差异,因此我们首先要讲清楚老子的"道"与"德"的含义及二者之间的关系。

作为最高概念的"道"究竟是什么,近百年来的学界有不少分歧,主要观点有:(一)道是精神性的、能够产生万物的根源。本派学者据此定老子为唯心主义者。(二)道是细微物质性的、能产生万物的根源。本派学者据此定老子为唯物主义者。（三）以上两派在承认道是产生万物根源（或物质的或精神的）的同时，也都承认道是宇宙总规律。由于赋予道可以直接生养万物的功能，所以这些解释都带有一定的神秘色彩。而我们认为，道没有任何神秘性，道就是所有规律、真理、原则的总称。

"道"的本义是道路，人们从某地到某地，必须通过某条道路，否则，就无法到达自己的目的地。同样的道理，包括人在内的万物要想达到自己的某种目的，必须遵循某种规律、原则，否则就无法成功。于是在词汇比较贫乏的古代，老子就把道路的"道"拿来作规律、真理、原则等含义来使用。"道"是天地间所有规律、真理的总称。老子所讲的规律同今天所讲的规律虽然在概念上一样，都是指万物所必须遵循的客观法则，但在阐述规律的具体内容时，却有所不同。除了自然、社会规律外，老子还把一些伦理道德、甚至一些与规律相违背的东西也视为规律。

所谓"德"，就是具体事物的规律、本性。德大约有两层含义：一是指先天的德。万物一旦产生，就必定具备各自的本性和本能，比如人一生下来就知道呼吸、吃喝，这就是人的最初本能。而这个本能，古人认为就是道赋予的。二是指后天的德。道是客观存在，人们学习的目的就是为了得道，然而人们又不可能把所有的道全部掌握，那么已经被人掌握的这一部分道就叫作"德"。

由此可见，"道"是所有规律的总称，是整体，是客观存在；而"德"是指具体事物的规律、本性，是个别，是主观存在。我们打一个比方："道"好比大江大海的水，浩浩汤汤；我们去饮用大江大海的水，只能喝取其中很少一部分，而喝到我们肚子里的那些水就叫作"德"，所以古人说：

> 德者，得也。……何以得德？由乎道也。（王弼《老子道德经注》）

从大道那里得到的、属于个人所有的那一部分就是"德"。简言之，"道"是整体，"德"是部分；"道"是客观的，"德"是个人的。因为"德"是从"道"那里得来的，因此二者的内容又是一致的，这就是《道德经》二十一章说的"孔德之容，惟道是从"。

　　在方法论方面，老子特别重视辩证地去观察、处理问题。他认识到有与无、高与下、前与后、好与坏、善与恶等事物都是在相互对立中才能出现，并由此提出"无为"方能"无不为"的政治主张。他认识到事物都存在着向相反方向发展的可能性，因此写下了"祸兮福之所倚，福兮祸之所伏"（五十八章）、"多藏必厚亡"（四十四章）、"金玉满堂，莫之能守"（九章）等留传至今的格言。

　　在事物发展观方面，《道德经》认为天地万物就是在道的支配下，不停地进行着一种周而复始的循环运动。万物由无到有、由弱到强，发展到极盛，然后再走回头路，由强到弱、由有到无，这就是二十五章说的："大曰逝，逝曰远，远曰反。"这种循环是闭合式的，是无限的，当一个旧的循环周期结束之后，将是一个新的循环周期的开始，如此终而复始，永无结束，这就是十六章说的："夫物芸芸，各复归其根。归根曰静，是谓复命，复命曰常。"

　　在认识论方面，老子提醒人们"常无欲，以观其妙；常有欲，以观其徼"（一章），在认识客观世界时，一定要保持清静的心态，因为深重的欲望会遮蔽人的眼睛，使人无法认识真理，从而做出不理智的行为。与此同时，老子还提出了认识过程的反复性问题："天下有始，以为天下母。既得其母，以知其子。既知其子，复守其母，没身不殆。"（五十二章）我们认为，人的认识过程是"实践、认识、再实践、再认识……"，也即不断地从特殊走向一般、再由一般走向特殊的辩证运动过程，而老子则要求人们由一般（母、道）到特殊（子、具体事物），再由特殊到一般，也即先掌握大道，然后依据大道原则去认识特殊事物；认识特殊事物之后，还要回头把握大道，以道为依据去处理具体事务。

　　老子的哲学思想非常丰富，比如他在主张循环论的同时，并不否认递进论；他的"复归于婴儿"（二十八章）这一命题中，包含着性善论的雏形。如此等等。可以说，老子是中国第一位具有完整思想体系的大哲学家。

第二，政治思想。

在政治态度方面，老子对当时的统治者进行了无情的批判和强烈的抗议。他认为百姓受饥挨饿，是由于统治者食税太多；国家混乱不堪，是由于统治者欲望太大。他痛骂统治者是不走大道专行邪路的强盗头子："朝甚除，田甚芜，仓甚虚。服文彩，带利剑，厌饮食，财货有余，是谓盗竽。"（五十三章）批判当时的社会是"损不足以奉有余"（七十七章）的极不公平的罪恶社会。

在政治理想方面，老子向往的是"小国寡民"社会。在这个美好的社会里，国家小，人口少，没有繁复的文化，不用先进的器具，更无残酷的战争，百姓吃饱穿暖，安居乐业，不思远徙，国与国之间，"鸡犬之声相闻，民至老死，不相往来"（八十章）。很明显，老子的理想社会是一种不重科技、没有压迫、相对封闭的美好社会。老子的"小国寡民"类似于陶渊明的桃花源，属于理想主义的产物，但也不能否认其中蕴含着许多合理因素。

《道德经》治国的核心理念，可以用八个字概括——顺应自然，无为而治。所谓"无为"，就是反对人为干涉，一切顺应自然而为。《文子·自然》引用老子的话，对"无为"作了明确解释："老子曰：'所谓无为者，非谓其引之不来，推之不去，迫而不应，感而不动，坚滞而不流，卷握而不散。谓其私志不入公道，嗜欲不枉正术，循理而举事，因资而立功，推自然之势，曲故不得容，事成而身不伐，功立而名不有。……夏渎冬陂，因高为山，因下为池，非吾所为也。'"简言之，"无为"就是要求人们理政时顺应客观规律，不可掺进私心私意。除此之外，老子还提出诸如反对苛政暴敛、保证百姓温饱、维护社会安定等一系列具体的政治措施。

在对待战争的问题上，老子的态度与墨子相似，他反对侵略战争，《道德经》三十一章说："兵者，不祥之器，物或恶之，故有道者不处。"指出"夫乐杀人者，则不可以得志于天下矣"，三十章中的"大军之后，必有凶年"这一千古名言为后世反战人士提供了极佳的理论支撑。老子在反对侵略战争的同时，又态度鲜明地支持反侵略之战，并为我们留下"哀兵必胜"这一重要的军事理论："故抗兵相加，哀者胜矣。"（六十九章）

第三，人生处世思想。

老子的人生哲学，主要是引导人们贵柔守雌、和光同尘、知足抱朴，恢复到无知无欲的婴儿状态。因为在他看来，"物壮则老"（三十章）、"兵强则灭"（七十六章），保持婴儿状态，不仅有利于自我保全，也能促进社会和谐。老子特别重视守柔："天下之至柔，驰骋天下之至坚"（四十三章），"夫唯不争，故天下莫能与之争"（二十二章）。可见其重"柔"的目的，还是为了取强，也即"柔弱胜刚强"（三十六章）。

除上述之外，老子在养生、用人等方面，也提出了不少精辟见解，因篇幅所限，读者可以参阅有关正文，这里就不再全面详细介绍了。

三、《道德经》对后世的影响

《道德经》对后世的影响，可以说是全方位的。对此，明代开国文臣之首宋濂有一个总结："老聃，孔子所尝问礼者。……道家祖之；……神仙家祖之；……兵家祖之；……庄列祖之；……申韩祖之；……张良祖之；……曹参祖之。"（《诸子辨》）这就是说，儒家、道家、兵家、法家、道教以及一些政治家，都曾受到《道德经》的影响，老子成了众派之祖，《道德经》实为诸子之源。

在哲学方面，老子思想影响极大，有学者甚至认为老子哲学思想是中国古典哲学的"主干"。在此后的两千多年里，道家以各种方式、从不同角度影响着人们的哲学思维方式。魏晋玄学与老子思想的密切关系，已是公认的事实。就连以儒家正统自居的宋明理学，在构建自己理论体系时，也大量地吸收了道家思想营养。周敦颐的太极图说，邵雍的天象数学，朱熹的"理""气"思想，心学家的"安坐""去欲"主张，无不与老子思想有着源与流的关系。

在宗教方面，老子的影响同样是巨大的。东汉时，老子已被皇室视为神灵而进行祭祀。东汉末年,道教正式创立,老子被尊为教主。特别是天师道,对老子更是推崇备至,《道德经》被奉为圣书,每位信徒都要诵读。佛教传入中国初期,更是大量地借用道家的思想概念,以解说佛教的理义,以至于今天的佛教还念念不忘道家的"接引之谊"。不少高僧大德致力于《道德经》的研究,如释惠琳、释惠严、憨山德清等,都有《道德经》注释本问世。

老子思想对政治的影响,最明显地体现在西汉前期的政治上。西汉前期的几代皇帝崇尚黄老,主张清静无为,窦太后更是要求皇子"读《老子》,尊其术"(《汉书·外戚传》),竭力维护道家的政治地位。执行老子清静无为思想的效果,就是在中国历史上出现了辉煌的、至今仍为人所称道的"文景之治"。到了唐代,太宗视老子为皇家先祖,高宗又追封其为"太上玄元皇帝",规定《道德经》为上经,王公大臣都要学习,并定为科举考试内容。玄宗时,老子先后三次被加封:由"大圣祖玄元皇帝"到"圣祖大道玄元皇帝",再到"大圣祖高上大道金阙玄元皇帝"。此时的老子,成为集人主、皇祖、教主于一身的最高偶像。太宗在政治上也坚持老子的贵清静、重无为的思想原则,他罕动干戈、抑情损欲、安抚百姓、宽刑简法,有效地保证了百姓休养生息,促进了经济发展,开创了中国历史上第二次辉煌的政治局面——贞观之治。汉唐两大王朝的兴盛,有力地证明了老子政治思想的积极意义。

以上只是简略地介绍了老子对哲学、宗教、政治的一些影响。其实老子思想对后世的影响是多方面的。比如他的重"自然"思想,先后在中国的文学、音乐、绘画、建筑等领域里发挥过巨大作用。他的一些思想原则,还被广泛地运用到军事、管理和外交方面。

在中国历史中,儒、道两家互为表里,相辅相成,不仅共同铸就了中华民族的心理品格,甚至对于整个民族的生活习俗、思维方式的形成,都起到了主导作用。可以说,不了解儒、道两家,就不了解中国的过去,因而也无法深刻理解中国的今天和未来。

《道德经》不仅在中国产生了巨大影响,对世界的影响也不容忽视。至迟在唐代,《道德经》即已走出国门:

> 五天竺所属之国数十,风俗物产略同。有伽没路国,其俗开东门以向日。王玄策至,其王发使贡以奇珍异物及地图,因请老子像及《道德经》。(《旧唐书·西戎列传》)

> 寻又下敕,令翻《老子》五千文为梵言,以遗西域。(玄)奘乃召诸黄巾,述其玄奥,领叠词旨,方为翻述。道士蔡晃、成英等竞引释论《中》《百》玄意,用通道经。(《续高僧传》卷四)

其后,《道德经》在国外的影响越来越大,流传范围也越来越广。王华玲、辛红娟《〈道德经〉的世界性》(见《光明日报》2020年4月18日国学版)介绍说:近世以来,译介和研究老子思想已经成为国际汉学界的一种风尚,学界甚至把《道德经》翻译和研究成果的多寡看作是衡量一个国家汉学研究是否发达的重要标准之一。《道德经》是被译介得最多的中国典籍,据统计,已经被译为73种语言文字,凡数千种,其在英语世界的发行量仅次于《圣经》和《薄伽梵歌》。结合芝加哥大学博士论文《美国经典中的〈道德经〉:文本、传统与翻译》文后提供的《道德经》英译目录与南开大学哲学系副教授、美国学者邰谧侠(Misha Tadd)整理的"《老子》译本总目",通过对孔夫子旧书网、亚马逊图书网和中国国家图书馆中国国家数字图书馆文献联合检索确认,截至2020年4月共有各类《道德经》英译本(全译文、节译文、改写本以及借《道德经》之名进行的创作本)562种。

从以上资料不难看出,《道德经》已经成为整个人类取之不尽的思想宝库。

四、《道德经》版本及注疏

《道德经》的版本较多,主要有王弼的《老子道德经注》本、河上公《老子道德经章句》(又称《老子道德经注》)本、马王堆帛书《老子》本

（甲本，乙本）、郭店竹简《老子》本等等。这些版本的主旨内容基本相同，但在文字方面存在较大差异，有些版本甚至篇章结构也不相同，如大部分版本是"道经"在前，"德经"在后，而帛书《老子》则刚好相反，"德经"在前而"道经"在后，因此一些学者据此提出《道德经》应为《德道经》的建议。

至于《道德经》的注释本，其古今数量多得无法确切统计，据说至元代已达三千多种："《道德》八十一章，注者三千余家。"（元代道士张与材撰杜道坚《道德玄经原旨·序》）注释者的身份更是千差万别，有至尊天子，也有普通士人，还有道真释子。这些注释者因集苑集枯而见仁见智，有的主要从哲学角度诠释《道德经》，如王弼的《老子道德经注》；有的主要从政治的视角解释《道德经》，如唐玄宗李隆基、明太祖朱元璋的御注；有的则从宗教角度去理解《道德经》，如传为张道陵撰写的《老子想尔注》。即便是站在同一角度去注释《道德经》，也因为对一些具体字句的理解不同而对同一句话做出不同的解释，甚至断句、篇章安排都出现诸多差异。正如憨山德清说的那样："搜诸家注释，则多以己意为文……因谓注乃人人之《老》《庄》，非老庄之《老》《庄》也。"（《老子道德经解·注道德经序》）可以说，历史上对《道德经》的解释纷纭复杂，莫衷一是。

我们奉献给读者的这本《道德经》，以中华书局《王弼集校释》中的《老子道德经注》（王弼注，楼宇烈校释，1980年版）为底本。我们选择王弼本，主要是因为这一版本的文字，历代使用率最高，所以王弼本被学术界视为流行本、通行本。我们在注释时，尽量保持原貌，对于其中的一些极少数的明显不当之处，参考其他版本予以修正，并在注释中加以说明。如十五章中的"俨兮，其若客"，王弼本作"俨兮，其若容"，如果作"容"，其义滞碍难通，我们依据河上公本、帛书本改为"客"。

《道德经》用词简洁，不易理解，连司马迁都说老子"著书辞称微妙难识"（《史记·老子韩非列传》），再加上老子由于逆向思维而产生的一些看似反常的观点,即使有注释和译文,也不太好懂。因此在多数章节中,我们还对一些疑难问题做出了相应的解读,如果一个章节中有数个问题需要解读,我们则以"一、二、三……"做出标识。

　　由于我们学识所限,本书的译注及解读,肯定会有许多不当甚至错误之处,恳请专家与读者不吝赐教。

张景　张松辉

2021年4月

上篇　道经

一章

【题解】

　　本章为《道德经》的主旨所在，憨山德清《老子道德经解》认为"老氏之学尽在于此，其五千余言所敷演者，唯演此一章而已"。本章提出了哲学的三个带有根本性的问题。第一是本体论。本章开门见山地摆出自己思想体系中的最高概念——道，同时指出道无法用语言描述清楚，必须自己用心去体悟。第二是方法论。本章提出"无名"与"有名"相对立而产生的辩证观，这一辩证观可以说贯穿于《道德经》全书，成为老子处理一切事务的指导思想。第三是认识论。本章认为，只有保持清静无欲的心态，才能够正确而深刻地认识客观世界，同时还指出认识过程的反复性及其重要意义。这三个重要问题，我们分别在"解读"中加以详述。

　　道可道，非常道①；名可名，非常名②。

　　无名③，天地之始；有名④，万物之母。

　　故常无欲，以观其妙；常有欲，以观其徼⑤。

　　此两者同出而异名⑥，同谓之玄⑦。玄之又玄⑧，众妙之门⑨。

【注释】

①道可道,非常道:用语言能够表达清楚的道,就不是永恒不变的道。第一、第三个"道"是老子思想体系中的最高概念,相当于今天讲的规律、真理。第二个"道"是道说、描述的意思。常,永恒。学界还有一种解释:"道是可以描述清楚的,而且这个道不是一般的道。"把"道可道,非常道"放在古代的哲学环境中,可以明显感觉到这一解释是不正确的。那么为什么说大道不可言说呢?可详见"解读一"。

②名可名,非常名:可以叫得出的具体名字,就不是永远存在的名字。第一、第三个"名"是名字的意思,是名词;第二个"名"是叫、称呼的意思,是动词。可以叫得出的具体名字也即具体事物的名字,这些名字会随具体事物的消失而消失,或随时代或各种人为因素而改变,所以说它们"非常名"。

③无名:没有名字的东西,也即"无",虚无。这里指空间。老子之前,很少有人谈论空间。其后,古人在必须谈到空间时,所用名称也十分杂乱,如"无""空""虚""宇""无有"等等。

④有名:有名字的东西。这里指构成万物的最基本的物质元素。如古人讲的阴阳二气,或金、木、水、火、土等。至于为什么说"无名"和"有名"是天地万物的开始,可详见"解读二"。对于以上两句,不少注家断为:"无,名天地之始;有,名万物之母。"认为其中的"无"和"有"都是指大道,那么这两句讲的就是同一个意思,形成了无谓的重复。

⑤"故常无欲"几句:不少注本从"常无""常有"后断句:"故常无,欲以观其妙;常有,欲以观其徼。"译为:"所以常从'无'中,去关照'道'的奥妙,常从'有'中,去关照'道'的端倪。"但帛书本《道德经》于两个"欲"字后有"也"字,而"也"字是断句的标志。通观全书,于"欲"字后断句较为恰当。以观,即凭借无欲的心态

去观察。其妙,"无"和"有"的微妙道理,也即空间与万物的微妙道理。其,代指上文的"无名""天地""万物"。徼(jiào),边境,边界。《玉篇·彳部》:"徼,边徼也。"引申为表面,这里指表面现象。为什么说"常无欲,以观其妙;常有欲,以观其徼",详见"解读三"。

⑥两者同出:空间和物质同时出现。两者,指"无"与"有"。没有"无"就没有"有",反之亦然。这一句依然是在强调辩证法。

⑦玄:微妙,奥妙。

⑧玄之又玄:不断探索奥妙。这两个"玄"字都用如动词,是探索奥妙的意思。"玄之又玄",即探索玄妙、再探索玄妙的意思,与四十八章"损之又损"句式一样。本句在阐述认识过程的反复性。

⑨众妙之门:通向万物奥妙的大门。众,众物,万物。

【译文】

可以用语言描述清楚的道,就不是永恒不变的大道;能够用来称呼的具体名称,就不是永恒不变的名称。

空虚无名的空间,是天地得以出现的开始;真实有名的基本物质,是万物得以产生的根源。

因此如果一个人能够经常保持清静无欲的心态,就可以观察空间和万物的微妙之处;如果经常处于多欲状态,就只能看到空间和万物的一些表面现象。

空间与物质同时出现而有不同的名称,它们可以说都是非常奥妙的。如果能够反复不断地去探索它们的奥妙,那么就能够打开通向天地万物奥秘的大门。

【解读】

一

老子为什么说"道可道,非常道"?

要想讲清楚这一道理,我们首先要讲清楚《道德经》中关于"道"与

"德"的含义及二者之间的关系。"道"和"德"是老子思想中最重要的两个概念，这也是《道德经》命名及老子所开创的学派被称为"道家"的原因所在。

我们今天讲"道德"，老子也讲"道德"，但二者的含义有很大不同，我们今天讲的"道德"只是老子"道德"中的一个组成部分。

"道"是老子思想体系中的最高概念，其权威超过了上帝、鬼神，因此老子开创的学派被称为"道家"。"道"的本义是道路，人们从某地到某地，必须通过某一条道路，否则，就无法到达自己的目的地。同样的道理，包括人在内的万物要想达到自己的目的，必须遵循某一种规律、原则，否则就无法成功。于是在词汇比较贫乏的古代，老子就把道路的"道"拿来作规律、真理、原则等含义来使用。"道"是天地间所有规律、真理的总称。我们必须说明，老子所讲的规律同我们今天所讲的规律虽然在概念上一样，都是指人或物所必须遵循的客观法则，但在阐述规律的具体内容时，却有很大不同。除了自然、社会规律外，老子还把一些伦理道德、甚至一些与规律相违背的东西也视为规律，这是因为时代的局限性造成的。

所谓的"德"，就是具体事物的规律、本性。德大约有两层含义：一是指先天的德。万物一旦产生，就必定具备自己的本性和本能，比如人一生下来就知道吃喝，这就是人的最初本能。而这个本能，老子认为就是道赋予的。二是指后天的德。道是客观存在，人们学习的目的就是得道，然而人们又不可能把所有的道全部掌握，那么已经被人掌握的这一部分道就叫作"德"。

"道"是所有规律的总称，是整体，是客观存在；而"德"是指具体事物的规律、本性，属于个别。我们打一个比方："道"好比长江的水，浩浩汤汤；我们去喝长江的水，只能喝取其中很少一部分，而喝到我们肚子里的那些水就叫作"德"。所以古人说：

德者，得也。……何以得德？由乎道也。（王弼《老子道德经

《注》）

从大道那里得到的、属于个人所有的那一部分就是"德"。简言之,"道"是整体,"德"是部分;"道"是客观的,"德"是个人的。因为"德"是从"道"那里得来的,因此二者的内容又是一致的,这也就是《道德经》二十一章说的"孔德之容,惟道是从"。

"道"作为所有规律的总称,其内涵就显得异常的丰富深奥、微妙复杂,所以很难用语言表达清楚。庄子和佛教也认为难以用语言表述大道和佛教真理,就是因为"言不尽意"。"言不尽意"的意思不是说语言不能表达思想、情感,而是说语言不能完全地、彻底地表达清楚思想、情感,特别是真理中的精髓部分和感情中的细微体验,用语言根本无法讲清。这一看法符合事实。

相对于人们的物质生活和精神生活的丰富程度,语言显得非常贫乏;相对于自然与社会的不断变化,语言又总是滞后的。因此语言无法把人们的每一个生活、感情细节都精确地表述出来。唐代僧人道明在六祖慧能的启发下悟了佛理,他描述自己当时的感受是:

如人饮水,冷暖自知。(《五灯会元》卷二)

这一比喻简明、通俗,却十分恰当。一个人饮水,他只能大约地告诉别人这水"冷""热"或"稍冷""稍热"或"很冷""很热",至于冷到什么程度,热到什么程度,饮水者无法表述,听者也无从知道。为了说明语言的贫乏,宋代克勤禅师有一首更为形象生动的诗:

金鸭香销锦绣帷,笙歌丛里醉扶归。少年一段风流事,只许佳人独自知。(《五灯会元》卷十九)

悟道后的感受就如同男女幽会时的感受一样,因人而异,各不相同,且奇妙无比。而这种各不相同、奇妙无比的感受只能当事人自己知道、体味,无法用语言表达给别人听。

既然语言无法完全、彻底地表述人们的思想感受和生活细节,那就只能采取别的办法,《庄子·田子方》中有一个"目击道存"的故事:

> 温伯雪子适齐,舍于鲁。……仲尼见之而不言。子路曰:"吾子
> 欲见温伯雪子久矣,见之而不言,何邪?"仲尼曰:"若夫人者,目击
> 而道存矣,亦不可以容声矣。"

温伯雪子是孔子极为钦佩的学者,但二人见面后却一言不发,这是因为孔子与温伯雪子之间所交流的那种"道"无法用语言表达清楚,只能用目光传递。佛教传入中国以后,特别是禅宗出现以后,对无言境界也异常重视,《五灯会元》卷一记载了一个著名的且带有诗情画意的故事——拈花微笑:

> 世尊在灵山会上,拈花示众。是时众皆默然,唯迦叶尊者破颜
> 微笑。世尊曰:"吾有正法眼藏,涅槃妙心,实相无相,微妙法门,不
> 立文字,教外别传,付嘱摩诃迦叶。"

同孔子与温伯雪子一样,佛祖与迦叶之间只能用拈花微笑来交流思想,因为他们所要交流的思想太微妙,根本无法用语言表达。正因为摩诃迦叶独得佛祖教外心传,所以被禅宗奉为一祖。就这样一代一代地传递到菩提达磨,菩提达磨被尊为西土(印度)二十八祖。后来达磨来到中国,面壁少林,被奉为东土(中国)禅宗的初祖。

　　正是因为最高真理无法用语言表达,所以其后的许多学者和禅师就拒绝用语言教学,拒绝回答有关最高佛理是什么的提问:

> 洞山(良价禅师)却问:"如何是古佛心?"……师(兴平和尚)
> 曰:"若恁么,即问取木人去。"(《五灯会元》卷三)

> 问:"如何是祖西来意?"师(居遁禅师)曰:"待石乌龟解语,即
> 向汝道。"(《景德传灯录》卷十七)

为什么拒绝回答,这些禅师的回答有点故弄玄虚,文益禅师的回答则比较实在:

> 问:"如何是第一义?"师云:"我向尔道,是第二义。"(《文益禅
> 师语录》)

"第一义"是最高佛理,而最高佛理是不可以用语言表述的,所以,只要

一张口去解释"第一义"，就不可避免地落入第二义。禅宗把这种情况叫作"鸦啄铁牛，无下口处"（《五灯会元》卷十七）。

语言讲不清佛理，于是就只好使用动作。所以禅师们常常用棒敲口喝、拳打脚踢、竖指头、立拂子等动作作为启发后学的方法。其中比较有名的是"一指头禅"的故事：

> 婺州金华山俱胝和尚，初住庵时，有尼名实际来，戴笠子执锡绕师三匝，曰："道得即下笠子。"如是三问，师皆无对，尼便去。师曰："日势稍晚，何不且住？"尼曰："道得即住。"师又无对。
>
> 尼去后，师叹曰："我虽处丈夫之形，而无丈夫之气。不如弃庵，往诸方参寻知识去。"其夜山神告曰："不须离此。将有肉身菩萨来为和尚说法也。"逾旬，果天龙和尚到庵，师乃迎礼，具陈前事。龙竖一指示之，师当下大悟。自此凡有学者参问，师唯举一指，无别提唱。……
>
> 师将顺世，谓众曰："吾得天龙一指头禅，一生用不尽。"言讫，示灭。（《五灯会元》卷四）

伸出一个指头，究竟能说明什么问题，实在令人费解。如果说天龙和尚用一个指头去回答比丘尼的"三匝"还多少可以从中索解出一点含义的话，那么后来的俱胝禅师无论见到什么样的人，无论别人提什么问题，他都竖起一个指头，并如此坚持终身，就多少有些故弄玄虚之嫌。关于"一指头"表示什么，后代禅师已有分歧，多数人认为它表示"万物一齐""不分别"思想。

在现实生活中，不仅最高真理无法用语言彻底表述清楚，就连一些普通技能，也是如此。《庄子·天道》记述了这样一个故事：齐桓公正在堂上读书，轮扁在堂下制造车轮。轮扁就问桓公："您读的是什么书？"桓公说："都是古代圣王的书。"轮扁认为他读的不过是一些古人留下的糟粕而已。桓公听后非常生气，轮扁解释说：

> 臣也以臣之事观之，斫轮，徐则甘而不固，疾则苦而不入。不徐

不疾,得之于手而应于心,口不能言,有数存焉于其间。臣不能以喻臣之子,臣之子亦不能受之于臣,是以行年七十而老斫轮。古之人与其不可传也死矣,然则君之所读者,古人之糟魄已夫。

轮扁从无法把自己得心应手的制轮经验用语言传授给自己的儿子,以此推论出,古代的圣王也无法把自己得心应手的治国经验用语言传授给齐桓公。这个故事充分说明,无论是最高真理,还是普通技能,都需要学习者亲自去体悟与实践,仅仅靠书本、语言,无法掌握其中的奥妙。

二

关于"无名,天地之始;有名,万物之母"。

这两句话涉及中国古代万物生成的理论。古人认为,在天地万物形成之前,宇宙间一片混沌之气,这种混沌之气叫作"元气"。随着时间推移,"元气"中又清又轻的气逐渐上升,慢慢形成了天;而元气中又浊又重的气逐渐下降,慢慢形成了地。而天地的中间就形成了一片巨大的空间。所以说,只有有了这片空间,才会有天和地。从这个意义上说,"无名(空间),天地之始"。天地形成之后,天气(又称阳气)下降,地气(又称阴气)上升,天地二气相互交融,于是就产生了万物。

从辩证法的角度讲,老子认为"有无相生"(二章),没有一个对立面,就没有另一个对立面。而天地万物作为"有(物质)",是在与"无(空间)"相对立中显现的。没有"无(空间)",也就没有天地万物,所以说天地万物始于"无(空间)"。但绝非"无"能生"有",在纯粹的虚无之中能产生万物,这无论对古人还是对今人来说,都是不可思议的事情。因此老子紧接着说:存在的基本物质,才是产生万物的根源。如有人认为是阴阳二气相互融合产生万物,有人认为是金、木、水、火、土这五行相杂而产生万物,实际上五行也是来自阴阳二气。

许多学者把老子的"无"同"道"等同起来,认为"无"就是"道",这是不对的。老子之所以重视"无(空间)",是因为他看到一切事物都依赖于空间这一对立面才有存在的可能,认为只有有了空间,才会有天地万物。《道德经》十一章专门阐述"无（空间）"的作用，可参阅。

老子特别重视"无"的作用，主要是为其政治、处世思想寻找理论根据，因为以此类推开去，那么只有"无为"，才会有"无不为"（三十七章）；只有"无私"，才能"成其私"（七章）；只有"不争"，才能"天下莫能与之争"（二十二章）。另外，"守其雌""守其黑""守其辱"（二十八章）等主张也都是建立在这一辩证观点之上的。

可以说"有无相生"这一辩证思想，贯穿了《道德经》全书。

三

为什么说"故常无欲，以观其妙；常有欲，以观其徼"？

道家提倡清静无欲，认为如果一个人多欲，那么他在认识事物时就会受到这种主观欲望的干扰与蒙蔽。而只有那些没有个人欲望、内心虚静的人才能领会到宇宙间的真谛。所以老子在十六章中提倡"致虚极，守静笃"，认为这样的人才能"知常"，才算是"明"。这与老子一贯主张的"见素抱朴，少私寡欲"（十九章）的思想是一致的。

庄子说："其者欲深者，其天机浅。"（《庄子·大宗师》）一个人欲望越深重，他的天然智慧就会越浅薄。关于欲望对一个人的认识能力的影响，《列子·说符》有一个故事：

> 昔齐人有欲金者，清旦衣冠而之市，适鬻金者之所，因攫其金而去。吏捕得之，问曰："人皆在焉，子攫人之金何？"对曰："取金之时，不见人，徒见金。"

从前有一个齐国人特别贪恋黄金。在一个赶集的日子，他一大早就穿戴得整整齐齐去市场买东西，当他路过金店时，被灿烂的黄金给吸引住了，他脑子一热，不顾一切，抢了一把黄金就跑，结果很快就被抓住。官员在审问他时，百思不得其解，就问他："赶集的日子，人这么多，你怎么敢当着这么多人的面抢别人的黄金呢？"此人回答："当我伸手抢黄金的时候，眼里根本没有看到人，只看到了黄金。"对黄金的贪欲，使这个齐国人面对满市场熙熙攘攘的人群视而不见。

二章

　　本章主要是对第一章中的辩证思想做进一步阐述,并初步把这一辩证思想运用到实践中去。本章的前半部分着重阐明了普遍存在于社会、自然中的辩证关系,如有美则有丑、有善则有恶、有高则有下等,然后老子就把这种辩证思想引入政治、处世实践中。既然美与丑、有与无等相互对立的东西必须相互依赖才能存在,那么在社会领域里,无为和无不为、教和不教、居功和不居功这些相反的东西也一定如此。既然没有"无"就没有"有",那么没有"无为",自然也就没有"无不为";没有占有,自然也就没有失去。

　　天下皆知美之为美,斯恶已①;皆知善之为善,斯不善已②。

　　故有无相生③,难易相成,长短相较④,高下相倾⑤,音声相和⑥,前后相随。

　　是以圣人处无为之事⑦,行不言之教⑧。万物作焉而不辞⑨,生而不有,为而不恃⑩,功成而弗居。夫唯弗居⑪,是以不去⑫。

【注释】

①天下皆知美之为美,斯恶已:如果天下的人都知道美好的东西是美好的,那么丑陋的东西就显露出来了。斯,就。恶,丑。此处用作动词,显露出丑陋。已,通"矣"。句末语气词。

②斯不善已:不善的事情就显露出来了。

③有无相生:物质和空间在相互对立中得以产生。有,物质存在。无,空间。

④相较:在相互比较中存在。

⑤相倾:相互依赖。倾,偏斜,偏倚。一个物体偏倚于另一个物体之上,给人一种依赖的感觉。

⑥音声相和:音和声在相互应和中得以区分。自然而然发出的声音叫作"声",经过修饰的声音叫作"音",也即后世所说的音乐。

⑦处无为之事:做顺应自然的事。处,行,做。无为,顺应自然而为,反对人为的干涉。"无为"是道家的一个重要概念,《文子·自然》引用老子的话,对"无为"做了解释:"老子曰:'所谓无为者,非谓其引之不来,推之不去,迫而不应,感而不动,坚滞而不流,卷握而不散。谓其私志不入公道,嗜欲不枉正术,循理而举事,因资而立功,推自然之势,曲故不得容,事成而身不伐,功立而名不有。……夏渎冬陂,因高为山,因下为池,非吾所为也。'"简言之,"无为"就是要求人们做事时顺应客观规律,不可掺进私心私意。

⑧行不言之教:圣人推行的是不用语言的教育。这是对第一章"道可道,非常道"这一理论的实践。详见"解读"。

⑨作:兴起,出现。不辞:不拒绝,不限制。

⑩为而不恃(shì):帮助万物而从不依赖它们。即帮助万物而不求万物的回报。为,帮助。恃,依赖。引申为追求回报。按照老子的辩证观,越是不求回报,得到的回报越多。

⑪夫唯:发语词。无义。

⑫是以不去：因此不会失去。

【译文】

如果天下的人都知道美好的东西是美好的话，那么丑陋的东西就显露出来了；如果都知道善良的事情是善良的话，那么不善良的事情就显露出来了。

有和无在相互对立中得以形成，难和易在相互对应中得以产生，长和短在相互比较中得以显现，高和下在相互依赖中得以存在，音和声在相互应和中得以区分，前和后在相互对比中得以出现。

因此圣人所做的事情就是顺应自然而不提倡人为的干涉，圣人推行的是不用语言的教育。圣人顺应万物的生长而不加以限制，生养了万物而不据为己有，帮助了万物而不要求它们的回报，建立了功劳而不据为己有。正因为圣人从不居功，所以也不会失去自己的功劳。

【解读】

圣人之所以"行不言之教"，原因有二：第一，是对"道可道，非常道"的实践。既然最高真理不可言说，那么即使口才最好的老师，他的语言教育充其量也只能是二流的教育。第二，该命题也含有身教重于言教的意思。在中国古代，心口不一、言行脱节是教育失败的最主要原因，这也是王阳明主张知行合一的重要原因之一。

在古代，的确有实践"行不言之教"的实例。《庄子·德充符》记载：

> 鲁有兀者王骀，从之游者与仲尼相若。常季问于仲尼曰："王骀，兀者也，从之游者与夫子中分鲁。立不教，坐不议，虚而往，实而归。固有不言之教、无形而心成者邪？"

鲁国王骀的弟子与孔子弟子一样多，而他无论何时何地从不给人以言语教诲，却能够使弟子们空怀而来，满载学识而归。这就是"不言之教"。如果说《庄子》多寓言，那么《晋书·隐逸列传》记载了一则真实的"不言之教"的故事。晋代道家学者张忠隐于泰山，他"恬静寡欲，清虚服气，餐芝饵石，修导养之法。……无琴书之适，不修经典"。他带了一批

弟子,使用的教育方法是:

> 其居依崇岩幽谷,凿地为窟室,弟子亦以窟居,去忠六十余步,
> 五日一朝。其教以形不以言,弟子受业,观形而退。

张忠每五天才教授弟子一次,而且一言不发,让弟子们看看自己的形体就可以了。这种教育方法是独特的。然而这位行不言之教的道士受到前秦朝廷的极大尊重,被苻坚召至长安,归来时,死于途中华山。所以他临死时感叹说:"我东岳道士,没于西岳,命也,奈何!"

三章

本章主要提出了三项治国措施:不尚贤,虚心实腹,无知无欲。这些措施,有的具有极大的警示作用和启发意义,也有的稍显偏颇或不合时宜。

不尚贤①,使民不争;不贵难得之货②,使民不为盗③;不见可欲④,使民心不乱。

是以圣人之治:虚其心⑤,实其腹;弱其志⑥,强其骨。常使民无知无欲,使夫智者不敢为也⑦。为无为⑧,则无不治⑨。

【注释】

①不尚贤:不崇尚、重用贤人。尚,崇尚,重用。国家"尚贤"则民众好名,"不尚贤"就是要破除人们的好名之心。关于"尚贤"的弊端,详见"解读一"。

②不贵难得之货:不看重金银珠玉之类的财物。国家"贵难得之货"则民众好利,"不贵难得之货"就是要破除人们的好利之心。

③为盗:当盗贼。为,当。

④不见(xiàn)可欲:不显露那些可以引起欲望的事物。见,同"现"。显露。可欲,即上文要破除的名利。"不现可欲"的实例见"解读

二"。

⑤虚其心：使人们的内心虚静而无太多的欲望和杂念。其，指所有的人。关于"虚其心"的益处，详见"解读三"。

⑥志：志向。《说文解字·心部》："志，意也。"这里泛指欲望。

⑦智者：指世俗社会所认为的聪明人，而非真正的智者。不敢为：不敢按照自己的主观意愿去做事。为，与"无为"相对，指按照主观意愿行事。

⑧为无为：执行无为政策。第一个"为"是动词。执行。

⑨治：安定，太平。

【译文】

不要崇尚、重用贤人，百姓就不会去争夺美名；不要看重贵重难得的金银财宝，百姓就不会去做盗贼；不显露那些可以引起人们欲望的事物，百姓的心就不会被搅乱。

因此圣人治国的原则是：减少百姓的杂念，填饱他们的肚皮；降低百姓的欲望，增强他们的体质。永远使百姓没有多少知识和欲望，使那些所谓的聪明人不敢按照主观意愿去为所欲为。执行无为的政策，天下就会安定太平。

【解读】

一

老子为什么反对"尚贤"？

包括儒家在内的多数人都主张"尚贤"，而老子反对"尚贤"。为什么呢？《韩非子·二柄》解释说，一旦君主提倡重用贤人，真正的贤人未必就去出仕，而那些不贤的人为了名利权势，就投君主所好，把自己假扮成贤人的模样，一旦大权在握，这些人就会露出本来面目，为所欲为，危害国家和百姓。这种解释是合理的。如隋唐时代喜欢重用隐士，一些一心当官的文人就把自己打扮成不愿当官的隐士，以便引起朝廷的关注。卢藏用就是其中一例。《大唐新语》卷十记载：

　　卢藏用始隐于终南山中,中宗朝累居要职。有道士司马承祯
者,睿宗迎至京。将还,藏用指终南山谓之曰:"此中大有佳处,何必
在远!"承祯徐答曰:"以仆所观,乃仕宦捷径耳。"

卢藏用就是靠隐居终南山当了大官,所以当司马承祯要归隐远方时,卢藏用就建议他在长安附近的终南山隐居,而司马承祯则讽刺说:"根据我的观察,隐居终南山,那可是一条当官的捷径啊!"从而为我们留下"终南捷径"这条成语。《旧唐书·卢藏用列传》说,卢藏用进士及第后,没能迁升,于是他辞去小官职而当了隐士。他把自己隐居的地点选择在紧靠长安、洛阳二京的终南、少室(嵩山)二山,因此被当时人讥讽为"随驾隐士"。后来他因隐居而出了名,被朝廷召入京城,转身成了朝廷要员。他当隐士时,"有贞俭之操",骗取了好名声;当官以后,"趋趋诡佞,专事权贵,奢靡淫纵",受到世人的讥讽,后被流放岭南。司马承祯的话可以说是有的放矢。

卢藏用走"终南捷径"达到了自己的目的,而在他之前的杜淹在这条路上却栽了跟头,《旧唐书·杜如晦列传》记载:

　　(杜)淹聪辩多才艺,弱冠有美名,与同郡韦福嗣为莫逆之交,
相与谋曰:"上好嘉遁(隐士),苏威以幽人(隐士)见征,擢居美
职。"遂共入太白山,扬言隐逸,实欲邀求时誉。隋文帝闻而恶之,
谪戍江表。

杜淹是唐初名相杜如晦的叔叔,他看到苏威因当隐士而受到隋朝廷的重用,于是也跑到终南山(太白山为终南山最高峰)里去当隐士,由于没有伪装好,被隋文帝抓住了尾巴,结果被流放到江南去戍边。

贤人还是要重用的,但老子"不尚贤,使民不争"这一命题的提出,也具有极大的警示作用,他提醒人们:在重用贤人时,一定要仔细考察,防止那些伪善者的欺骗行为。

二

关于"不见可欲"。

《汉书·张释之传》记载，有一次，汉文帝率领慎夫人及大臣一起来到自己修建中的陵墓——霸陵，让慎夫人弹琴，他自己伴琴声而歌，歌声非常凄凉。然后，他与大臣有这样一段对话：

> （文帝）顾谓群臣曰："嗟乎！以北山石为椁，用纻絮斫陈漆其间，岂可动哉！"左右皆曰："善。"释之前曰："使其中有可欲，虽锢南山犹有隙；使其中亡可欲，虽亡石椁，又何戚焉？"文帝称善。

文帝看到为自己修建的陵墓，就对大臣们说："用北山的石头做棺材，再用陈漆搅拌苎麻丝絮灌注其中，别人就无法盗墓了。"大家都表示赞同，只有张释之回答说："如果墓中有让人想得到的东西，即使用熔化的金属灌注南山，别人依然可以盗挖；如果墓中没有什么让人想得到的东西，即使不用石棺，又有什么值得担忧的呢？"由此可见，"可欲"不仅会为自己带来伤害，还会诱发别人犯罪，这对别人也是一种间接伤害。

据报道，西欧有一城市，城中有一十字路口，此处虽然繁华热闹，但交通一直顺畅。然而从某天开始，此处不断发生交通事故。交警很奇怪，便进行实地勘察。交警发现，原来是从那天开始，有人在十字路口的旁边竖起了一个巨大的广告牌，而广告牌上画的是一位十分美丽的女孩，司机路过此地时，便分散注意力去欣赏女孩，因此交通事故不断。于是交警强制拆除了这一广告牌，"可欲"没有了，这里的交通又恢复了顺畅。《吕氏春秋·为欲》对"可欲"使人心乱的情况，有一个生动的比喻：

> 群狗相与居，皆静无争，投以炙鸡，则相与争矣，或折其骨，或绝其筋，争术存也。

一群狗本来和平共处，相安无事，只因有人向它们投喂了一只"可欲"的烧鸡，群狗便开始相互撕咬，打得不可开交。

"可欲"往往是一些好的东西，美的东西。但这些东西多了，会影响人们的正常生活。美味、美物、美事、美景等等，向来被视为有用之物，然而却有人从中看到了极大的害处。明朝人吕坤在《呻吟语·养生》中反复提醒自己要远离"美"，并把自己的住室题名为"远美轩"。为什么呢？他回答说：

> 天地间之祸人者，莫如"多"。令人易多者，莫如"美"。美味令人多食，美色令人多欲，美声令人多听，美物令人多贪，美官令人多求，美室令人多居，美田令人多置，美寝令人多逸，美言令人多入，美事令人多恋，美景令人多留，美趣令人多思。皆祸媒也。不美则不令人多，不多则不令人败。予有一室，题之曰"远美轩"，而扁其中曰"冷淡"。非不爱美，惧祸之及也。夫鱼见饵不见钩，虎见羊不见阱，猩猩见酒不见人。非不见也，迷于所美，而不暇顾也。此心一冷，则热闹之景不能入；一淡，则艳冶之物不能动。夫能知困穷、抑郁、贫贱、辗轲之为祥，则可与言道矣。

吕坤讲得十分明白，他不是不爱美的东西，正是由于太爱了，所以才主张"远美"。这说明吕坤是一位比较明智的人。古代书院一般都坐落在远离闹市的地方，其原因也正在于此。

三

关于"虚其心"的益处。

老子的"虚其心"，就是把心中的各种欲望和杂念（如害人之心）清除掉，使心处于一种虚净的状态。有了这种虚净的心态，不仅有利于我们与人相处，而且即使一人独处，这种心态也是非常有益的。

关于"虚心"有利于我们与人相处的问题，庄子有一个非常奇妙的比喻，这就是"虚舟效应"。《庄子·山木》说：

> 方舟而济于河，有虚船来触舟，虽有褊心之人不怒。有一人在其上，则呼张歙之，一呼而不闻，再呼而不闻，于是三呼邪，则必以恶声随之。向也不怒而今也怒，向也虚而今也实。人能虚己以游世，其孰能害之！

庄子说，当我们乘船过黄河时，一只空船从上游来撞我们的船，即使我们的性格暴躁，心胸狭隘，我们也不会生气，因为这只空船是"虚其心"的，不是有意要伤害我们。如果撞我们的船上有人，我们就会大声呼叫对方避让，对方一再不回应，我们就要骂人了。这当然是比喻，所谓的"虚舟"，就是"虚心"，就是没有主观成见和害人之心。对于一个"无心"的人做出的"无心"之事，又有谁会去计较呢？这也是《庄子·达生》中说的"虽有忮心者不怨飘瓦"，即使狠毒之人，也不会怨恨落下砸伤他的瓦片，因为瓦片是"虚心"的。

"虚舟心态"不仅有利于我们与别人相处，即使一个人生活，这种心态也是非常有益的，能使自己无论在何种境遇下，都能保持一种良好的心境。蔡絛《铁围山丛谈》卷三记载：

> 伯父君谟，号"美髯须"。仁宗一日属清闲之燕，偶顾问曰："卿髯甚美长，夜覆之于衾下乎？将置之于外乎？"君谟无以对。归舍，暮就寝，思圣语，以髯置之内外悉不安，遂一夕不能寝。盖无心与有意，相去适有间。凡事如此。

蔡君谟有一把又长又多的胡须，一次宴会，宋仁宗偶尔问他："您的胡须这么美、这么长，晚上睡觉时，您是把它放在被子里面呢？还是放在被子的外面？"蔡君谟不知该如何回答，因为他此前根本没有关注过这一问题。宴会结束回家，晚上就寝时，他突然想到皇上提的这个问题，于是就留意胡须放置的位置，结果无论是放在被子外面，还是放在被子里面，他都睡不踏实，折腾了一宿没有睡好。蔡君谟过去"虚心"时，无论把胡须放在哪里，他睡得都很安稳；一旦留心放置胡须的位置，竟觉处处不妥，以至于彻夜难眠。因此，许多文人对"虚心"表示了极大的欢迎。白居易有四句诗：

> 我无奈命何，委顺以待终。命无奈我何，方寸如虚空。（《达理二首》其一）

一个人无法违背命运的安排，只能按照命运的指令过完自己的一生。但命运对一个"方寸（心）如虚空"的人同样无可奈何，因为"虚心"之人，随遇而安，无可无不可，高官厚禄无法使他欣喜，穷困潦倒无法使他悲伤，命运无法给他带来丝毫的痛苦。从这个角度讲，命运也拿他无可奈何！

四章

【题解】

　　本章主要包含三个内容,第一是要求人们办事不求盈满,要留有一定的余地,因为"日极则仄,月满则亏";第二是要求人们做到"和光同尘",因为"木秀于林,风必摧之";三是把"道"摆在上帝之前,这就极大地降低了上帝与鬼神的地位,这一观点可以说是超时代的。

　　道冲①,而用之或不盈②。

　　渊兮③,似万物之宗④:挫其锐⑤,解其纷;和其光⑥,同其尘⑦。湛兮⑧,似或存⑨。吾不知谁之子⑩,象帝之先⑪。

【注释】

①道冲:大道是看不见、摸不着、无形无象的。冲,空虚,无形无象。

②而用之或不盈:如果遵循着大道办事,也许就不会要求把事情办到十全十美的盈满状态。而,如果。用,使用,遵循。或,也许。盈,盈满,十全十美。关于办事不求盈满的原因,详见"解读一"。

③渊:深渊。这里用深渊比喻大道的深邃奥妙,难以认识。

④宗:宗主,主宰者。

⑤挫其锐：挫去万物的锋芒。其，泛指万物，这里主要指人。因为"木秀于林，风必摧之"，故要"挫其锐"。

⑥和其光：使万物的光芒柔和一些。与"挫其锐"义近。光，指人或物的长处、优点。在五十八章中，老子认为圣人应做到"光而不耀"，即有光芒但不刺眼。

⑦尘：尘埃。比喻污垢、缺陷。与"光"相对。后人把"和其光，同其尘"浓缩为"和光同尘"一词，成为古人十分重视的处世原则。详见"解读二"。

⑧湛（zhàn）：无形无象、看不见摸不着的样子。

⑨似或：好像。或，也许，似乎。

⑩吾不知谁之子：我不知道是谁产生了它。本句实际意思是说，道是自本自根、无条件存在的。

⑪象帝之先：出现在上帝之前。象，显象，出现。老子虽然没有否认上帝、鬼神的存在，但把上帝、神鬼摆在次要位置，这一思想可以说是超时代的。

【译文】

道是无形无象的，如果遵循它办事，也许就不会要求把事情办到盈满、极盛的状态。

大道就像深渊那样深邃奥妙而难以认识，它好像是万物的主宰者：它挫去万物的锋芒，从而化解它们之间的纠纷；调和它们的优点，从而使它们都有一定的缺陷。道是无形无象的，但似乎确实存在着。我不知道是谁产生了它，只知道它出现在上帝之前。

【解读】

一

学界多把"用之或不盈"解作"用之不尽"。我们把"盈"解释为"满""极盛状态"，不但对字义的解释较为合理，而且同《道德经》全书的思想也是扣合的。老子认为"持而盈之，不如其已"（九章），办事追求盈满,不如不办,因此提倡"去甚、去奢、去泰"(二十九章)。十五章说:"保此道者不欲盈。"可见"不盈"是道的一个原则,而且本章紧接着就阐述道在主宰万物时,是不求"盈"的。另外,《道德经》中其他"盈"字没有一处作"尽"讲。

把事情办到十全十美是常人所追求的,那么老子为什么反对办事"盈满""十全十美"呢?古人对此有共同的答案:

> 日极则仄,月满则亏。(《管子·白心》)

> 老子曰:"天道极即反,盈即损,日月是也。……夫物盛则衰,日中则移,月满则亏,乐终而悲,是故聪明广智守以愚,多闻博辩守以俭,武力勇毅守以畏,富贵广大守以狭,德施天下守以让,此五者,先王所以守天下也。"(《文子·九守》)

古人观察到,太阳到了最高处以后,紧接着是走下坡路;月亮圆了以后,紧接着就是一天天亏缺。于是,老子就得出一个结论:"物壮则老。"(三十章)这种观察结论是正确的。既然"盛"是成功与衰败的转折点,因此办事就不要求"盈满",不要求达到"盛",以免走向衰落。陶宗仪《南村辍耕录》卷十记载:

> 初,真人(邱处机)自行在归,道由宣德日,一富家新居落成,礼致下顾,将冀一言以为福。既入其室,默默无语,辄以所持铁挂拄杖于窗房墙壁上,颇毁数处而出。主人再拜,希解悟。曰:"尔屋完矣美矣。完而必毁,理势然也。吾不尔毁,尔将无以图厥终。今毁矣,尔宜思其毁而欲□克保全之,则尔与尔子子孙孙,庶几歌斯哭斯,永终弗替!"主人说服。吁,真人真知道也。

有一富豪宅院修造得十分华美,邱处机就用自己的铁拐杖把窗户、墙壁捣毁几处,就是因为宅院修得太完美了,而"完而必毁",为了使这户人家能够长期享有这处住宅,他才做出这一举动。建筑物要留有缺陷,并非邱处机的发明,远在先秦就有此原则:

> 孔子闻之曰:"……物安可全乎?天尚不全,故世为屋,不成三

瓦而陈之,以应之天。天下有阶,物不全乃生也。"(《史记·龟策列传》)

孔子说:"任何事情怎么能够做到十全十美呢?因为连天都做不到十全十美,所以人们在建房时,要少盖三片瓦,然后才居住,以此来上应天道。"后来,人们把这一原则运用到了人事的各个方面。《谈苑》卷三记载:

> 吕文靖教马子山云:"事不要做到十分。"子山初未谕,其后语人云:"一生只用此一句不尽。"

"事不要做到十分"讲的道理与"而用之或不盈"是一样的。而这一道理大概只能与智者言,常人很难理解。

二

本段中的"和其光,同其尘"二句,被后人压缩为"和光同尘"一词,成为颇受欢迎的保身原则。那么什么叫"和光同尘"?我们试举一例:

> 纣为长夜之饮,欢以失日,问其左右,尽不知也。乃使人问箕子。箕子谓其徒曰:"为天下主,而一国皆失日,天下其危矣;一国皆不知,而我独知之,吾其危矣。"辞以醉而不知。(《韩非子·说林上》)

酒池肉林是商纣王的"杰作",有一次,纣王与大臣们连续醉了几天,酒醒后,君主与大臣都晕头转向地不知"今夕何夕"了,于是就派人去问贤臣箕子。清醒的箕子意识到"一国皆不知,而我独知之,吾其危矣",于是就不醉装醉,也不知道"今夕何夕"了。箕子的行为是典型的"和光同尘"。

五章

【题解】

本章主张圣王应该效法"不仁"的天地,对百姓也要做到"不仁"。"圣人不仁,以百姓为刍狗"是一个难以理解但异常深刻的命题。同时,老子还提出了"守中"原则,提醒人们在发展生产时,要注意"度"的把握,不能不发展,也不可过度发展。

天地不仁①,以万物为刍狗②;圣人不仁,以百姓为刍狗③。

天地之间,其犹橐籥乎④?虚而不屈⑤,动而愈出。多言数穷⑥,不如守中⑦。

【注释】

① 天地不仁:天地无所仁爱。仁,仁爱,爱护。天地没有主观意识,虽然养育了万物,但不是出于爱心,因此说"天地不仁"。

② 刍(chú)狗:草和狗。刍,草。一说"刍狗"指古代祭祀时使用的用草扎成的狗。吴澄《道德真经注》:"刍狗,缚草为狗之形,祷雨所用也。既祷则弃之,无复有顾惜之意。天地无心于爱物,而任其自生自成;圣人无心于爱民,而任其自作自息。故以刍狗为

喻。"根据本章上下文，此解不确。

③圣人不仁，以百姓为刍狗：圣人无所仁爱，把百姓视同草、狗一样。这样做的原因，详见"解读一"。

④橐籥（tuó yuè）：古代的一种鼓风吹火工具，类似今天的风箱。橐，外面的箱子。籥，里面的送风管。

⑤不屈（jué）：不会穷尽。屈，尽，竭。风箱中间看似虚无，但越拉风箱，其风越多，故言"不屈"。比喻人们在天地之间做的越多，出现的各种事物就越多。

⑥多言数（shuò）穷：说的做的越多，处境就越发的困窘。多言，即多为，而且是按照主观意志行事的多为，与顺应自然的无为相对。言，除说话的意义外，这里还含有行动的意思。数，屡次，多。穷，困厄，困窘。

⑦守中：遵循着不偏不倚的正确原则。中，不偏不倚，恰如其分。详见"解读二"。

【译文】

天地无所仁爱，把万物视同草、狗一样；圣人无所仁爱，把百姓视同草、狗一样。

天地之间这个大空间，不就好像是一个大风箱吗？虽然其中空虚却不会穷尽，越推拉风量越大。人们的言行也是这样，人们说的做的越多，产生的事物就越多，处境就会越发困窘，不如遵循着不偏不倚的适中原则行事。

【解读】

一

儒家提倡仁爱，老子反对提倡仁爱，为什么呢？

"圣人不仁，以百姓为刍狗"这一命题集中地体现了老子"不干涉"的治国理念。老子认为，对于百姓，既不要去伤害他们，也不要去爱护他们，让他们自由自在地去发展生产，调节生计。老子深信，在不受干涉的情况下，百姓完全能够过上美满的生活。国家一旦干涉百姓生活——无论是盘剥百姓还是爱护百姓，都将产生负面效应。所以《庄子·徐无鬼》说："爱民，害民之始也。"

老子认为提倡仁义本身就标志着人类道德已经堕落。有这样一种普遍的社会现象，那就是当社会提倡、赞美某种品质的时候，刚好说明这个社会已经缺乏这种品质了。《道德经》十八章说："大道废，有仁义。""仁义"这一概念的出现，是社会无道的标志。因为在老子理想的有道社会里，人们本性纯朴、彼此友好、互不伤害，既然如此，又有什么必要去提倡仁义呢？所以说，提倡"仁义"，不是一个值得赞扬的现象，而是说明了人类道德的堕落。

老子认为公开提倡仁义会破坏人的仁义本性，从而进一步破坏人类的美好生活。老子没有直接、明确地讨论人性的善恶问题，但根据其整个思想可以看出，他与孟子一样，都是性善论者。他认为人性本来就是纯朴厚道、相爱而不相害的。而庄子则明确认为人的本性是善良的，《庄子·骈拇》说："仁义其非人情乎！彼仁人何其多忧也！"既然仁爱是人的天性，就不用再去提倡它。为什么呢？《道德经》四十章认为："反者，道之动。"任何事物发展到极致，都会向相反的方向发展，因此，竭力提倡、奖赏仁义的结果，就会使一些阴谋家假借仁义之名以欺世谋利，这样就会使人性发展到它的反面——不仁不义。

我们认为，老庄的一些言论看似在反对仁义，而实际上，老庄不仅不反对仁义，而且还去除了带有功利性的"仁义"，以及借"仁义"之名而进行的"假仁假义""不仁不义"，提高了行仁行义的标准和层次。

《道德经》提到"仁"这个字的地方只有五处，但涉及"仁"的内容很多。《道德经》第八章明确说："居善地，心善渊，与善仁，言善信。"所谓"与善仁"，就是提倡与人交往时要有仁爱之心。其实，像这一类表面看似矛盾的说法在《老》《庄》中比比皆是，下面仅举几例：

　　上仁为之而无以为。（《道德经·三十八章》）

> 大仁不仁……仁常而不成。(《庄子·齐物论》)
>
> 相爱而不知以为仁。(《庄子·天地》)
>
> 泽及万世而不为仁。(《庄子·天道》)

这就是说,老庄提出了自己的"上仁""大仁""至仁"等概念。总括这些言论,可以看出,老庄的"大仁"与儒家的"仁"在内容上没有本质区别,无非是"相爱""泽及万世"等,但在施仁的对象和行仁的态度方面,道家则与儒家明显不同,这表现在:

其一,在施仁的对象方面,老庄打破了儒家建立在"亲亲"基础上的推恩法,提出了"至仁无亲""仁常而不周"的观点。老庄认为,至仁是没有偏私的,对所有的人、甚至所有的物都一视同仁。《庄子·天运》曾嘲笑儒家的仁:

> 商太宰荡问仁于庄子。庄子曰:"虎狼,仁也。"曰:"何谓也?"庄子曰:"父子相亲,何为不仁?"

在老庄看来,如果"亲亲"也是一种仁的话,那么连虎狼也是仁的,因为它们也懂得父子相亲。可见老庄对这种仁义持明显的蔑视态度。老庄是最广泛的博爱者,他们不仅爱亲人,也爱别人;不仅爱别人,而且还爱万物。《吕氏春秋·贵公》的一段记载就清楚地说明了这一点:

> 荆人有遗弓者而不肯索,曰:"荆人遗之,荆人得之,又何索焉?"孔子闻之曰:"去其'荆'而可矣。"老聃闻之曰:"去其'人'而可矣。"故老聃则至公矣。

文中说的荆人(楚国人)是爱人的,但他所爱的人仅仅局限于楚人;孔子也爱人,他爱整个天下的人;而老子不仅爱人,而且爱物。老子才属于真正的博爱者。

其二,在施仁的目的方面,完全摒除了功利性。

儒家提倡、劝勉人们行仁义时,有时不得已而带有一定的功利性,而老庄坚决反对这种做法。老子说的"上仁为之而无以为",就是说真正的"上仁"之人在做仁义之事的时候是没有任何功利目的的,所谓的"无

以"就是"无目的""无原因",行仁行义是一种纯道德行为。既然如此,也就不应该让受惠方有丝毫的感激之情:

> 太上,不知有之;……功成事遂,百姓皆谓"我自然"。(《道德经·十七章》)

> 圣人并包天地,泽及天下,而不知其谁氏。(《庄子·徐无鬼》)

最优秀的统治者,使百姓感觉不到他的存在,百姓普遍受到统治者的恩德,却认为自己的生活本来就是如此。既然百姓根本就感觉不到施恩者的存在,那就谈不上去感谢、拥戴施恩者,施恩者也就不能、准确讲是根本就不想从行仁中得到任何的好处。

老庄的毫无功利目的的博爱精神不仅超越了他所处的时代,而且还超越了当今这个时代。今天的爱物者是为了保护环境,而这个"环境"是指人的生存环境,因此今天的爱物者也是功利的,他们的最终目的还是为了爱自己。只有老庄的博爱是无个人目的的、无功利性的,套用老子"无为而无不为"的思想,只有这种无功利性的博爱行为,才能为人类带来最大的功利。

其三,在施仁的自觉性方面,老庄要求把它由有意识的行为变为无意识的行为。

儒家有一句名言:"克己复礼为仁。"(《论语·颜渊》)克制自己的欲望,严格按照礼制行事,这是一件相当辛苦的事情,需要时时提醒自己、约束自己,故儒家需要"吾日三省吾身"(《论语·学而》)。而老庄对此大不以为然,认为勉强自己去行仁,这本身就算不上什么真正的仁义行为,因为当你勉强自己去做仁义之事时,这种仁义还属于外在的东西,并未同你融为一体。老庄要求把"爱人"由有意识的、辛苦的行为变为自然而然的无意识行为,这就是《庄子·天地》所反复强调的"端正而不知以为义,相爱而不知以为仁,实而不知以为忠,当而不知以为信",自己行为端正,施爱于人,而自己却丝毫意识不到这一点,更不会认为自己真的做了什么好事。大仁大义之人在行仁行义的时候就好像人们呼吸空气而不知不觉一样,完全成了下意识的举动。

综上所述,我们可以看出,老庄的仁义观同儒家仁义观不是一种敌对关系。老庄反对的不是仁义本身,而是儒家推行仁义时将其变成一种"难得之货",从而遮蔽、破坏了人的美好天性。

二

老子反对人的多为,所以告诫人们"多言数穷,不如守中"。老子这里讲的"中",颇似孔子提倡的"中庸",也即"过犹不及"的原则。《论语·先进》记载:

> 子贡问:"师与商也孰贤?"子曰:"师也过,商也不及。"曰:"然则师愈与?"子曰:"过犹不及。"

师与商是孔子的两位弟子。师,姓颛孙,名师,字子张。商,姓卜名商,字子夏。子贡问孔子:"师和商这两位弟子哪位更贤良?"孔子说:"师超过了贤良的标准,商还没有达到贤良的标准。"子贡问:"这样说来,师远远超过了商了?"孔子说:"过犹不及。"超过这一标准的和达不到这一标准是半斤八两,一样的不好。正如我们评价一个人是否聪明时,我们可能有三种评价:聪明,太聪明,不聪明。"聪明"是正面评价,而"太聪明"和"不聪明"则都是否定性评价,太聪明的人与不太聪明的人是一样的愚笨。因此为人做事要讲究度,要不偏不倚,这就是老子说的"守中"思想。

简言之,本章的"守中"原则,用今天的话说,就是不反对正常的发展,而反对过度发展。

六章

【题解】

本章依然是在强调"无（空间）"的作用。老子之所以反复强调"无"的作用，目的是为其政治主张服务：只有有了"无（空间）"，才会有"有（物质）"；只有有了"无为"，才会有"无不为"。

谷神不死①，是谓玄牝②。玄牝之门③，是谓天地根。绵绵若存④，用之不勤⑤。

【注释】

①谷神不死：神奇的空间作用永远不会消失。谷，即山谷，引申为空虚、空间。王弼《老子道德经注》："谷神，谷中央无者也。"不死，永远不会消失。另外，关于"谷神"的解释，高亨《老子正诂》说："谷神者，道之别名也。谷读为榖。《尔雅·释言》：'榖，生也。'《广雅·释诂》：'榖，养也。'……谷神者，生养之神，道能生天地养万物，故曰谷神。"现代的一些学者，如任继愈、张松如、陈鼓应等，均把"谷神"解释为"道"。

②是谓玄牝（pìn）：这就叫作玄妙的母体。是，代词。代指谷神。玄，玄妙。牝，雌性的鸟兽，这里泛指母体。

③门：门户，生养之门。这里用母性的生殖器官比喻大自然的生养之门。《庄子·庚桑楚》："有乎生，有乎死，有乎出，有乎入，入出而无见其形，是谓天门。"

④绵绵若存：连绵不断的空间似乎也是一种存在。绵绵，连绵不断的样子。老子意识到空间也是一种存在，这在当时可以说是一种卓见。

⑤用之不勤：使用空间而又使用不尽。勤，穷尽，枯竭。空间可以反复使用，故曰"用之不勤"。一说"勤"通"觐"。本句意思是使用空间却又看不到空间。觐，觐见，看见。

【译文】

　　神奇的空间作用是永远不会消失的，它好像是一个玄妙的母体。而这一母体的生殖器官，就是产生天地万物的根源。空间连绵不断似乎永远存在，万物使用它却又用不完它。

【解读】

　　本章进一步阐述有关重视空间的思想。老子认为空间包含着万物，就像孕育着子女的母体，因此，空间也是万物产生的基础，没有空间，也就没有万物。老子非常重视空间，在十一章中，老子还专门讨论空间的作用，提出了"无之以为用"的观点，认为空间对万物起着决定性的作用。

　　《道德经》原来并不分章，因此本章同上一章讲的是同一件事。上一章讲天地之间好像一个大风箱，万物在这个风箱中变化繁衍，强调空间的重要作用。本章紧承上章，进一步说明空间的神妙作用永不会消失。联系上一章，很显然，这个"谷"仍取其空虚之义，指的是万物赖以存在的空间。这样解释，不仅上下文通畅，而且也能保证全书"谷"字训诂的一致。把"谷"通假为"穀"，进而把"谷神"解释为"道"，只是一种臆测，没有充分的根据，因为"谷"与"穀"在先秦是两个不同的字，而且与全书"谷"字的用法也有矛盾。

七章

【题解】

效法自然是老子的核心原则之一。本章先描述自然现象，然后把这一现象引入人事，再次说明老子的"人道"来自"天道"。本章的主题依然是阐述老子的辩证思维：既然有"无"才有"有"，那么只有"不自生"，才能"长生"；只有"后其身"，才能"身先"；只有"无私"，才能"成其私"。

天长地久。天地所以能长且久者^①，以其不自生^②，故能长生。是以圣人后其身而身先^③，外其身而身存^④。非以其无私邪^⑤？故能成其私。

【注释】

①所以：……的原因。用法类似今天的"之所以"。

②以其不自生：因为天地不是为自我而生存的。以，因为。天地没有主观意识，是无私的，所以说它们"不自生"。

③后其身而身先：把自己放在别人后面，就能够得到人们的拥护，结果反而能够占先。至于如何"后其身而身先"，详见"解读一"。

④外其身而身存：把自身置之度外，反而能够更好地生存。详见"解读二"

⑤邪（yé）：疑问语气词。通"耶"。

【译文】

天地能够长久存在。天地之所以能够长久存在，原因就在于它们不是为了自我而生存，所以能够长久存在。因此圣人先把自己放在别人的最后，反而能够站到别人的前面；把自身置之度外，反而有利于自己的生存。不正是因为圣人不自私吗？所以反而能够成就他们的私利。

【解读】

一

老子认为，与人交往时，要善于"处后"，不要自私，客观上反而能够占先，能够成就自己的私利。为什么？我们举例说明。

战国时期，秦、赵两国军队为了争夺上党之地（约今山西沁河以东一带地区），在长平（今山西高平西北）一带对峙。赵军的主帅是廉颇。由于当时赵军实力稍弱，所以廉颇采取坚壁固守的策略，秦军多次挑战无果。当时的秦军属于长途远征，军资运输不便，最忌讳持久战，于是秦国就使用反间之计，到处散布流言说："秦国最怕的是赵奢的儿子赵括，廉颇容易对付，而且他马上就要投降了。"赵王听信了流言，决定用只会纸上谈兵的赵括去替代廉颇。此时赵括的母亲坚决反对。《史记·廉颇蔺相如列传》记载了赵括母亲上书反对的原因：

> 始妾事其父，时为将，身所奉饭饮而进食者以十数，所友者以百数。大王及宗室所赏赐者，尽以予军吏士大夫，受命之日，不问家事。今括一旦为将，东向而朝，军吏无敢仰视者；王所赐金帛，归藏于家，而日视便利田宅可买者买之。王以为何如其父？父子异心，愿王勿遣。

赵奢是与廉颇齐名的名将，当时已经去世。赵奢的夫人对赵王说："赵奢在世时，每当接受命令、准备出兵打仗时，就再也不过问家事。他亲自端茶送水侍奉的人就有数十人，以友相待的就有几百人，大王及国家赏赐给他的金银财宝，他全部转赠给将士们，自己不拿一文钱。而赵括不同，他一旦被任命为主帅，就威风凛凛，高高在上，部下不敢仰视，大王赏赐的金银财宝，他全部藏入家中，占为己有，每天都在求田问舍，置办家产。"赵母就是通过他们父子行为的比较，知道赵括不可重用。可惜的是，赵王没有接受这一建议。

赵奢是无私的，身处将士之后，赢得了将士的衷心拥戴，结果成就了他一代名将的美名；赵括是自私的，导致将士们离心离德，最后兵败长平，使赵国损失四十余万军队，自己也丧命疆场，贻笑万年。

二

关于"外其身而身存"的道理，我们也举例说明。

老子认为，爱惜生命是对的，正是为了爱惜生命，有时又不可把自己的生命看得太重，这样反而更有利于自己的生存。反过来，如果把自己的生命看得过重，反而不利于自己的生存。事实的确如此。

现实中常有这种现象，有的人正当壮年，身体一贯很好，但一旦得知自己患上癌症等严重疾病时，就精神崩溃，身体瘫软，连路也走不动了。虽然也接受了很好的治疗，但不过一年半载就去世了。人们对于这些人的去世遗憾之余总认为他们的去世肯定与病有关，但主要不是病死的，而是因为心理压力太大，自己把自己吓死了。如果能把自己的生命看得淡一点，凭着那么好的体质，熬上三五年是完全可能的。这就是太看重生命，结果反而伤害了自己的生命。对此，庄子有一段文字讲得十分有趣：

> 夫醉者之坠车，虽疾不死。骨节与人同而犯害与人异，其神全也，乘亦不知也，坠亦不知也，死生惊惧不入乎其胸中，是故遻（连）物而不慑。彼得全于酒而犹若是，而况得全于天乎！（《庄子·达生》）

庄子说，喝醉酒的人，从车上掉下来，虽然也会受伤，但他受伤的程度要比别人轻。为什么喝醉的人身体与别人的身体一样，而受伤的程度却会轻一些,这就是因为醉酒者已经置生死于度外,没有任何恐惧感,当车子翻倒的时候,醉酒的人身体会软绵绵地顺势掉在地上。而清醒的人不同,当车子翻倒的时候,他们恐惧、挣扎,整个肌肉、骨头都是僵硬的,因此,他们受到的伤害就会严重一些。

庄子这样讲的目的,是要求我们通过精神修养,做到不用喝酒也能够达到置生死于度外的境界。有了这一境界,当我们面对各种危险时,无忧无惧,能够冷静处理,这样反而有利于我们的生存。

社会法则与自然法则确有相通之处,如自然现象中的有与无、高与下同社会生活中的"后其身"与"身先"或"外其身"与"身存"等成对的矛盾都是相反相成的关系,但自然法则与社会法则之间毕竟还存在着很大不同。在自然界,有"上"必有"下",这是绝对的;而在社会生活中,有"后其身""外其身"就未必一定会有"身先""身存",要想实现这一转化,需要一定的主观条件与客观环境。如果认为只要保持"后其身""外其身",紧接着势必就会出现一个"身先""身存"的局面,这无疑是幼稚的。

八章

【题解】

本章"上善若水"是一则非常著名的命题。水具有处下不争、施恩而不求回报等特性,因此应该成为人们效法的对象。在此基础上,老子还提出"善地""善渊"等命题。本章再次印证了老子"法自然"的思维模式。

上善若水①。水善利万物而不争,处众人之所恶②,故几于道③。

居善地④,心善渊⑤,与善仁⑥,言善信⑦,正善治⑧,事善能,动善时⑨。夫唯不争,故无尤⑩。

【注释】

①上善:指上善之人,也可指最高尚的品德。

②所恶(wù):所讨厌的地方,指低洼之地。俚语说:"人向高处走,水向低处流。"所以说水所处的低洼之地是人们所讨厌的地方。

③几于道:基本上符合道的原则。几,差不多,接近。老子认为万物的生息都是由道支配的,没有道,万物就不可能生存。道对于万

物的恩泽可以说是很大的,然而道从不与万物争夺什么,也不求万物的回报。而水正具备类似的特性,所以说水"几于道"。关于水的诸多优点,可详见"解读一"。

④居善地:居住时善于选择恰当的地方。这个地方指卑下之地,比喻低下的位置。本段中的"善"都是"善于"的意思,译文为了避免重复生硬,大多免去。

⑤渊:指圣人的思想境界如同深渊一样深邃难识。不仅道家认为圣人"心善渊",儒家、佛教也如此认为,详见"解读二"。

⑥与善仁:与别人交往时非常仁爱。与,交往。

⑦信:诚信,诚实。

⑧正善治:从政时善于治理。正,通"政"。执政。治,治理。

⑨动善时:有所行动善于选择恰当时机。时,用作动词,选择时机。

⑩尤:过失,罪过。这里引申为灾难。

【译文】

品德最美好的圣人就像水一样。水善于施恩泽于万物而从不与万物相争,安居于众人所讨厌的低洼之地,所以说水的特性基本上符合大道。

圣人像水那样:居于卑下之位,思想深邃难识,交往仁慈友爱,言语诚实无欺,为政善于治理,做事无所不能,行为择时而动。正因为他们与人无争,所以也不会招来任何灾难。

【解读】

一

苏辙《老子解》对本段有关水的诸多优点有一个很好的阐释,这段阐释不仅道理讲得透彻,而且语言优美。他说:

(水)避高趋下,未尝有所逆,善地也;空虚静默,深不可测,善渊也;利泽万物,施而不求报,善仁也;圆必旋,方必折,塞必止,决必流,善信也;洗涤群秽,平准高下,善治也;遇物赋形,而不留于一,善能也;冬凝春泮,涸溢不失节,善时也。有善而不免于人非者,以其争也。水惟不争,故兼七善而无尤。

这些文字字面意思是在赞水,实际是在赞人,而赞水的最终目的是要求人们去效法水。

二

不仅身为道家的老子认为圣人的思想境界很难猜度,儒家和佛教也如此认为。关于儒家圣人的境界,《韩诗外传》卷八有这样一段记载:

> 齐景公谓子贡曰:"先生何师?"对曰:"鲁仲尼。"曰:"仲尼贤乎?"曰:"圣人也,岂直贤哉!"景公嘻然而笑曰:"其圣何如?"子贡曰:"不知也。"景公悖然作色,曰:"始言圣人,今言不知,何也?"子贡曰:"臣终身戴天,不知天之高也;终身践地,不知地之厚也。若臣之事仲尼,譬犹渴操壶杓,就江海而饮之,腹满而去,又安知江海之深乎?"

子贡认为,孔子的思想境界如同上天一般,虽然自己终身头顶着天,却无法知道天有多高。佛教甚至认为,那些思想境界极高的僧人,连鬼神也无法知道他们的行踪。《五灯会元》卷三记载:

> 师(唐代普愿禅师)因至庄所,庄主预备迎奉。师曰:"老僧居常出入,不与人知,何得排办如此?"庄主曰:"昨夜土地报道,和尚今日来。"师曰:"王老师(普愿俗姓王)修行无力,被鬼神觑见。"

普愿禅师俗姓王,有一次他因为有事到一村庄,庄主事先就做好了迎接准备,普愿甚是诧异:"我平时出门办事,从来不会告诉任何人,您怎么事先就把事情准备好了呢?"庄主回答说:"是土地神昨晚梦中告知我,您今天要来。"普愿听后感叹说:"因为我的修行还不到位,所以行踪能够被鬼神发现。"那么反过来讲,修行到极致的高僧,连鬼神都无法知晓其行踪,更不用说那些凡夫俗子了。

九章

【题解】

　　本章主要有三个内容：第一，再次申明办事不要追求盈满。第二，指出"金玉满堂，莫之能守"这一常见社会现象。第三，提出了影响深远的"功成身退"这一原则。可以说，后面两个内容都是建立在第一条原则之上的，老子告诫人们，无论是财富还是功名，皆不可求盈求满。其中功成身退成为此后数千年中国文人的座右铭。

　　持而盈之^①，不如其已^②；揣而锐之^③，不可长保^④。

　　金玉满堂，莫之能守^⑤。富贵而骄，自遗其咎^⑥。功遂身退^⑦，天之道^⑧。

【注释】

①持而盈之：做事做到盈满。持，握持。引申为做事。盈，满，鼎盛。

②不如其已：不如停止不干。已，停止。关于"持而盈之，不如其已"这一观点，外国人也很赞同，详见"解读一"。

③揣（zhuī）而锐之：反复捶锻刀剑而使其刀锋锐利。揣，捶击。此指整个锤炼锻磨过程。锐，原作"梲"，据河上公本改。使刀锋锐利。

④不可长保：刀锋很难长期保持锋利。如果刀锋太锐利，很快就会

用坏。

⑤莫之能守：即"莫能守之"。莫，没有人。之，代指满堂金玉。

⑥自遗其咎：自取灾难。遗，遗留，带来。咎，灾难。

⑦功遂：事业成功。遂，成就，成功。

⑧天之道：大自然的规律。为什么说功成身退是"天之道"，可详见"解读二"。

【译文】

如果做事一定要做到盈满，还不如停止不做；刀刃捶锻得尖锐锋利，其锋刃就不能长期保持锋利。

金玉满屋，没有人能够守住。富贵而傲慢，是自取灾难。功成身退，是大自然的规律。

【解读】

一

办事留有余地、切忌盈满这一原则，外国人也很赞同。英国著名的历史学家和作家诺斯古德·帕金森在《帕金森定律》（王少毅编译，甘肃文化出版社2004年版）一书中说：

完善等于终结，终结等于死亡。

接着，他分别用一个单位的建筑和人员配备情况来论证这一观点。他说："据了解，只有面临垮台的单位，才有可能进行这样完善无瑕的设计（指这一单位的建筑设计和人员配备——引者注）。我们这个结论听起来似是而非，但却是经过大量的考古和历史研究才得出来的，……经过一番研究和比较，我们证明了，凡是尽善尽美的规划，就是工作衰退的征兆。"他还说："现在有的单位刚一成立，就设立了副会长、顾问、行政领导等多人，让他们集中在一座专门为他们设计的大楼里。这类例子俯拾皆是。经验证明，像这样的单位必死无疑。它将因样样求全而把自己窒息，它将因缺少泥土而不能扎根，它将因已经充分发育而不能继续生长。它生来就不能结果，而且它连花都不能开。"

时隔几千年、地距数万里的老子和帕金森以各自不同的证据提出了完善就是死亡的开始这一结论，这种看似谬误的观点里却包含着一定的、毋庸置疑的正确性。

二

老子认为功成身退符合自然规律，是因为古人通过观察"日中则移，月满则亏"这一自然现象，从而得出"物盛则衰"（《文子·九守》）的结论。不仅日月如此，四季也是如此，春天完成自己的任务后，就主动地让位于夏天，而夏天、秋天和冬天也皆如此。既然功成身退是自然规律，那么主张效法自然的老子理所当然地提醒人们，应该在自己成功后的鼎盛时期急流勇退，以免遭受衰落为自己带来的痛苦。古人普遍认同这一点：

> 盈必毁，天之道也。（《左传·哀公十一年》）

> 狡兔得而猎犬烹，高鸟尽而良弓藏，名成功遂身退，天道然也。

（《文子·上德》）

自然规律就是在盈满之后接着走向损毁，功成身退当然就是一种明智的选择。后来这一原则就成为数千年文人的座右铭。历史上的范蠡、张良等人都是这方面的楷模，而不愿功成身退的李斯却落得一个悲惨的下场。

范蠡是文子的弟子，而文子是老子的弟子。也就是说，范蠡是老子的再传弟子。关于范蠡功成身退的事情，史书有记载：

> 句践已平吴，……范蠡遂去，自齐遗大夫种书曰："蜚鸟尽，良弓藏；狡兔死，走狗烹。越王为人长颈鸟喙，可与共患难，不可与共乐。子何不去？"种见书，称病不朝。人或谗种且作乱，越王乃赐种剑曰："子教寡人伐吴七术，寡人用其三而败吴，其四在子，子为我从先王试之。"种遂自杀。（《史记·越王句践世家》）

> （范蠡）遂乘轻舟以浮于五湖，莫知其所终极。王命工以良金写范蠡之状而朝礼之，浃日（每隔十天）而令大夫朝之，环会稽三百里者以为范蠡地，曰："后世子孙，有敢侵蠡之地者，使无终没于越国，皇天后土、四乡地主正之。"（《国语·越语下》）

范蠡和文种是勾践灭吴的两大功臣。文种留了下来,结果以极为荒唐的理由被杀;范蠡功成身退,远走高飞,受到勾践的极大尊重与思念。

与文种相比,李斯的遭遇则更为典型。《史记·李斯列传》记载,秦朝统一中国后,李斯身为宰相,他的儿子皆娶秦公主为妻,女儿也全部嫁给秦皇子。一次李斯置酒宴于家,百官都来祝贺,门前的车辆有数千。李斯看到这种情况后感叹说:"嗟乎!吾闻之荀卿曰:'物禁大盛。'夫斯乃上蔡布衣,闾巷之黔首(百姓),上不知其驽下,遂擢至此。当今人臣之位无居臣上者,可谓富贵极矣。物极则衰,吾未知所税驾(归宿)也!"李斯知道"功成身退"的道理,却做不到急流勇退,结果被赵高诬为谋反,最后被灭三族,李斯本人受尽酷刑,"论腰斩咸阳市"。他临死前对儿子说:"吾欲与若复牵黄犬俱出上蔡东门逐狡兔,岂可得乎?"后来诗人胡曾在《咏史诗·上蔡》中感叹道:

> 上蔡东门狡兔肥,李斯何事忘南归。功成不解谋身退,直待云阳血染衣。

在政治斗争激烈、人事关系复杂的古代社会里,功成身退的确不失为明智之举。

在过去,"功成身退"一般起到的是保身的作用,而今天我们可以从中得到新的启示,那就是任何一代人都有各自的责任,当他们完成了各自的历史使命之后,都应自觉地让位于新的一代。如果功成而身不退,继续用老的一套经验去执行新的历史任务,而把充满生机的新一代排斥在外,其结果势必令人失望。

十章

【题解】

　　本章主要内容是针对君主个人而言,要求君主做到形神合一、去智返愚、安雌守柔、清静无为等。如果能够遵守以上原则,就是具有"玄德"的圣王。

　　载营魄抱一①,能无离乎? 专气致柔②,能婴儿乎? 涤除玄览③,能无疵乎④? 爱民治国,能无知乎⑤? 天门开阖⑥,能为雌乎⑦? 明白四达⑧,能无为乎?

　　生之畜之⑨,生而不有,为而不恃⑩,长而不宰⑪,是谓玄德⑫。

【注释】

①载:语助词,无实义。一说同"哉",句尾语气词,应属上句。营魄抱一:使肉体和灵魂结为一体。营魄,肉体和灵魂。寄托之处叫营(住所),古人认为肉体是灵魂的寄托之所,所以把肉体叫作营。抱一,结为一体。古人认为,灵魂来自上天,肉体来自大地,二者合而为一,人就可以生存;二者分离,人就会死亡,所以老子

告诫君主要"营魄抱一"。

②专气致柔:专一精神,以达到守柔的状态。气,这里指精神。

③涤(dí)除玄览:清除尘垢污染,保持心灵的清明。涤,洗涤。玄览,指心灵。心灵是玄妙的,而且能够观照万物,故称"玄览"。一说,玄,微妙。览,此通"鉴"。镜子。比喻能够观照万物的微妙之心。

④疵(cī):瑕疵,错误。

⑤爱民治国,能无知乎:老子反对君主使用巧智治国,因为使用巧智治国,会使人们变得越来越奸诈。知,同"智"。智慧,指世俗智慧。"爱民治国,能无知乎"的主张实际就是愚民思想。关于老子愚民思想与法家愚民思想的不同,可详见"解读"。

⑥天门开阖(hé):指人们的言行。天门,天然的门户。指耳、目、口、鼻。开阖,即开闭。一说"天门开阖"指大自然的变化;天门,指自然。这一解释似不确,因为全章都是对君主个人的要求。

⑦为雌:守柔。雌,柔雌,柔和。本句中的"为",王弼本误为"无",义不可通,《道藏》本、马王堆帛书《老子》等其他各版本均作"为雌",今据改。

⑧明白四达:处处明白通达。

⑨畜(xù)之:养育万物。畜,养。之,代指万物。

⑩为而不恃(shì):帮助万物却不求万物的回报。为,帮助。恃,依赖。引申为要求回报。

⑪长而不宰:使万物顺利生长却不做它们的主宰者。长,使万物生长,也即养育万物。

⑫是谓玄德:这就是高尚的品德。是,代指以上做法。玄,微妙,高尚。

【译文】

肉体和灵魂要保持合而为一,大概能够做到不相分离吧? 专一精神以达到守柔状态，大概能够像婴儿一样吧？清除污垢以保持心灵的清明，大概能够不犯错误吧？爱民治国，大概能够不去使用巧智吧？说话做事的时候，大概能够安居于柔雌的状态吧？明白通达，大概能够做到清静无为吧？

圣王帮助万物繁殖、成长，养育了万物却不据为己有，帮助了万物却不求回报，使万物得以顺利生长却不做它们的主宰者，这就是高尚的品德。

【解读】

《道德经》认为，一个统治者真心"爱民治国"，就不要使用巧智去治理国家，类似言论在其他章节也很多，如"常使民无知无欲"（三章），"古之善为道者，非以明民，将以愚之。民之难治，以其智多"（六十五章）等等，具有明显的愚民思想。在先秦，谈论愚民思想最多的是道家和法家，但二者主张愚民的出发点是不同的。

法家提倡愚民，是站在统治者的利益之上，百姓愚，而统治者不愚，这样更有利于统治。所以，执行法家政策的秦朝焚的是民间的书，而朝廷的书保存完好。可惜的是，朝廷所保存的书，又被项羽给烧了。

老子提倡愚民，则是站在全人类的利益之上。因为他认为社会之所以如此动乱，就是由于人们过分聪明，人们把这些所谓的聪明全部运用到了争名夺利方面，正如《庄子·人间世》中所说："知也者，争之器也。"智慧成了人们争斗的工具。由此可以推论出：人们的智慧少一分，社会就会安定一分。其实，按照道家的观点，少点世俗智慧，不仅有利于社会安定，对个人的生活也是有好处的。苏东坡《石苍舒醉墨堂》说："人生识字忧患始。"忧患意识强烈，心绪难宁，是从读书认字开始的，所以道家笔下的圣人是"居无思，行无虑"（《庄子·天地》），无思无虑，自然也就无忧无愁。

老子主张愚民的动机是好的，但在现实社会中，却很难实施。

十一章

【题解】

本章的主旨是再次强调空间的作用。老子借用最常见的车辆、陶器、房屋等事物，以浅显易懂的比喻，说明空间的重要性。由于一般人只看到物质的作用，而忽略了空间的作用；只知"无不为"的好处，而不知"无为"的好处；只追求"刚强"，而不愿处于"柔弱"，于是老子提醒人们，如果没有空间，一切事物都将失去其存在意义。明白这一道理，老子的"无为""柔弱"等学说也就不难理解了。

三十辐共一毂①，当其无②，有车之用；埏埴以为器③，当其无④，有器之用；凿户牖以为室⑤，当其无⑥，有室之用。故有之以为利⑦，无之以为用⑧。

【注释】

①三十辐（fú）共一毂（gǔ）：三十根辐条集中在一个车毂上。辐，车子的辐条。共，集中。毂，车轮中心有圆孔可以插轴的部分。本句泛指人们制造车辆的过程。

②当其无：正是因为车厢里有了空间。当，正。引申为正因为。无，

　　空间。这里指车厢里的空间。如果车辆全部是物质组成,没有车厢里的空间,这样的车辆是没有用处的。一说"无"是指车毂中间插车轴用的圆孔,如果没有这个圆孔,无法插入车轴,车子是做不成的。

③埏埴(shān zhí)以为器:揉和黏土制造各种陶器。埏,以水和土。埴,黏土。

④无:此指陶器中的空间。

⑤户牖(yǒu):门和窗。户,门。双扇门叫"门",单扇门叫"户"。这里泛指门。牖,窗。

⑥无:此指房屋中的空间。

⑦有:指物质,与下句中的"无(空间)"相对。

⑧无之以为用:空间才使万物发挥作用。如果没有空间,整个宇宙铁板一块,那么一切事物都无法发挥自己的作用。

【译文】

　　三十根辐条集中在一个车毂上,正是因为有了车厢中的空间,才有了车子的作用;用水和着黏土制造各种陶器,正是因为有了陶器里的空间,才有了陶器的作用;开凿门窗修建房屋,正是因为有了房屋中的空间,才有了房屋的作用。所以说各种器物的物质部分给人带来了利益,而器物里的空间才使这些器物能够发挥自己的作用。

【解读】

　　老子善于逆向思维,比如:常人往往看到的是提倡仁义的正面意义,而老子却能看到提倡仁义的负面作用;常人往往关注智慧为人类带来的利益,而老子却能发现智慧为人类带来的伤害;常人往往重视尚贤的益处,而老子却能看到尚贤的弊端。本章也十分典型地凸显了老子的这种逆向思维,常人往往只注重物质的作用,而老子却特别强调空间的作用。这种逆向思维方式,使老子能够看到常人所无法看到的一些问题。

十二章

【题解】

本章反对追求五色、五音、五味、驰骋畋猎、难得之货等奢侈生活,并指出了这种奢侈生活方式为人们带来的伤害。老子认为圣人"为腹不为目",只求满足最基本的生活需求,不追求耳目享受。这一主张对于今天的人们依然具有重要的借鉴意义。

五色令人目盲①,五音令人耳聋②,五味令人口爽③,驰骋畋猎令人心发狂④,难得之货令人行妨⑤。是以圣人为腹不为目⑥,故去彼取此⑦。

【注释】

①五色:指青、黄、赤、白、黑五种颜色。这里泛指各种艳丽的色彩。目盲:眼瞎。这里指视力衰退。

②五音:又叫五声。指宫、商、角、徵、羽五种音调。这里泛指美妙的音乐。

③五味:指酸、苦、甘、辛、咸五种味道。这里泛指美食。爽:伤。这里指损害味觉。

④驰骋（chěng）畋（tián）猎令人心发狂：驰马打猎使人精神失常。
驰骋，驱马奔驰。在春秋时期，贵族出游多乘车。畋猎，打猎。
狂，心疾，即今天所说的精神失常。老子反对五色、五音、五味、畋
猎的原因，详见"解读一"。

⑤行妨：使人行动不便。妨，妨碍。一说指行为不好，比如盗窃、掠
夺之类的不好行为。为什么说"难得之货令人行妨"，详见"解读
二"。

⑥为腹不为目：只求吃饱肚子而不求耳目享受。目，这里泛指以上
所说的各种感官享受。

⑦去彼取此：不要感官享受，只求填饱肚皮。去，不要，排除掉。彼，
指上文讲的五色、五音、五味、畋猎等生活方式。此，指"为腹不
为目"的生活原则。

【译文】

艳丽的色彩看多了，伤害人的视力；美妙的音乐听多了，伤害人的听
力；味美的食物吃多了，伤害人的味觉；沉溺于驰马打猎，会使人精神失
常；珍贵的金银财宝，会使人行动不便。所以圣人只求吃饱肚子而不求
感官享受，因此要舍弃感官享受而只求填饱肚皮。

【解读】

一

老子反对各种精神享受和物质享受，固然有其偏颇的一面，但是我
们也绝不能忽视其中合理的一面。

首先，当时能够享受"五色""五音""五味"，能够"驰骋畋猎"的人
多为统治阶级。为了满足这些享受，他们势必要加紧对百姓的剥削。老
子反对享乐的思想与墨子的"非乐""节用"思想有相似之处，都含有反
对统治者享乐腐化以减轻百姓负担的意义。这一思想在七十五章中表
现得特别明显，可参阅。

其次，即使排除反对剥削压迫这一点不谈，过分的享乐对任何一个

人来说，无论是精神还是肉体，都是有害的。枚乘在《七发》中对此阐述得十分透彻：

> 纵耳目之欲，恣支体之安者，伤血脉之和。且夫出舆入辇，命曰蹶痿之机；洞房清宫，命曰寒热之媒；皓齿娥眉，命曰伐性之斧；甘脆肥脓，命曰腐肠之药。

玩物丧志，纵欲伤身，恐怕没有人会怀疑这些话的正确性。

二

古人很早就发现"难得之货令人行妨"这一社会现象。《左传·桓公十年》记载：

> 周谚有之："匹夫无罪，怀璧其罪。"

远在老子之前，人们就发现，一个普通百姓本来没有犯罪，可一旦他藏有一块珍贵的玉璧，那就是他的"罪过"了。原因是权贵要给他罗织罪名，陷害他，以便劫夺他的玉璧。

《红楼梦》第四十八回写道，石呆子并不富裕，却有二十把古扇子，而这些古扇子偏偏被贾府看中，愿意出钱购买。但石呆子说："我饿死冻死，一千两银子一把我也不卖！"此事被当地官员贾雨村知道了，贾雨村为了讨好贾府，便设个法子，讹诈石呆子欠了官银，拿他到衙门里去，说所欠官银，变卖家产赔补，就把这些扇子抄了充公，作了官价送给贾府。后来石呆子自杀。如果没有这些古扇，石呆子过得平平安安；有了这些古扇，把他搞得家破人亡。

潘永因《宋稗类钞》卷十一记载了这么一个故事：有一位姓刘的隐士隐居在衡山的紫盖峰下，家徒四壁，有时还要靠乞讨为生。后来有一位好心的富人送给他一件袍子，刘隐士十分高兴，道谢而去。过了几天，那富人见隐士仍是破衣烂衫，就问他为什么不穿那件袍子。隐士回答说："我从前出门，从不锁门；睡觉时，也从不插门。自从有了那件袍子后，放在家里不放心，于是就买了一把锁，出门就把门锁上。晚上睡觉时，也总得把门关得紧紧的。天天都得为这件袍子操心。今天我本来是穿着这件袍子来的，突然一想：为了一件袍子，把自己搞得这么心神不宁，太不值得了。这时正好有个人从我身边路过，我就把这件袍子脱下来送给他了。袍子送出去以后，我的心就轻松多了，坦然多了。哎！我差点被你的一件袍子给拖累住了。"这位隐士说自己连一件袍子都放心不下，可能只是一种"借题发挥"，但也反映了一种普遍存在的心理。

从这些事例来看，"难得之货令人行妨"这一说法的确是有道理的。那么反过来，没有"难得之货"，往往会为人带来意想不到的福祉。陈平是西汉的开国元勋，他原来追随项羽，后投奔刘邦，在投奔刘邦途中搭船过黄河：

> 船人见其美丈夫，独行，疑其亡将，要（腰）中当有金玉宝器，目之，欲杀平。平恐，乃解衣裸而佐刺船。船人知其无有，乃止。（《史记·陈丞相世家》）

船工看到陈平相貌堂堂，怀疑他是逃亡的将军，而将军必定带有金银，于是准备杀人劫财。陈平发现气氛不对，就把衣服脱光，帮助船工划船。船工发现他赤条条一无所有，这才打消了杀人的念头。如果陈平此时拥有难得之货，他的生命大概到此而止，历史上也就没有一位足智多谋、屡建奇功的陈平了。

十三章

【题解】

本章要求人们做到宠辱不惊,认为人们之所以会"宠辱若惊",乃是自私心理造成的。按照老子的辩证思维,那些太看重自我的人,反而会给自己带来灾难;不看重自我,不仅能够治理好天下,而且也有利于自己的身心健康。

宠辱若惊①,贵大患若身②。

何谓"宠辱若惊"?宠为上,辱为下③,得之若惊④,失之若惊,是谓宠辱若惊⑤。

何谓"贵大患若身"⑥?吾所以有大患者,为吾有身⑦,及吾无身⑧,吾有何患?故贵以身为天下⑨,若可寄天下⑩;爱以身为天下,若可托天下。

【注释】

① 宠辱若惊:受宠惊喜而受辱惊恐。宠辱,都用如动词,指受到宠辱。一说"惊"为"动"的意思,也即"动心"。本句可译为"如果地位的尊贵或低贱能够使之动心的话",见张景《老子"宠辱若

惊"新解》(《光明日报》2020年7月18日)。

②贵大患若身：这是把名利之心看得像生命一样重要。贵，看重。
　　大患，大灾难。这里指因为太看重自我而形成的名利之心。老子
　　认为一个人如果达到无私的境界（即下文讲的"无身"），就不会
　　因为宠辱而惊恐。"宠辱若惊"正是太看重自我的"有私"表现，
　　无私方能成其私（七章），有私反而会对自己造成伤害，因此，"有
　　私"是很危险的。另外，道家认为，大喜大恐都是有害于身体健
　　康的，所以本章把"宠辱若惊"视为"大患"。

③宠为上，辱为下：把受宠视为尊荣，把受辱视为卑下。这两句，王
　　弼本原作一句"宠为下"，据景福碑、陈景元本改。

④之：代指宠辱。

⑤是：代指上述情况。

⑥何谓：什么叫作。一说"何谓"是何为、为什么。

⑦有身：即有我、有私，太看重自己。自"吾所以有大患者，为吾有
　　身"以下几句话，学界理解分歧较大，详见"解读"。

⑧及吾无身：如果我能够做到无私。及，如果。无身，无我，无私。

⑨贵以身为天下：情愿用自己的全部身心去治理天下的人，即"无
　　身""无私"的人。贵，看重。引申为愿意。以，用。为，治理，也
　　可理解为介词"为了"。"以身为天下"全部属于"贵"的宾语。
　　"爱以身为天下"的句式与此相同，意思也相同。

⑩若可：才可以。若，乃，才。杨树达《词诠》："若，副词，乃也，始
　　也。"

【译文】

受宠惊喜而受辱惊恐，这是把名利之心看得像生命一样重要。

什么叫作"宠辱若惊"呢？因为人们把受宠看得很荣耀，把受辱看
得很卑下，所以得到这些好像受到惊吓，失去这些也好像受到惊吓，这就
叫作"宠辱若惊"。

　　为什么会把这些名利之心看得如同生命一样重要呢？我们有这些名利之心的原因，是因为太看重自我了，如果我们能够达到无私的境界，还会有什么名利之心呢？所以只有那些看重用自己全部身心去治理天下的人，才可以把天下交给他；只有那些愿意以自己全部身心去治理天下的人，才可以把天下托付给他。

【解读】

　　本章自"吾所以有大患者"以下，存在着截然相反的解释。任继愈《老子新译》把这一段翻译为："我所以有大患（虚荣），由于有了我的身体，若没有我的身体，我还有什么祸患呢？所以只有把天下看轻、把自己看重的人，才可以把天下的重任担当起来；只有把天下看轻、爱自己胜过爱天下的人，才可以把天下的重任交付给他。"并在解说词中说："他（老子）认为有许多麻烦，是由于自己这个人的存在而引起的，为了避免给自己招来忧患，最好不要身体。身体都不存在了，还有什么忧患呢？照这样的逻辑，为了避免牙痛，就不要牙齿，为了不犯错误，就不要工作。"蒋锡昌《老子校诂》和张松如《老子校读》等人的解释、译文基本与此相同。

　　按照任先生的解释，老子用来解脱灾难的办法就是消灭自己的身体，这不仅在全书找不到根据，而且也殊难想象老子会生出如此愚蠢的办法去解决矛盾。老子在这里讲的完全是有私（有身）和无私（无身）的问题。在第七章中，老子说："是以圣人后其身而身先，外其身而身存。非以其无私邪？故能成其私。"很清楚，老子是要求人们"后其身""外其身""无私"的，至于"身先""身存""成其私"则是前者的自然结果。七十八章还说："受国之垢，是谓社稷主；受国不祥，是为天下王。"这明明讲的都是治理天下的人应该是"先天下之忧而忧"的人，是无私的人。就《道德经》全书思想来看，老子也是提倡清静寡欲、无私无我的，这里突然提出要"爱自己胜过爱天下"，明显与全书思想是冲突的。而且按照"后其身而身先"的理论去推理，那么过分爱护自身的结果势必会导致自身难保，老子又怎能提出把爱护自身放在首位的主张呢？特别是老子又怎能提出把天下交给极端自私的人呢？

另外，任先生的解释本身就前后矛盾。既然老子认为"为了避免给自己招来忧患，最好不要身体"，那么为什么会紧接着又提出"只有把天下看轻、把自己看重的人，才可以把天下的重任担当起来"的主张呢？一会儿不要身体，一会儿又要看重身体，老子当不会在同一章中出现如此严重的抵牾吧。

实际上本章讲的主旨是"无私"。老子认为一个人之所以会"宠辱若惊"，根本原因就是把自己看得太重。一个人如果达到无私（无身）的境界，把个人利益置之度外，他根本就不会因荣辱而受惊，甚至根本就不会有荣辱之感。更何况圣人"不争，故无尤"（八章），不争荣，哪里会受辱呢？而且只有这种无私无欲的圣人才能够治理好天下。这样解释，不仅全章浑然一体，而且与全书的思想也是一致的。

最后，我们再分析一下"贵以身为天下"和"爱以身为天下"的句式。很明显，"贵"和"爱"是互文，都作动词使用，而"以身为天下"则是它们的宾语。"以身为天下"的意思是"用自己的全部身心去治理天下"或"用自己的全部身心去为天下服务"，这也不会产生歧义。相反，把"贵以身为天下"译为"把天下看轻、把自己看重的人"，把"爱以身为天下"译为"把天下看轻、爱自己胜过爱天下的人"，则与原句意思全不相符。蒋锡昌深知这一点，为了解决这一矛盾，他采取了颠倒词序的办法："此数语乃倒文。正文当作'故以身为天下贵者，则可以托天下矣；以身为天下爱者，则可以寄天下矣'。"（《老子校诂》）这么一颠倒，固然文从字顺，但这种随便颠倒原文的做法却难以服人。

十四章

【题解】

本章首次对道的模样进行了全面描述。看不见,听不到,摸不着,无首无尾,上不皦而下不昧,这就说明道不可能是一种物质性的实体。但这种非物质的东西又确实存在,因为道还有"无状之状""无物之象"。道虽然无形无象,但掌握它以后,就可以驾驭、支配天下万物。因此,这种非物质性的道也绝不是一种神秘的精神本体,而是一种客观存在的规律。

视之不见名曰夷①,听之不闻名曰希②,搏之不得名曰微③。此三者不可致诘④,故混而为一⑤。

其上不皦⑥,其下不昧⑦,绳绳不可名⑧,复归于无物⑨。是谓无状之状,无物之象⑩,是谓惚恍⑪。迎之不见其首,随之不见其后。

执古之道⑫,以御今之有⑬,能知古始⑭。是谓道纪⑮。

【注释】

①视之不见名曰夷(yí):看它又看不见,这叫作无形。之,本段中三

个"之"都代指道。夷,灭,没有。这里指没有形状。

②希:同"稀"。少,稀有。这里引申为没有,指没有声音。

③搏之不得名曰微:摸它又摸不着,这叫作无体。搏,握,抓。这里指用手去触摸。微,无,没有。这里指没有形体。

④三者:指前文描述的道的三种特性。致诘(jié):追究到底。致,极尽。诘,追问,探究。

⑤混而为一:合为一体。混,合。一,一体。这个一体指的是道。

⑥其上不皦(jiǎo):它的上面不会显得明亮。其,代指道。皦,明亮。

⑦昧(mèi):昏暗。道是规律,规律是无形的东西,所以它的上面不会因为阳光而显得明亮,而下面也不会显得昏暗。这就说明道不可能属于物质的东西。

⑧绳绳:看不见摸不着、无形无象的样子。字疑为"黽黽(méng)"之讹。不可名:无法道说,无法描述。名,名状,描述。

⑨复归:二字同义,都是归属、属于的意思。

⑩无物之象:没有形体的形象。物,事物,形体。象,形象。道是存在的,但又没有形体,所以老子无可奈何地把它描述为"无物之象"。

⑪惚恍:迷离恍惚、无法捉摸的样子。

⑫执古之道:掌握了自古以来就存在的道。执,掌握。

⑬以御今之有:可以凭借它来驾驭、支配现在的万物。以,凭借。后省略"道"字。御,驾驭,支配。今之有,现在的万物。有,物质存在,泛指万物。

⑭古始:二字同义,指原始古代。这里指原始古代的情况。古人认为,古今一理,因此,掌握了大道,就能够推知古代的情况。

⑮道纪:大道的主要状况。纪,原指丝团的头绪,引申为主要部分。

【译文】

察看大道又看不见,这叫作无形;聆听大道又听不到,这叫作无声;

触摸大道又摸不着，这叫作无体。这三种特性都是无法进一步追究考察的，它们混合于一体。

大道的上面不会显得明亮，它的下面也不会显得昏暗，它无形无象难以描述，可以说它不是一个物质性的实体。可以说大道是没有形状的形状，没有形体的形象，它可以说是迷离恍惚、无法捉摸的。站在它前面却看不见它的头部，尾随着它也看不见它的尾部。

掌握了自古以来就存在的大道，就能够凭借它来驾驭、支配现在的万物，就能够了解远古时代的情况。以上所讲的就是关于大道的大致情况。

十五章

【题解】

上章描述道的模样与特性,本章则紧承其义,描述得道之人的具体表现。得道之人办事认真,做人谨慎,庄重而又通达,纯朴而又宽容。他们做事留有余地,不求盈满。特别是本章提到的宽容品质,更值得我们效法。

古之善为士者①,微妙玄通②,深不可识③。夫唯不可识④,故强为之容⑤:

豫焉⑥,若冬涉川⑦;犹兮,若畏四邻;俨兮⑧,其若客⑨;涣兮⑩,若冰之将释⑪;敦兮⑫,其若朴⑬;旷兮⑭,其若谷;混兮⑮,其若浊⑯。

孰能浊以止⑰?静之徐清⑱;孰能安以久?动之徐生⑲。保此道者不欲盈⑳。夫唯不盈,故能蔽不新成㉑。

【注释】

①善为士者:善于当士的人。"士"在先秦的含义极多,如男子、士兵、读书人、最底层贵族等,皆可称"士"。根据下文,这里指掌握

　　了大道的人。

②玄通：指思想深邃而通达。玄，玄妙深邃。

③深不可识：思想深邃而难以认识。既然大道深不可识，那么得道
　之人与大道融为一体，自然也深不可识。

④唯：因为。

⑤强为之容：勉强对他们加以描述。容，用作动词。形容，描述。

⑥豫：犹豫。迟疑不决的样子。引申为办事谨慎小心、反复考虑的
　样子。"豫"也可与下文中的"犹"构成一个双声词"犹豫"，这里
　拆开使用，作互文看待。焉，语气词。

⑦若冬涉川：就好像冬天徒步过河一样。涉，徒步过河。

⑧俨（yǎn）：恭敬，庄重。

⑨客：王弼本作"容"，义不可通，河上公本、帛书本等均作"客"，今
　据改。

⑩涣：离散，分散。这里形容思想通达而不固执。

⑪释：消融，融化。

⑫敦（dūn）：敦厚，朴实。

⑬朴：未加工过的木材。即原木。

⑭旷：空阔。这里指心胸宽广。

⑮混：混同。这里指能够接纳、包容一切。

⑯浊：混浊的大水。大水好坏兼容，无所不包，比喻得道之人心胸宽
　广，能够包容一切。关于宽容，东方朔《答客难》有一段话，值得
　学习："水至清则无鱼，人至察则无徒。冕而前旒，所以蔽明；黈纩
　充耳，所以塞聪。明有所不见，聪有所不闻，举大德，赦小过，无求
　备于一人之义也。"

⑰孰能浊以止：谁能像混浊大水那样包容一切并持守在这种状态
　上。孰，谁。以，而。止，停留，持守。王弼本原无"止"字，据河
　上公本补。

⑱静之徐清：世人总是要让浊水安静下来，慢慢加以澄清。静之，使浊水安静下来。之，代浊水。徐，慢慢地。本句比喻世人总是把是非好坏搞得清清楚楚，只能接受好人，而不能容忍坏人，不能像得道者那样包容一切。

⑲动之徐生：搅动这种清静状态，慢慢产生各种追逐名利的行为。动，搅动。之，代指上句讲的是非分明的状态。本句比喻多数世人实际上做不到是非分明，廉洁自处，多为名利之徒。以上四句晦涩难懂，详见"解读一"。

⑳保：占有，掌握。不欲盈：办事不追求盈满。

㉑蔽不新成：安于有缺陷的旧状态而不创造新的事物。蔽，通"敝"。破旧，比喻有缺陷的旧状态。新成，新的成功，新的事物。按照老子的辩证法观点，守旧反而能够创新，因此二十二章说："敝则新。"详见"解读二"。

【译文】

古代那些掌握大道的人，其思想微妙通达，深刻得难以理解。正因为他们难以被理解，所以要勉强对他们的言行加以描述：

他们做事反复考虑，就好像寒冬要徒步过河一样；谨慎小心，就好像畏惧四邻的围攻一般；恭敬庄重，就好像一位做客的人；通达而不固执，就好像将要融化的冰块；朴实敦厚，就好像未经雕饰的原木；胸怀空阔宽广，就好像那深山的幽谷；能够包容一切，就好像那混浊的大水。

谁能够持久地像混浊的大水那样去包容一切呢？世人总是要让浊水安静下来，慢慢加以澄清；但是谁又能够永远坚持这种安定清静的状态呢？世人又总是搅动这种清静状态，慢慢产生各种追名逐利的活动。

掌握大道的人，办事不求盈满。正因为不求盈满，所以能够安于有缺陷的旧状态而不去创造新的事物。

【解读】

一

"孰能浊以止？静之徐清；孰能安以久？动之徐生"这几句是老子对世人的感叹。他认为只有得道的人才能像混浊的大水那样包容一切，而世人有谁能做到这些呢？他们总是斤斤明察，要把事情搞得清清楚楚，正如二十章讲的那样："俗人昭昭"，"俗人察察"。但是老子并不认为世人有能力把是非搞清楚并始终坚守正确原则，于是又感叹道，他们谁能够长期保持这种"静之徐清"的状态呢？不能，世人为了追求生活享受，总是熙熙攘攘、忙忙碌碌，由于私欲蒙蔽，使他们总是以主观的得失去衡量事物，因此他们根本不可能有公允的是非观。"静之徐清"是世人的主观愿望，"动之徐生"是世人的客观行为，二者刚好相反。

这几句话讲的是三种思想境界：最低层次的是追逐名利、是非不分的世俗人；高一个层次的是明辨是非，坚持真理，批评谬误，如儒家；最高层次的是以宽大的胸怀包容一切，而包容的目的是为了感化坏人，把坏人也变为好人，也即四十九章说的"善者，吾善之；不善者，吾亦善之，德善。信者，吾信之；不信者，吾亦信之，德信"。

由于这几句含义模糊，历来解释分歧较大，所以摘录几家译文，以供参考：

（1）任继愈《老子新译》："谁能使浑浊停止？安静下来，会慢慢澄清。谁能长久保持安定？变动起来，会慢慢打破安静。"

（2）张松如《老子校读》："谁能把浊流阻挡住，停止它慢慢澄清？谁能将安静稳定住，促动它慢慢苗生？"

（3）陈鼓应《老子注译及评介》："谁能在动荡中安静下来而慢慢地澄清？谁能在安定中变动起来而慢慢地趋进？"

二

老子认为原始状态的小国寡民、结绳记事、无知无识等是顺乎人的自然本性的，因此极力推崇。虽然这种带有原始状态的生活也有诸多缺陷，但掌握"此道"的人办事从来是不求盈满的，因此也就能安于现状。而那些不懂"此道"的人，办事总是追求盈满，为了弥补原始生活的某些不足，生出许多新的东西——各种器物、技巧智慧、法令制度等等，结果却适得其反——"民多利器，国家滋昏；人多伎巧，奇物滋起；法令滋彰，盗贼多有"（五十七章），正如王弼《老子道德经注》说的那样："盈必溢也。"这里主要讲得道之人能够满足于旧有的自然状态，而不去人为地创立新的事物，仍然体现了全书的主旨：顺应自然，反对人为。同时，根据老子的辩证思想，只有如此"守旧"，才能更好地"创新"，老子说的"创新"，主要是指为人们的生活带来更多的幸福。

十六章

【题解】

　　本章阐述万物发展观。老子认为万物都是不停地、呈环状地循环发展。既然循环是万物运动的规律，那么人们就不仅要公正地对待生存、富贵等正面状态，也应公正地对待死亡、贫贱等负面现象。只有懂得这一规律的人，才能够以平和的心态去接受一切，从而安然度过一生。

　　致虚极^①，守静笃^②。万物并作^③，吾以观复^④。

　　夫物芸芸^⑤，各复归其根^⑥。归根曰静^⑦，是谓复命^⑧，复命曰常^⑨，知常曰明^⑩。不知常，妄作^⑪，凶。

　　知常容^⑫，容乃公^⑬，公乃王^⑭，王乃天^⑮，天乃道，道乃久，没身不殆^⑯。

【注释】

①致虚极：极力做到虚静寡欲。致，致力于，努力做到。虚，内心虚静寡欲。极，形容程度很深的副词。

②守静笃（dǔ）：彻底坚持清静无为。笃，甚，彻底。

③并作：一起生长起来。作，产生。

④吾以观复:我就凭借着清静寡欲的心态观察万物循环往复的情况。以,凭借。后省略宾语"虚""静"。复,循环往复。

⑤芸芸(yún):众多的样子。

⑥复归其根:回到自己的出发点,也即回归死亡。从生到死构成一个循环。一说"根"指道、虚静的心态。这种解释不确,因为并非每个人都能够复归大道。

⑦静:虚寂。指死亡状态,也即死亡。

⑧是谓复命:死亡之后会重新获得生命。是,代指"静",死亡。关于循环论的正确与否,以及为什么说万物死亡之后会重新获得生命,详见"解读一"。

⑨常:永恒。这里指永恒不变的情况、道理。

⑩明:明智。

⑪妄作:胡乱行动。妄,胡乱。作,作为,行动。

⑫容:包容。指包容一切。懂得万物循环往复的道理后,就既能包容生、强、荣等,也能包容死、弱、辱等。

⑬公:公允,公正。指公正地对待一切。关于老子的"公",详见"解读二"。

⑭王(wàng):称王,统治国家。这里指治国的道理。

⑮天:指天之道,也即自然规律。

⑯没(mò)身不殆(dài):终身不会遇到危险。没,通"殁"。死。这里指一直到死。殆,危险。

【译文】

极力做到虚静寡欲,彻底坚持清静无为。万物一起生长起来,我就凭借着清静寡欲的心态去观察万物循环往复的情况。

万物是那样的众多,但最终都要回到自己的出发点。回到出发点就是虚寂死亡,死亡后会重新获得生命,这种生命的获得过程是永恒不变的,懂得这个永恒不变的道理可以叫作明智。不懂得这个永恒不变的道理,胡乱行动,就会遇到凶险。

懂得这一永恒真理,就能包容一切;能够包容一切,就能够公正地对待一切;能够公正地对待一切,就能够懂得治国的道理;懂得了治国的道理,进而就能懂得自然规律;懂得了自然规律,进而就能掌握大道;掌握了大道就能长久生存,终身不会遇到危险。

【解读】

一

《道德经》认为,在大道的支配下,万物是运动的,其运动方式是呈环状的循环。万物的循环路线是"大(大道)曰逝,逝曰远,远曰反",是"周行而不殆"(二十五章)。本章所描写的万物循环路线也基本相似,即"作——芸芸——归其根"。"作"相当于"逝";"芸芸"指万物纷纭繁荣,达到极盛状态,相当于"远";"复其根"相当于"反"。

循环论和递进论是一对对立的哲学范畴,一般认为递进论正确,循环论错误。而老子在认同递进论的基础上,更强调循环论。其实这两种观点并不矛盾,我们的看法是:

在一个相对短的时间内进行观察,事物的发展是递进式的;在一个相对长的时间内进行观察,事物的发展是循环式的。

比如一个人,从短时间内去观察他的前半生,他的发展可以说是波浪式前进,或者叫作螺旋形上升;如果从长时间内去观察他,他就构成了一个"不存在——存在——不存在"的循环过程。不仅每个人如此,整个人类也是如此;不仅整个人类如此,宇宙也是如此。因此,老子的循环论不能被轻易否定。

既然是环状循环,自然没有起点,也没有终点。因此老子认为当事物完成一轮循环归于死亡之后,会重新获得生命,以新的形态开始第二轮循环,如此周而复始,以至无穷。《孙子兵法·势篇》举例说:"终而复始,日月是也;死而复生,四时是也。"日月的落而复升,四季的循环交替,草木的秋枯春荣,社会的盛衰兴亡,是古人循环论的基础。

　　庄子在此基础上，提出了"物化"思想。所谓"物化"，类似今人讲的"物质不灭"。庄子认为，人的身体是由各种物质（如阴阳二气、五行）和合而成，这些物质聚在一起就是人的出生，这些物质散开就是人的死亡。但这些散开后的物质并不会消失，它们继续存在于天地之间这个大熔炉里，在大道的支配下，继续演变，用庄子的话说，可能会"浸假而化予之左臂以为鸡"，"浸假而化予之尻以为轮"（《庄子·大宗师》）。总之，人的这块肉体是不会消失的，它会演化为其他东西。当演化为其他某种东西之后，这种东西经过一段时间的发展，也会死亡，死亡之后又再次演化为另外的东西。如此循环往返，永无休歇。

　　道家不仅认为生死是一种循环，富贵、贫贱也是一种循环，也即俗话说的"三十年河东，三十年河西"。懂得这一循环规律，我们不仅能够正确对待生存、富贵，也能够正确对待死亡、贫贱。当死亡与贫贱到来时，我们就能够心平气和地接受了。

二

　　关于老子"公"的思想，《吕氏春秋·贵公》有一个形象的阐述：

　　　　荆人有遗弓者，而不肯索，曰："荆人遗之，荆人得之，又何索焉？"孔子闻之曰："去其'荆'而可矣。"老聃闻之曰："去其'人'而可矣。"故老聃则至公矣。

楚国又叫荆国，荆人即楚人。这位楚国人爱自己国家的人，对他们一视同仁，所以自己的弓遗失在楚国，就不愿去寻找，因为自己的弓还是会被楚国人拾到。用今天的话讲，这位楚人是一位"爱国主义者"。而孔子则要求去掉"荆"字，爱所有的人。用今天的话讲，孔子是一位"人类主义者"。至于老子，则要求去掉"人"字，认为弓来自大自然，又回归大自然，因此不用寻找。老子泛爱万物，视万物与人为一体，因此《吕氏春秋》的作者赞美他是"至公"者，老子能够公正地对待万物。

十七章

【题解】

本章主要介绍几种层次不同的统治者,再次强调道家的治国理念——不干涉主义。本章还提醒统治者,他们之所以不被民众信任,原因在于诚信不足,进一步要求他们做到清静无为,不可任意多为。

太上①,不知有之②;其次,亲而誉之③;其次,畏之;其次,侮之④。

信不足焉⑤,有不信焉。悠兮⑥,其贵言⑦。功成事遂⑧,百姓皆谓“我自然”⑨。

【注释】

①太上:最上等的,最好的。这里指最好的统治者,也即老子心目中最理想的统治者。关于各种层次统治者的实例,详见“解读”。

②不知有之:感觉不到他的存在。之,代指最好的统治者。因为最好的统治者顺应自然,不干涉百姓的生活,因此百姓生活美满,却又感觉不到统治者的存在。本句中的“不”,王弼本作“下”,据吴澄本、明太祖本等版本改。

③誉:赞美。

④侮：轻视，羞辱。

⑤信：诚信，诚实。下一句中的"信"，是"信任"的意思。

⑥悠兮：悠闲自得的样子。即清静无为。

⑦贵言：特别重视自己的一言一行，也即不敢轻易地发号施令。言，代指言行。

⑧功成事遂：天下治理好了。功、事，都指治国的事情。成、遂，都是成功的意思。

⑨自然：本书的"自然"全作"本身的样子"讲，与今天"自然界"的意思不同。自，自身，本来。然，……的样子。

【译文】

最高层次的统治者，百姓感觉不到他们的存在；低一层次的统治者，百姓亲近他们、赞美他们；更低层次的统治者，百姓害怕他们；最低层次的统治者，百姓轻视、羞辱他们。

正是因为统治者本身的诚信不足，所以才出现不被百姓信任的情况。最好的统治者清静无为，很少发号施令。国家治理得美满祥和，而百姓都认为"我们本来就是这个样子"。

【解读】

关于君主的优劣，《道德经》把他们分为四个层次。

最优秀的君主，一切顺物而为，不去干涉百姓生活，因此百姓的生活虽然美满幸福，却又根本感觉不到这些统治者的存在。这就是文中说的"太上，不知有之"。《击壤歌》歌唱的就是这种情况。据《艺文类聚》引《帝王世纪》说，尧在位时，天下安定太平，百姓生活幸福美满，有几位老人一边在田中耕作，一边唱道：

日出而作，日入而息；凿井而饮，耕田而食；帝力于我何有哉！

百姓"日出而作，日入而息"，渴了"凿井而饮"，饿了"耕田而食"，一切都是那样的自然而然，他们根本感觉不到君主的存在。

低一个层次的君主，用仁义治理天下，他们布恩施惠、功德昭著，所以百姓亲近他们，赞美他们。如历史上的周文王、周武王等开明君主。这一层次的君主是儒家理想的君主。但老子认为，竭力推行仁义已属于人为的东西，它破坏了人的自然天性，同时也产生了诸多弊端，因而同无为政治相比，已稍逊一筹了。关于老子对待仁义的态度，可详见本书第五章的"解读"。

再低一个层次的君主，就是那些极端专制主义的暴君，他们专用刑威，残害百姓。虽然他们残暴，但他们强大有力，所以百姓害怕他们。如历史上的秦始皇等。

最低一个层次的君主就是商纣王一类的亡国之君，他们会受到极大的羞辱。在诸多亡国之君中，刘备的儿子刘禅是比较典型的例子。据《汉晋春秋》记载：刘禅亡国后，被带到魏国的都城洛阳。有一次，魏国权臣司马昭与刘禅宴饮，问刘禅："你还思念自己的蜀地吗？"刘禅乐滋滋地回答说："此间乐，不思蜀。"从而为我们留下了一个"乐不思蜀"的成语。跟随刘禅一起降魏的大臣郤正当时也在场，他听到这一回答后，非常羞愧，宴会后就求见刘禅说："如果以后他再向您问这一问题，您应该先努力流几滴眼泪，然后回答说：'我祖先的坟墓远在蜀地，我无日不思念啊！'回答完以后，您就闭上双眼，做出一副痛苦、悲伤的模样。"过了一段时间，司马昭又一次询问刘禅是否还思念蜀地，刘禅突然想到郤正的教诲，便按照郤正的话一步步表演下去。司马昭听了以后，问："您的这些话听起来怎么不像是您的话，倒好像是郤正的语言！"刘禅听后吃惊地睁开眼睛，盯着司马昭问道："您怎么知道的？"在场的人都不由自主地笑了起来。当然，受辱的刘禅可能还意识不到自己是在受辱。

十八章

【题解】

本章探讨了"仁义""慧智""孝慈""忠臣"这些美好概念出现的原因,明确指出这些美好概念出自不美好的社会背景,显示出《道德经》深刻的辩证思维方法。

大道废,有仁义①;慧智出,有大伪。六亲不和②,有孝慈③;国家昏乱④,有忠臣。

【注释】

①大道废,有仁义:大道被废弃之后,人们开始提倡仁义。《道德经》认为,在有道的社会里,人人都保持着自己的美好天性,互爱互助,不相伤害,根本无人去为非作歹,因此也就不需要去提倡仁义。大道被抛弃之后,人们开始不仁不义,于是就有人站出来提倡仁义了。

②六亲:指父、子、兄、弟、夫、妇。这里泛指亲人。

③孝慈:子女爱父母叫孝,父母爱子女叫慈。

④昏乱:混乱,动乱。

【译文】

大道被抛弃之后，人们开始提倡仁义；智慧出现之后，就产生了严重的虚伪；亲人之间关系不和睦，开始提倡孝慈；国家动乱，才会出现忠臣。

【解读】

本章体现了老子丰富的辩证思想和观察事物的敏锐眼光。正如"有无相生""高下相倾"（二章）一样，孝慈和六亲不和，忠臣和国家动乱，都是在对立中才产生的。如果每个家庭都一直很和睦，没有不孝不慈的事情，也就无从显示出孝慈来；如果国家太平无事，人人忠厚，忠臣也就无从表现出他的忠诚来。本章特别值得注意的是，老子能够通过值得肯定的事物看到它们背后隐藏着的应该否定的事物，并明确指出，这些值得肯定的事物正是由那些应该否定的事物中产生出来的。正如王弼说的那样："甚美之名，生于大恶，所谓美恶同门。"（《老子道德经注》）比如孝慈是人人赞扬的，然而老子却一针见血地指出，所谓孝慈，正是人们变得不孝不慈的标志，是不孝不慈的产物。这种洞察力不能不令人佩服。

关于国家混乱与忠臣出现的关系，《旧唐书·魏徵列传》记载的魏徵与唐太宗的一段对话说得十分清楚：

（魏）徵再拜曰："愿陛下使臣为良臣，勿使臣为忠臣。"帝曰："忠、良有异乎？"徵曰："良臣，稷、契、咎陶是也。忠臣，龙逄、比干是也。良臣使身获美名，君受显号，子孙传世，福禄无疆。忠臣身受诛夷，君陷大恶，家国并丧，空有其名。以此而言，相去远矣。"帝深纳其言，赐绢五百匹。

在君主圣明、政治安定的局面下，良臣能够充分施展自己的才能，结果是君臣皆大欢喜。如果君主残暴、政治混乱的话，忠臣被诛杀，君主获恶名，最后家破国亡，玉石俱焚。可见忠臣的出现，是社会动荡的产物。魏徵对忠臣和良臣作如此区分，实际上是在借题发挥，他所借的"题"，就是本章的"国家昏乱，有忠臣"。

十九章

【题解】

本章提出"绝圣弃智""绝仁弃义""绝巧弃利"这三种拯救时弊的主张,并且制定出落实这三种主张的具体措施,那就是与这三种主张相对应的"见素抱朴""少私寡欲""绝学无忧"。

绝圣弃智①,民利百倍;绝仁弃义,民复孝慈;绝巧弃利②,盗贼无有。此三者以为文不足③,故令有所属④:见素抱朴⑤,少私寡欲⑥,绝学无忧⑦。

【注释】

①绝圣弃智:抛弃世俗的聪明才智。绝,不要。圣,聪明通达。《尚书·洪范》:"聪作谋,睿作圣。""圣"与"智(睿)"义近。后世讲的"圣人",则指品德、智慧都达到最高境界的人。道家把人们的智慧分为真智和俗智,这里说的"圣""智"主要指世俗人的聪明才智,而非道家的真智、大智。

②利:精良的技术。这个"利"不是"利益"义,而用如"国之利器"之"利",是技术精良的意思,与"巧"义近。老子为什么反对才

智、仁义及各种技巧呢？答案见"解读一"。

③此三者以为文不足：即"以此三者为文不足"，把这三条原则仅仅形成文字理论还不行。三者，指"绝圣弃智""绝仁弃义""绝巧弃利"三条原则。文，文字，引申为理论。

④所属：有所依归，有所落实。即为以上三条原则各自落实一个具体的解决办法。

⑤见（xiàn）素抱朴：行为单纯，内心淳朴。这一措施是针对"绝圣弃智"，大家都单纯了，圣、智就没有了。见，同"现"。表现，行为。抱，怀抱。指内心坚持。

⑥少私寡欲：减少私心，降低欲望。这一措施是针对"绝仁弃义"，人们的私欲少了，争夺也就少了，于是也就不用提倡仁义了。

⑦绝学无忧：这一措施是针对"绝巧弃利"，人们不去学习、思考了，各种"巧""利"就没有了。无忧，不要思考。无，同"毋"。不要。忧，忧虑。引申为思虑、思考。王弼本"绝学无忧"原属下章，误，今移入本章。详见"解读二"。

【译文】

抛弃世俗的聪明才智，百姓反而会得到百倍的利益；不去提倡仁义，百姓反而能够做到孝慈；清除各种技巧，盗贼就不会产生。以上三条原则仅仅作为理论谈谈是不够的，所以要为它们分别落实一些施行的具体措施：行为单纯，内心淳朴；减少私心，降低欲望；抛弃学问，不要思考。

【解读】

一

落实"绝圣弃智"的措施是"见素抱朴"，如果人们能够返璞归真，简单质朴，浑浑沌沌，哪里还会有什么聪明才智呢？落实"绝仁弃义"的措施是"少私寡欲"。正因为有了私欲，人们才相互争夺，所以不得不用仁义说教去加以劝导和限制。如果大家都没有私欲了，不再争夺了，也就无须再提倡什么仁义了。落实"绝巧弃利"的措施是"绝学无忧"，大家都不去学习、思考了，各种技巧当然不会产生。三种病症，三张处方，但归根结底仍然是要求人们恢复美好天性，做到清静无欲。老子这种以反对提倡仁义的方式去恢复人们的仁义本性的苦心，朱元璋的马皇后看得十分清楚：

> （马皇后）问女史："黄老何教也，而窦太后好之？"女史曰："清净无为本。若绝仁弃义，民复孝慈，是其教矣。"后曰："孝慈即仁义也，讵有绝仁义而为孝慈者哉！"（《明史·后妃列传一》）

我们不能不诧异马皇后的"妇人之见"远超褒衣博带的扬雄、韩愈，扬、韩依据字面意思得出老子反对仁义的结论（分别见扬雄《法言》、韩愈《原道》），而马皇后则从这一字面看到了老子执著于仁义的实质。老子反仁的文字里包裹着的却是真正的仁爱情怀，老子是为了恢复先天本性中的仁义，才去反对后天人为的仁义。

我们还需附加解释的是，道家竭力反对宣扬圣、智、仁、义等等这些美德，除了本书以上各章节讲的诸多原因外，庄子还提出了著名的"盗亦有道"这一命题，从另一个角度说明了他们反对的原因：

> 故跖之徒问于跖曰："盗亦有道乎？"跖曰："何适而无有道邪！夫妄意室中之藏，圣也；入先，勇也；出后，义也；知可否，知也；分均，仁也。五者不备而能成大盗者，天下未之有也。"由是观之，善人不得圣人之道不立，跖不得圣人之道不行；天下之善人少而不善人多，则圣人之利天下也少而害天下也多。（《庄子·胠箧》）

盗跖是先秦时期一个大强盗头子，他率领数千人烧杀抢掠，横行天下。他在总结如何把儒家的"道（美德）"运用到强盗职业时说："不需要任何依据就能够推测出一户人家室内财物的多少，这体现了儒家提倡的'圣'；抢劫时能够冲锋在前，这体现了儒家提倡的'勇'；撤退时能够主动殿后，这体现了儒家提倡的'义'；每次行动前的判断不发生失误，这体现了儒家提倡的'智'；能够把赃物分得很公平，这体现了儒家提倡的'仁'。如果不具备这五种儒家所提倡的美德，要想成为大强盗头子，是根本不可能的。"庄子接着感叹说：由此可见，好人如果不具备儒家所提倡的诸多美德，就无法成为好人；盗跖如果不具备儒家所提倡的诸多美德，就无法祸害天下。可惜的是，天下的好人少而坏人多，所以儒家提倡的美德对天下来说是弊大于利。这可以说是老庄反对儒家提倡圣、智、仁、义的又一个原因。

老子的辩证法是著名的，但结合上章和本章来看，在社会领域里，他运用起辩证法来却显得时巧时拙。社会的发展，生产力的提高，私有财产权的进一步明确，势必导致一些不良的社会现象，如思想混乱、彼此欺诈、六亲不和。也就是说，物质生活提高的同时也带来了一些社会弊病，所谓有一利必有一弊。老子只看到弊的一面，而未看到利的一面，使他产生了一些较为偏颇的看法。

二

本章中的"绝学无忧"原属下章，这显然是不对的。蒋锡昌《老子校诂》说：此句"应属上章。……晁公武《郡斋读书志》谓张君相三十家《老子注》，以'绝学无忧'一句附'绝圣弃知'章末，以'唯之与阿'别为一章，与诸本不同。当从之。后归有光、姚鼐亦以此句属上章，是也"。

高亨同意此说，另外还列举了三条证据："'绝学无忧'与'见素抱朴''少私寡欲'句法相同，若置在下章，为一孤立无依之句，其证一也。足、属、朴、欲、忧为韵（足、属、朴、欲在古韵侯部，忧在古韵幽部，二部往往通谐），若置在下章，于韵不谐，其证二也。见素抱朴、少私寡欲、绝学无忧，文意一贯，若置在下章，则其文意远不相关，其证三也。"（《老子正诂》）

二十章

【题解】

古今注者都把本章视为阐述哲学理论和政治思想的篇章，因此无法顺畅解读。我们认为本章与第七十章一样，都属于抒情诗。它抒发了作者因受人排挤而郁闷压抑、孤独无告的愤懑之情，全章充满了对前途渺茫、归宿难觅的担忧。最后，作者表示，虽然自己被社会所遗弃，但绝不会改变初衷，将继续以大道为依归。本章所表达的情绪，类似于屈原的《离骚》。

唯之与阿①，相去几何②？善之与恶，相去若何？人之所畏，不可不畏。荒兮③，其未央哉④！

众人熙熙⑤，如享太牢⑥，如春登台。我独泊兮⑦，其未兆⑧，如婴儿之未孩⑨。儽儽兮⑩，若无所归⑪。

众人皆有余⑫，而我独若遗⑬。我愚人之心也哉，沌沌兮⑭！俗人昭昭⑮，我独昏昏⑯；俗人察察⑰，我独闷闷⑱。澹兮⑲，其若海；飂兮⑳，若无止㉑。

众人皆有以㉒，而我独顽似鄙㉓。我独异于人，而贵食母㉔。

【注释】

①唯之与阿（hē）：赞成与反对。唯，表示赞成、服从的应答之声，《说文解字》："唯，诺也。"故有"唯唯诺诺"一词。阿，通"诃"。《说文解字》："诃，大言而怒也。"即今天讲的呵斥，表示反对。"唯"与"阿"即赞成与反对。

②相去几何：相差有多远？相去，相差。几何，多少。本句用反问句，表示二者相差不大。

③荒：荒远辽阔，这里指前面路途的漫长。

④未央：没有尽头。指前途渺茫，看不到自己的归宿。央，尽头。以上为本章的第一段，是讲自己辞官出走的原因。《史记·老子韩非列传》说《道德经》这本书是老子在离开周王朝的途中写的，在本章中，确实能够体现出这一点。老子反复提倡要善恶兼蓄、包容一切，因此他认为无论是受到赞扬还是反对，无论是善人还是恶人，都可以容忍和接受。但这只是他的主观态度，而现实生活远不是如此，所以一旦回到现实，他不由得发出感叹：别人所害怕的，我也不能不怕。可见老子虽以包容一切的态度去对待别人，而自己却不被别人所包容，最后不得不辞官而去。老子离开周王朝，不仅是"见周之衰"（《史记·老子韩非列传》），很可能是受到别人的排挤。"荒兮，其未央哉"，类似《离骚》中的"路漫漫其修远兮"，充满着对前途渺茫的慨叹。

⑤熙熙（xī）：欢乐的样子。

⑥如享太牢：就像参加盛大的宴会。太牢，宴会或祭祀时并用牛、羊、猪三牲，叫太牢。这里代指丰盛的宴会。牢，祭祀或宴会用的牲畜。如果只用猪、羊而无牛，则称"少牢"。

⑦泊：淡泊，表示对这些事物不感兴趣。

⑧未兆：没有任何表现。兆，显现，表现。

⑨如婴儿之未孩：就好像一个还不会笑的婴儿一样。孩，婴儿笑。

《说文解字》:"孩,古文咳。""咳,小儿笑也。"

⑩儽儽(léi):同"累累"。垂头丧气、狼狈不堪的样子。《史记·孔子世家》:"累累若丧家之狗。"

⑪无所归:无所归依,无家可归。以上为本章第二段,主要讲老子的价值观与世人不同。世人在物质生活中得到了无限乐趣,而老子对此却持反对态度,要求人们"见素抱朴,少私寡欲"(十九章),因而受到众人的排斥。据有关史书记载,老子是楚国人(实际为陈国人,陈国后被楚国吞并,故老子又被称为楚国人),在周王朝供职,后来却出关西去,真可谓有国难投,有家难归,难怪老子会发出"儽儽兮,若无所归"的长叹。

⑫有余:有富裕的财产。余,富足。

⑬若遗:好像被社会遗弃了一样。遗,遗弃。

⑭沌沌(dùn):愚昧无知的样子。此为激愤之辞。

⑮昭昭:明白的样子。本句带有讥讽意味。

⑯昏昏:糊涂的样子。此也为激愤之辞。

⑰察察:与"昭昭"同义,明白的样子。

⑱闷闷:与"昏昏"同义,糊涂的样子。

⑲澹(dàn):水动荡不安的样子。这里用来比喻生活动荡不安。

⑳飂(liù):急风。

㉑无止:找不到归宿。止,停止。这里指停止的地方,也即自己的归宿。以上为本章第三段,主要述说自己与世人格格不入的孤独苦闷之情。《渔父》:"屈原既放,游于江潭,行吟泽畔,颜色憔悴,形容枯槁。渔父见而问之曰:'子非三闾大夫与?何故至于斯?'屈原曰:'举世皆浊我独清,众人皆醉我独醒,是以见放。'"这与老子的"俗人昭昭,我独昏昏;俗人察察,我独闷闷"是何等相似!虽然从表面来看,词义相反,但二人的心境是一样的,都在斥责世人的愚昧,悲叹自己的孤独,充满了不被理解的苦闷和痛世疾俗

的愤懑。屈原是"正话正说",而老子不过是"正话反说"而已。屈原被放逐,老子则出走,都是被迫离去,结局大致一样,因此一个悲歌"欲远集而无所止兮,聊浮游以逍遥"(《离骚》),一个长叹"飂兮,若无止"。

㉒有以:有用。以,用。

㉓顽似鄙:冥顽无能。顽,固执。似,通"以"。而。鄙,思想浅陋。

㉔食母:即"食于母",从大道那里汲取营养,也即遵循大道行事。食,汲取营养。母,即道,因为道是天下万物生存的根本,故称其为"母"。二十五章:"有物混成,先天地生,……可以为天下母。"以上为本章最后一段,也是本章的结束语。老子表示虽然自己不被世人理解,处境艰难,然而还是不改初衷,继续按照大道去为人做事。对待自己的信念,有着屈原那种"亦余心之所善,虽九死其犹未悔"(《离骚》)的坚贞。

【译文】

赞成与反对,相差有多远?善良与丑恶,相差又有多远?然而别人所害怕的,我不能不怕。前面的道路多么漫长啊,就像没有尽头!

众人是那样的快乐,就好像参加盛大宴会、春日登台赏景一样;而只有我淡泊处之,无动于衷,就如同一个还不会笑的婴儿一般。我是如此狼狈不堪,就像个无家可归的人一样。

众人都过着富裕幸福的生活,只有我却像被遗弃了一样。因为我有一副愚人的心肠,太笨拙了!世人是那样的明白,只有我是如此的昏聩;世人是那样的聪慧,只有我是这样的糊涂。我的生活是那样的坎坷多难,就好像那动荡不安的大海一样;我如同那飘忽不定的长风,不知何处才是归宿。

众人活得都是那样的有用,只有我如此冥顽无能。虽然我和世人格格不入,但我还要继续以大道为依归。

【解读】

前人把本章也当作一首哲理、政治诗去理解，因而有很多地方难以贯通，甚至自相矛盾，所以高亨《老子正诂》说："本章文句颇多窜乱，无可谊正。"认为本章文字错乱严重，已经没有办法进行梳理了。下面试举几例：

（一）在第一段中，既然老子认为赞同与反对、善与恶相去无几，不必在意，那么为什么紧接着又感叹"人之所畏，不可不畏"呢？如果把这些都看作理论，显然是自相矛盾的。由于无法解决这一矛盾，高亨《老子正诂》就认为"右二句（唯之与阿，相去几何？美之与恶，相去若何）为一章"，"人之所畏，不可不畏"一句"与上下文不联，盖自为一章"。完全把这一段割裂了。

（二）如按哲学、政治思想理解本章，有不少句子无法得到合理解释。比如"荒兮，其未央"一句，蒋锡昌认为是"言圣人之态度，无形无名，无情可睹；广大微妙而远无涯际也"（《老子校诂》）；高亨怀疑本句的位置不对，"疑此句原在'我独泊兮其未兆'下"（《老子正诂》）；任继愈把它译作"远古以来已如此，这风气（指'人之所畏，不可不畏'——引者注）还不知道何时停止"（《老子新译》）；张舜徽则改"荒"为"恍"，解释说："此言众情恍惚，相与驰逐未已，下文即所以形容之"（《周秦道论发微》）；而张松如说这是讲世道"混乱呵，一切全无边无际呀"（《老子校读》）。由此可见，按哲学、政治思想去理解，要想合理地解释这句话是何等的困难。

（三）还有一些句子，因为无法理解，竟然被移出本章。如"澹兮，其若海；飂兮，若无止"这段话，就被移至第十五章："这两句原是二十章文字，因与上下文不相应，疑是本章错简，今据严灵峰之说，移入'混兮其若浊'句下。"（陈鼓应《老子注译及评介》）这种把本章句子移于其他章节的做法，实属无奈之举，当然也不足为训。

（四）关于"儽儽兮，若无所归"句，前人认为这是形容圣人"乘万物之理而不自私,故若无所归"(焦竑《老子翼》)。蒋锡昌也认为这是讲圣人"无情无欲,貌若羸疲不足,而其行动泛若不系之舟,又似无所归也"(《老子校诂》)。说"若无所归"是形容圣人乘万物之理,无所定见,倒是可以的,但是这与前面的"儽儽兮"却难以协调。《礼记·玉藻》说:"丧容累累。"《史记·孔子世家》说:"累累若丧家之狗。""儽""累"通用。由此可见,"儽儽兮"是形容狼狈的模样。"儽儽兮,若无所归"塑造的分明是一个狼狈懊丧、进退维谷的人物形象,这与圣人"乘万物之理而不自私"的行为毫无相似之处。

因此,我们认为本章不是一首哲理诗,而是老子的一首抒发悲愤心情的诗,类似屈原的《离骚》。理由如下:

(一)无论根据史书记载,还是根据本书言论,都可以看出老子是一位不得志的人,因此在阐明自己学术思想的同时发几句牢骚是正常的。在本章中,他一再谈到自己与世人的对立,把自己比作无所依归的飘风,并且提到自己有所畏惧,义愤填膺而又无可奈何的情绪溢于言表。同本章一样,《道德经》七十章也是一首哀怨诗:"夫唯无知,是以不我知。知我者希,则我者贵。是以圣人被褐怀玉。"他抱怨世人不理解自己,使自己满腹才华而无从施展,因此不得不在贫穷、困窘的生活中挣扎。把两章结合阅读,更能相互彰明。

(二)如按一首悲愤诗看,本章的结构就十分清楚了。第一段谈自己受人排挤,被迫出走,以长叹前途渺茫为结尾;第二段谈自己与众人的价值取向、生活态度不一样,因而受到孤立,搞得狼狈不堪,补充说明出走原因,以悲歌"若无所归"为结尾;第三段谈自己与众人的思想认识不一致,诉说生活的孤独和苦闷,以痛呼自己若长风无所依归为结尾;最后一段总括自己"异于人",并表示虽然不为世所容,也决不改变自己的志向,以明志为结尾,并总揽全章。这四段,都是以叙事始,以抒情终,真可谓一唱三叹,悲愤感人。

(三)按一首悲愤诗理解,本章读起来是非常通晓流畅的,一些看来相互抵牾的地方也能得到合理的解释。如第一段中所反映的正是老子的理论与现实的矛盾。从理论上讲，老子可以"善者，吾善之；不善者，吾亦善之"，认为这样就可以"德善"了；"信者，吾信之；不信者，吾亦信之"，这样就可以"德信"了（四十九章），也就是说无论好人坏人，只要一视同仁，就会得到好的结果。不善、不信、毁谤、迫害，这是世人所害怕的，老子可以从理论上去淡泊处之，而在现实中，却不得不像别人一样害怕了，于是也不得不出走了。

　　根据本章，我们可以说《史记·老子韩非列传》关于老子"见周之衰，乃遂去，至关，……乃修书上下篇"的记载是可信的。

二十一章

【题解】

　　本章首先阐述"德"与"道"的一致性，因为"德"来自"道"。接着再次强调，虽然大道无形无象、看不见摸不着，但它真实存在，而且充满诚信，从不欺人。最后指出只要我们掌握了大道，就能够以此推知万物开始时的状况。

　　孔德之容①，惟道是从②。

　　道之为物③，惟恍惟惚④。惚兮恍兮，其中有象⑤；恍兮惚兮，其中有物⑥。窈兮冥兮⑦，其中有精⑧；其精甚真，其中有信⑨。

　　自古及今，其名不去⑩，以阅众甫⑪。吾何以知众甫之状哉⑫？以此⑬。

【注释】

　　①孔德之容：高尚品德的内容。孔，伟大，高尚。德，品质，品性。容，内容，内涵。

　　②惟道是从：同大道保持一致。"惟道是从"是古汉语的一种宾语

提前句式,相当于"惟从道"。惟,同"唯"。只,只是。是,助词。从,听从,遵循。关于"道"与"德"的关系,可参阅"前言"、第一章的"解读一"及本章"解读一"。

③物:事物。这里的"物"并非指物质。在古代,"物"的含义非常广泛,既包含可触可视的物质事物,也包含不可触不可视的抽象事物。如:"君子以言有物,而行有恒。"(《周易·家人·象》)"以乡三物教万民,而宾兴之。一曰六德:知、仁、圣、义、忠、和。二曰六行:孝、友、睦、姻、任、恤。三曰六艺:礼、乐、射、御、书、数。"(《周礼·地官·大司徒》)这里讲的"言有物""三物"的"物"都不属于物质的东西。前人对本章关于大道特性的描述甚感困惑,详见"解读二"。

④惟恍惟惚:即"恍恍惚惚"。隐约不清、难以捉摸的样子。惟,语气词。下文中的"惚兮恍兮""恍兮惚兮"意思同此。

⑤象:形象。引申为内容。大道作为规律,虽然看不见、摸不着,但并非绝对空无,它具有真实的规定性,所以说"其中有象""其中有物"。

⑥物:事物。引申为内容。

⑦窈(yǎo)兮冥(míng)兮:即"窈冥"。深邃玄妙、难以认识的样子。

⑧精:通"情"。真实。这里指真实的内容。也可理解为"精华"。

⑨信:诚信。大道从不欺人,只要我们按照大道行事,就一定能成功,因此说大道充满了诚信。

⑩其名:大道的名字。实际即指大道。去:排除,废弃。

⑪以阅众甫:凭借着大道可以了解万物开始时的情况。以,凭借。后省宾语"道"。阅,观察,认识。众,万物。甫,开始。

⑫何以:以何,凭什么。

⑬以此:凭借大道。以,凭借。此,代指大道。

【译文】

高尚品德的内容,与大道是一致的。

大道这种事物,是恍恍惚惚而没有形体的。它虽然是那样的恍惚迷离,但其中确实有一定内容;它虽然是那样的迷离恍惚,但其中确实有自己的内涵。大道是那样的深邃而难以认识,但它却有着自己的内容,它的内容是那样的真实无妄,充满了诚信。

从古至今,大道都是无法被废弃的,凭借着它就可以知道万物开始时的情况。我凭什么知道万物开始时的情况呢?就是凭借大道。

【解读】

一

在本章中,老子明确指出"德"与"道"的关系是从属关系,二者的内涵是一致的。王弼在《老子道德经注》第三十八章中说:"德者,得也。常得而无丧,利而无害,故以德为名焉。何以得德?由乎道也。"这就是说,"道"作为万物规律的总称,属于客观存在。而天地万物则是千差万别、形形色色的,这些千差万别的事物在产生之时,都各自从"道"中得到自己的天性、本能,各自所得的这一份"道",就叫作它们各自的"德"。另外,人有主观能动性,他们还可以通过后天学习多获得一些"道",从而提高自己的品德和才能。由于物种不同,人的后天努力程度不同,各自所得的"道"就有大小精粗、多少厚薄之分,因而也就有了品德、行为的不同。

朱熹在解释"理"的时候,讲了同样的道理:"伊川说得好,曰:'理一分殊。'合天地万物而言,只是一个理;及在人,则又各自有一个理。"(《朱子语类》卷一)并在同书引用佛教《永嘉证道歌》中的"一月普现一切水,一切水月一月摄"来说明二者之间的关系。他把天地万物共有的"理(一理)"比作天上的月亮,把天地万物各自的"理(万殊之理)"比作水中的月亮,二者是产生和被产生的关系。老子的"道"相当于朱熹的"一理",老子的"德"相当于朱熹的"万殊之理"。实际上,"道"即规律的总称,"德"即特殊规律及个人所掌握的知识,也就是包括人在内的万物的本性和知识、修养。简单地说,"道"与"德"的关系是河水与盆水的关系,一盆盆的水都是从河水里舀出来的,因此二者的内容、性质是一致的。

二

本章再次较为集中地描写了"道"的特点。有人认为既然"道"恍恍惚惚没有形体,当然应属于精神本体;有人根据"其中有象""其中有物",则认为"道"应属于物质本体,结果谁也说服不了谁。对此任继愈先生有着深刻的体会,他说:"我自己多年来对老子的哲学十分关心,认为老子哲学思想比孔子、孟子都丰富,对后来的许多哲学流派影响也深远,总期望把它弄清楚。1963年出版的《中国哲学史》教科书认为老子是中国第一个唯物主义者;1973年出版的《中国哲学史简编》(是四卷本的缩写本),则认为老子属于唯心主义。主张前说时,没有充分的证据把主张老子属于唯心主义者的观点驳倒;主张后说时(《简编》的观点),也没有充分证据把主张老子属于唯物主义者的观点驳倒。好像攻一个坚城,从正面攻,背面攻,都没有攻下来。"(《老子研究的方法问题》,见《中国哲学研究》1981年第1期)

我们认为老子的"道"是所有规律的总称。规律是看不见、摸不着、无形无声的(见十四章),所以老子说它恍恍惚惚、不可捉摸;但老子又敏锐地感觉到,规律又确实是一个客观存在着的东西,所以又说"其中有象""其中有物",这里的"象"和"物"是指某种客观存在的东西,并不是指物质。无形无声而又客观存在,正是规律的特点之一。

真实无妄、诚信不欺是规律的另一个特点,这在自然界反应得特别明显。古人常说"信如四时"(贾谊《治安策》),认为四季更替,从不欺人,而四季更替就是自然规律的一个主要内容。关于对"道"的解释,可参阅一章、四章、十四章、二十五章、五十一章。

二十二章

【题解】

本章阐述了诸如委曲求全、以旧求新、切莫贪得无厌、不可自恃己力、切忌自我炫耀、不要矜骄傲慢等等一系列处世原则。这些原则，即使放在今天，仍不失其借鉴意义。本章主要还是就君主而言，但其中许多原则也适用于普通百姓。

曲则全①，枉则直②；洼则盈③，敝则新④；少则得，多则惑⑤。

是以圣人抱一为天下式⑥：不自见⑦，故明⑧；不自是，故彰⑨；不自伐⑩，故有功；不自矜⑪，故长⑫。夫唯不争，故天下莫能与之争。

古之所谓"曲则全"者，岂虚言哉？诚全而归之⑬。

【注释】

①曲则全：忍受委屈则能保全自我。曲，委屈。关于委曲求全的典型例子，见"解读一"。

②枉则直：先弯曲反而能够伸直。枉，弯曲。

③洼则盈：低洼反而能够变得充盈。比如，大海的地势最低，结果获

取的水最多。比喻一个人做到谦下，就能得到众人的支持，力量
会变得强大。

④敝则新：在守旧的基础上去创新。敝，破旧，陈旧。这里指传统
的旧文化、旧习俗。一些传统文化虽然显得有些陈旧，但依然有
其不可替代的作用，因此要想创新，也一定要在这些传统文化基
础上去创新，不顾传统文化，全盘创新，很难成功。一说："'敝则
新'者，衣之污损曰'敝'；不敝，则不浣濯，不见其新，以其敝乃新
耳。"（憨山德清《老子道德经解》）用衣服破旧后通过洗涤使其变
新，比喻圣人通过摒除世俗知识，洗心革面，以换取新的真知灼见。

⑤多：贪多，贪得无厌。惑：迷乱，犯错误。

⑥抱一：坚持一致。即与上述原则保持一致。抱，坚持。学界一般
认为"抱"是"保护"或"坚守"义，"一"指自我的身体或大道，
"抱一"即保护身体或坚守大道。详见"解读二"。式：楷模。

⑦不自见：不要只依靠自己的眼睛去观察。

⑧明：看得清楚。因为圣王能够利用众人的眼睛去观察，所以他看
得特别清楚。《韩非子·定法》："人主以一国目视，故视莫明焉；
以一国耳听，故听莫聪焉。"作为君主，如果能够发动全国的人为
自己去看、去听，那么谁都无法比君主看得更清楚、听得更明白。

⑨彰：彰显。指为众人所知。

⑩伐：夸耀自己的功劳。

⑪矜（jīn）：骄傲，傲慢。

⑫长：领导者。这里用作动词，当领导者。

⑬诚全而归之：确实应把保全自我之功归于这一原则。诚，确实。
全，保全。之，代指"曲则全"这一原则。

【译文】

忍受委屈则能保全自我，先弯曲反而能够伸直；低洼反而能够变得充
盈，守旧反而能够创新；少取一些则有所收获，贪得无厌反而会变得迷惑。

因此圣人能够同以上原则保持一致，从而成为天下的楷模：他们不仅仅依靠自己的眼睛去观察，所以才能够看得清楚；从不自以为是，所以才能够彰显名声；从不自我夸耀，所以才能够保有功劳；从不自高自大，所以才能够成为领导者。正因为他们从不与别人争夺，所以天下没有任何人能够争得赢他们。

古人所说的"委屈则能求全"这句话，难道是句空话吗？确实应该把保全自我的功劳归于这一原则。

【解读】

一

关于"曲则全"的典型例子，就是西汉开国功臣韩信的"胯下之辱"。《史记·淮阴侯列传》记载，在韩信未得志时，

> 淮阴屠中少年有侮信者，曰："若虽长大，好带刀剑，中情怯耳。"众辱之曰："信能死，刺我；不能死，出我袴下。"于是信孰视之，俯出袴下，蒲伏。一市人皆笑信，以为怯。

韩信辅佐刘邦登基为天子，自己被封为楚王后，

> 召辱己之少年令出胯下者，以为楚中尉。告诸将相曰："此壮士也。方辱我时，我宁不能杀之邪？杀之无名，故忍而就于此。"

韩信就是因为能够忍受胯下之辱，委曲求全，所以才能成就一番大事业。如果他当时挥刀杀了这个无赖少年，历史上就没有一位叱咤风云的韩信了。

二

关于"抱一"，高亨、张松如都把它解释为"守身"，"一谓身也。抱一，犹云守身也。身为个体，故《老》《庄》或名之曰一"（《老子正诂》）。任继愈把"一"解释为"道"，"抱一"即"用道"，坚守道的原则（《老子新译》）。

我们从全章的逻辑关系考虑，不同意以上意见。本章开始引用六句格言，说明处下反能居上的一般理论。从"不自见"至"故天下莫能与之争"数句讲的是圣王如何具体运用这些理论，正如钟应梅说的那样：

"'不自见'以下，盖推'曲则全''少则得'之理而极论之也。"（《老子新诠》）很显然，"圣人抱一为天下式"一句在这前后两部分之间起着承上启下的桥梁作用，如果解释为"守身"或"用道"，这句话就被孤立起来，失去了这一桥梁作用，不能把上下两部分很好地联系起来。

　　另外，把"一"解释为身体，在《老子》《庄子》中无此先例。如果把"一"解释为"道"，则与四十二章中的"道生一，一生二，二生三，三生万物"产生用词上的自相矛盾。因为把"一"解释为"道"，那么"道生一"就是"道生道"，这从逻辑上是说不通的。因此我们把"抱一"解释为"坚持一致"。

二十三章

【题解】

  本章首先要求君主做到清静无为,放手让百姓自由发展。接着提醒君主做事要按部就班,不要做一些跳跃式的暴烈行为。最后告诫君主,认识大道并不困难,关键在于要有诚心。

  希言自然①。故飘风不终朝,骤雨不终日②。孰为此者③?天地。天地尚不能久,而况于人乎?

  故从事于道者同于道④,德者同于德,失者同于失⑤。同于道者,道亦乐得之⑥;同于德者,德亦乐得之;同于失者,失亦乐得之。

  信不足焉,有不信焉⑦。

【注释】

①希言自然:尽量少发号施令,要让百姓自由发展。希言,尽量少讲话。主要指统治者少发号施令,要做到清静无为。希,同“稀”。少。自然,本来的样子。即按照本来的样子自由发展。一般注本把本句解释为“很少发号施令、做到清静无为才合乎自然法则”。

这种解释文从字顺,而且也符合老子效法自然的原则,但在先秦,
"自然"没有"大自然"的意思。

②飘风不终朝(zhāo),骤雨不终日:狂风刮不了整整一个早晨,暴
雨下不了整整一天。飘风,狂风。终朝,整整一个早上。骤雨,暴
雨。本句用自然现象提醒统治者治国时要稳步前进,不要采取跳
跃式的暴烈行为。

③孰为此者:谁制造了这些狂风暴雨? 孰,谁。为,产生,制造。此,
代指狂风暴雨。

④故从事于道者同于道:所以说寻求大道的人,其言行就会符合大
道。从事,寻求,学习。本句王弼本作"故从事于道者,道者同于
道",重出"道者"二字。帛书本不重出,意义更为清晰,今据改。

⑤失者同于失:坚持错误的人就会永远犯错误。失,过失,错误。一
说"失"指失去道、德,亦通。

⑥同于道者,道亦乐得之:愿意同大道在一起的人,大道也愿意同他
在一起。这是一种拟人化的手法,与孔子"仁远乎哉? 我欲仁,
斯仁至矣"(《论语·述而》)的意思相似。下两句与此相同。

⑦信不足焉,有不信焉:自己的诚信不足,才会不被信任。本句是说
君主之所以无法获取大道,主要原因是自己求道的诚信不足。

【译文】

君主要很少发号施令而让百姓自由发展。所以说狂风刮不了整整
一个早晨,暴雨下不了整整一天。谁制造了这些狂风暴雨? 是天地。天
地尚且不能长久维持这种剧烈动荡的局面,更何况人呢?

因此那些寻求大道的人,言行就会符合大道;修养美德的人就会具
备美德;坚持错误的人就会永远犯错误。愿意同大道在一起的人,大道
也乐于同他在一起;愿意同美德在一起的人,美德也乐于同他在一起;愿
意同错误在一起的人,错误也乐于同他在一起。

由于自己的诚信不足,才会不被信任。

二十四章

【题解】

本章紧承上两章内容，再次提醒包括君主在内的人们不要做跳跃式的暴烈行为，因为"欲速则不达"；告诫大家不要"自见""自是""自伐""自矜"，因为这些行为不符合大道，而不符合大道的行为会招来别人的厌恶。

企者不立^①，跨者不行^②；自见者不明^③，自是者不彰，自伐者无功^④，自矜者不长。其在道也^⑤，曰余食赘行^⑥，物或恶之^⑦，故有道者不处^⑧。

【注释】

① 企者不立：踮起脚跟想站得高一些反而站不稳。企，踮起脚跟。不立，站不稳。

② 跨者不行：跨着大步想走得快一些反而走不远。跨，迈大步。对于以上两句的详细解释见"解读一"。

③ 自见者不明：只依靠自己的眼睛去观察反而看不清楚。自此以下四句与二十二章"不自见，故明；不自是，故彰；不自伐，故有功；

不自矜,故长"相反相成,可互相参看。

④自伐者无功:自我夸耀反而会把功劳夸没了。伐,自我夸耀。关于"自伐"对自身的严重危害,详见"解读二"。

⑤其在道也:站在大道的立场去衡量这些行为。其,代指以上行为。

⑥曰余食赘(zhuì)行:可以把它们叫作剩饭赘肉。余食赘行,比喻多余无用的东西。赘行,附生于人体的肉瘤、骈指之类多余的东西。赘,多余的。行,通"形"。形体,肉体。

⑦物或恶(wù)之:人们大概都讨厌这些行为。物,主要指人。老庄认为,人为万物中之一员,故称人为"物"。或,也许。恶,厌恶。关于人们讨厌自我炫耀的例子,详见"解读三"。

⑧不处:不做。指不做"企""跨""自见""自伐"等事情。

【译文】

踮起脚跟想站得高一些的人反而站不稳,跨着大步想走得快一些的人反而走不远;仅仅依靠自己的眼睛去观察反而看不清楚,自以为是反而名声不高,自我夸功反而会把功劳夸没了,自高大反而做不了领导者。站在大道的立场上去衡量这些行为,可以说这些行为都像剩饭肉瘤一样多余无用,人们大概都很讨厌这些行为,所以懂得大道的人不去做这样的事情。

【解读】

一

"企者不立,跨者不行"实际上讲的就是"欲速则不达"的道理,孔子对此也十分赞成。《论语·子路》记载:

子夏为莒父宰,问政。子曰:"无欲速,无见小利。欲速则不达,见小利则大事不成。"

子夏是孔子的弟子,他要到莒父(在今山东高密,一说在今山东沂南与莒县之间)去做官,临行前向孔子请教做官应注意的事项,孔子告诫他两条原则:一是办事不要急于求成,二是不要两眼只盯着小利。这不仅是做官的原则,也是我们做一切事情的原则。

二

"自伐"的内容一般包括两个方面,一是自我夸耀才能,二是自我夸耀功劳。这两者都会为自己带来意想不到的灾难。

首先我们看看自我夸耀才能的害处。《三国演义》七十二回记载了杨修的遭遇:

> 操屯兵日久,欲要进兵,又被马超拒守;欲收兵回,又恐被蜀兵耻笑,心中犹豫不决。适庖官进鸡汤。操见碗中有鸡肋,因而有感于怀。正沉吟间,夏侯惇入帐,禀请夜间口号。操随口曰:"鸡肋!鸡肋!"惇传令众官,都称"鸡肋"。

> 行军主簿杨修,见传"鸡肋"二字,便教随行军士,各收拾行装,准备归程。有人报知夏侯惇。惇大惊,遂请杨修至帐中问曰:"公何收拾行装?"修曰:"以今夜号令,便知魏王不日将退兵归也:鸡肋者,食之无肉,弃之有味。今进不能胜,退恐人笑,在此无益,不如早归,来日魏王必班师矣。故先收拾行装,免得临行慌乱。"夏侯惇曰:"公真知魏王肺腑也!"遂亦收拾行装。于是寨中诸将,无不准备归计。

> 当夜曹操心乱,不能稳睡,遂手提钢斧,绕寨私行。只见夏侯惇寨内军士,各准备行装。操大惊,急回帐召惇问其故。惇曰:"主簿杨德祖先知大王欲归之意。"操唤杨修问之,修以鸡肋之意对。操大怒曰:"汝怎敢造言,乱我军心!"喝刀斧手推出斩之,将首级号令于辕门外。

> 原来杨修为人恃才放旷,数犯曹操之忌:操尝造花园一所,造成,操往观之,不置褒贬,只取笔于门上书一"活"字而去。人皆不晓其意。修曰:"'门'内添'活'字,乃'阔'字也。丞相嫌园门阔耳。"于是再筑墙围,改造停当,又请操观之。操大喜,问曰:"谁知吾意?"左右曰:"杨修也。"操虽称美,心甚忌之。

又一日，塞北送酥一盒至。操自写"一合酥"三字于盒上，置之案头。修入见之，竟取匙与众分食讫。操问其故，修答曰："盒上明书'一人一口酥'，岂敢违丞相之命乎？"操虽喜笑，而心恶之。

操恐人暗中谋害己身，常分付左右："吾梦中好杀人；凡吾睡着，汝等切勿近前。"一日，昼寝帐中，落被于地，一近侍慌取覆盖。操跃起拔剑斩之，复上床睡；半晌而起，佯惊问："何人杀吾近侍？"众以实对。操痛哭，命厚葬之。人皆以为操果梦中杀人。惟修知其意，临葬时指而叹曰："丞相非在梦中，君乃在梦中耳！"操闻而愈恶之。……今乃借惑乱军心之罪杀之。修死年三十四岁。后人有诗叹曰：

聪明杨德祖，世代继簪缨。笔下龙蛇走，胸中锦绣成。闲谈惊四座，捷对冠群英。身死因才误，非关欲退兵。

以上文字虽然是出于小说《三国演义》，但这些故事也见于其他正史。杨修处处想炫耀自己的聪明，结果聪明反被聪明误，最后"误"掉了自己的性命。

其次我们看自我夸耀功劳的害处。我们也举《三国演义》的故事为例。官渡之战，曹操以少胜多，奠定了王业基础，其中许攸立了大功。许攸由袁绍投曹操，劝曹操偷袭袁绍粮仓乌巢，后来又出计策引漳河水灌冀州，使曹操对袁绍集团的作战取得了决定性胜利。我们看《三国演义》三十三回对许攸在胜利后表现的描写：

却说曹操统领众将入冀州城，将入城门，许攸纵马近前，以鞭指城门而呼操曰："阿瞒，汝不得我，安得入此门？"操大笑。众将闻言，俱怀不平。……

一日，许褚走马入东门，正迎许攸，攸唤褚曰："汝等无我，安能出入此门乎？"褚怒曰："吾等千生万死，身冒血战，夺得城池，汝安敢夸口！"攸骂曰："汝等皆匹夫耳，何足道哉！"褚大怒，拔剑杀攸，提头来见曹操，说："许攸如此无礼，某杀之矣。"操曰："子远（许攸字子远）与吾旧交，故相戏耳，何故杀之！"深责许褚，令厚葬许攸。

许攸无疑是曹操的一大功臣，然而由于他不停地自我夸耀，四处表功，不仅自己的功劳没有了，连性命也给"夸"没了。

三

喜欢自我炫耀是招人厌恶的重要原因之一，关于这一点，《庄子·山木》举了一个十分典型的例子：

> 阳子之宋，宿于逆旅。逆旅人有妾二人，其一人美，其一人恶，恶者贵而美者贱。阳子问其故，逆旅小子对曰："其美者自美，吾不知其美也；其恶者自恶，吾不知其恶也。"阳子曰："弟子记之！行贤而去自贤之行，安往而不爱哉？"

阳子就是因为主张"拔一毛而利天下，不为也"而被孟子批评为"无君"的著名思想家杨朱。杨朱在去宋国途中住在一家旅店里，他发现旅店主人有两个侍妾，长相丑陋的那位在家里地位尊贵，而长相美丽的反而地位低贱。阳子甚感不解，店主人回答说："那个容貌美丽的总是喜欢自我吹嘘，时间久了我就一点也不觉得她美；那个长相丑陋的总是自谦，时间久了我一点也不觉得她丑。"喜欢炫耀长相美丽的美女，妥妥地把自己由美女炫耀成了丑女。所以杨朱感慨地对自己的弟子说："你们一定要记住这件事！做贤良的事，但一定要去掉自以为贤良的言行，这样到哪里会不受爱戴呢？"

二十五章

【题解】

本章主要阐述三个内容:第一,再一次描述了道的特性及作用;第二,提出万物"周行而不殆"的循环论;第三,明确要求人们效法天地自然。本章中的"人法地,地法天,天法道,道法自然"为千古名言,特别是"道法自然",几乎成为人们的口头禅。

有物混成①,先天地生②。寂兮寥兮③,独立不改,周行而不殆④,可以为天下母⑤。

吾不知其名,字之曰"道",强为之名曰"大"⑥。大曰逝⑦,逝曰远⑧,远曰反⑨。

故道大⑩,天大,地大,王亦大⑪。域中有四大⑫,而王居其一焉。人法地⑬,地法天,天法道,道法自然⑭。

【注释】

①有物混成:有一个事物混然而成。物,指大道。混成,混然而成。

②先天地生:它出现在天地之先。老子认为,先有大道,后有天地,天地也是按照大道的规定性产生、运行的。

③寂兮寥兮：无声无形的样子。寂，无声。寥，无形。

④周行而不殆：呈环状循环运动而永不停止。周行，呈循环状地运动。殆，通"怠"。懈怠。引申为停止。本句的意思实际是说，在大道的支配下，万物永不懈怠地循环运动。大道是无形无象的规律，是原则，本身是无所谓动与不动的。

⑤可以为天下母：可以把它看作天地万物产生的前提。母，根本，基础。关于道"先天地生"和道生万物的问题，详见"解读一"。

⑥字之曰"道"，强为之名曰"大"：给大道起个字叫作"道"，又勉强给它起个名叫作"大"。因此"道"又被称为"大道"。字，古代贵族男子出生后三月起名，二十岁成年时举行加冠礼，此时又加字。合称"名字"。成年时加字的原因是："人年二十，有为人父之道，朋友等类，不可复呼其名，故冠而加字。"（《礼记•檀弓上》孔颖达疏）"冠而加字"是对成年者的尊重。

⑦逝：行进，发展。老子"大曰逝"的表述不够准确，只能说事物发展运动是一种规律，而不能说规律本身是运动的。出现这种不准确的表述，是文字过于简略、又追求句式整齐的原因造成的。

⑧远：这里指发展到极盛状态。

⑨反：同"返"。返回。这里指由鼎盛状态回头向衰弱发展，最后又回到原点。关于老子的循环论，详见"解读二"。

⑩道大：同义词连用，目的是为了同下文协调。大，根据"强为之名曰大"，大指道、规律。

⑪王（wàng）：称王，治理天下。

⑫域中有四大：天地间有四种主要规律。域中，这里指天地间。大，道，规律。

⑬法：效法，学习。

⑭自然：本身的样子。自，自己。这里具体指道本身。然，形容词词尾，表示"……的样子"。"道法自然"的意思是说，道是第一位

的，它谁都不去效法，就效法自身。老子这样讲，主要是为了追求句式的整齐，并形成一种递进的关系。今天人们谈到"道法自然"，把它理解为"道的原则是要求人们效法大自然"，这是可以的，因为这样理解没有违背老子思想，老子主张人要效法天地自然。详见"解读三"。

【译文】

有一个事物混然而成，它出现在天地之先。它无声无形，独立存在永不改变，它支配万物循环运动永不停止，可以把它看作是天地万物产生的根源。

我不知道这个事物的名字，就给它起个字叫"道"，再勉强给它起个名叫"大"。"大"使万物向前发展，发展下去就会走向极盛，走向极盛后又要返回到起点。

所以说道有道的规律，天有天的规律，地有地的规律，治国也有治国的规律。天地间有四种主要规律，而治国的规律只占其中之一。人要效法地，地要效法天，天要效法大道，大道就效法它自身的样子。

【解读】

一

老子认为大道"先天地生"，朱熹也有类似观点。朱熹说："未有天地之先，毕竟也只是理。有此理，便有此天地，若无此理，便亦无天地。无人无物，都无该载了。有理，便有气流行，发育万物。"（《朱子语类》卷一）老子的"道"也即朱熹的"理"。"道""理"先天地而生，而且是产生天地万物的先决条件，没有"道""理"的安排，天地万物就无法产生与生存。正如一个人，如果没有一个计划，就不可能办成一件事一样。

关于道生万物的问题，我们不能把本章的"可以为天下母"以及四十二章的"道生一"理解为"道"可以直接产生万物。因为五十一章说得很明白："道生之，……物形之。"如果"道"能直接产生万物，为什么还要"物形之"呢？这句话的意思是："道赋予万物生息的规律，……物质（如阴阳二气）才使万物具有形体。"也即第一章说的"有名,万物之母"。朱熹也持同样观点:"人之所以生,理与气(按,相当于老子讲的道与物)合而已。天理固浩浩不穷,然非是气,则虽有是理而无所凑泊,故必二气交感,凝结生聚,然后理有所附着。凡人之能言语动作,思虑营为,皆气也,而理存焉。"(《朱子语类》卷四)

如果把"道"理解为能够直接产生万物,那么必须把本书的"道"解释为"宇宙本体"和"客观规律"两层意思,这样就不能保持思想的前后统一。大多数学者是这样做的,有的甚至在同一章中也不能保持一致,如张松如在解释十四章时说:"《老子》书中的'道',大体有两个意思:有时指物质世界的实体,即宇宙本体;更多场合下是指物质世界或现实事物运动变化的普遍规律;……本章(十四章)中'故混而为一'的'道',便偏于指前一种意思;而到末尾,便转而指后一种意思了。"(《老子校读》)这样解释显然是割裂了"道"的含义,显得勉强。

因此我们认为,老子的"道在物先"与朱熹的"理在气先"是一个意思,"道"是各种规律的总称,是万物产生的基础,但又不能直接生出万物。关于这一看法,可参阅四十二章、五十一章的"解读"。

二

老子认为万物的运动是永恒的,是循环的:从原点出发——走向极盛——再回到原点。这就是所谓的"周行"。老子的不少政治观、人生观都建立在这一点上。既然任何事物发展的结果,最终都不免要回到原点,那么最好就不动,或者虽然动一动,但不要达到极盛,这样就不会走向反面,或者说能够推迟走向反面的时间。所以他提倡"守其雌""守其黑""守其辱"(二十八章),而对敌人则要"张之""强之""兴之""与之"(三十六章),其目的就是把对手抬到最高点,然后再使他们跌回原处。这种认为"守雌"就能安己、"张之"就能灭敌的策略有其正确的一面,也有其不正确的一面,因为要通过"守雌""张之"这些手段去达到目的是要一定条件的,不讲条件,一味地"守雌""张之",就未必能够保己克敌。而老子对这些条件的论述是不够的。

三

老子举出宇宙间的四种主要规律，这四种规律以"道"为首，"道"是天、地、人，也即万物效法的对象，由此可以证明老子的"道"是各种规律的总称。由于大道只能通过天地万物才能够得以体现，所以老子在本章中明确主张人类要效法天地。事实上，老子确实也是这样做的。如四十三章："天下之至柔，驰骋天下之至坚，无有入无间。吾是以知无为之有益。"可见老子的无为主张完全是来自对自然规律的效法。

实际上，古人对自然的效法是全方位的，我们以政治、科技为例。

儒、道两家都主张效仿自然的"生养"之德和无为清静。除此之外，在一些具体的政治措施中，也能明显看到古人效法自然的痕迹。如官制，人们很早就以天、地、春、夏、秋、冬这些自然概念来命名官职。周代的天官为百官之长，地官为教育之长，春官掌管礼仪，夏官统领军政，秋官管理刑罚，冬官负责工程。这种以天地四季为官名的制度，时断时续，一直到明代洪武年间，还曾设春、夏、秋、冬四辅官，位列公、侯、都督之次，辅助皇帝处理政务。

在一些具体的政治行为中，比如刑法的使用，就是古人法天的典型一例。古人多在秋冬季节处决犯人，称"秋决"，那是因为古人认为上天在秋冬季节使万物枯萎死亡，所以人也应该在秋冬季节处决犯人；因此，对于春夏季节判处的一般死刑犯，不能马上处死，而是"斩监候"，关在监狱里等待"秋决"，这样做的原因是因为春夏是上天让万物生长的季节，官府也应该尽量少杀人。刑律上还有一条，就是"斩立决"，对于那些犯下十恶大罪的人，可以马上处死，这也可以从大自然中找到根据：春夏之时，虽然是万物生长的季节，但也有一些植物死亡，比如小麦、荞菜即是。既然大自然可以在春夏"杀"少量植物，那么在春夏杀少量的人，也没有违背自然法则。

人们除了在政治方面模仿自然，在自然科学方面也是如此。文字的出现，可以说是人类进步的一大标志，而发明文字的灵感就来自鸟兽的足迹："黄帝之史仓颉见鸟兽蹄迒之迹，知分理之可相别异也，初造书契。"(《说文解字·叙》)传说是黄帝的大臣仓颉在观察了鸟兽的足迹以后，受到了启发，于是发明了文字。除了文字的发明之外，古人认为其他许多发明也应归功于大自然的启示：

> 牟子曰："夫转蓬漂而车轮成，窾木流而舟楫设，蜘蛛布而罻罗陈，鸟迹见而文字作。"(《理惑论》)

古人认为，人们看到蓬草在地上随风旋转，于是发明了车轮；看到中心凹陷的木片在水上漂流，于是发明了舟船；看到蜘蛛结网，于是发明了用来捕鱼兽的网罟。在各个方面，大自然都是人们的老师。

二十六章

【题解】

本章把"重为轻根,静为躁君"这一普遍自然现象运用到政治领域里,提醒君主不要轻视自己的国家,否则就会丧失自己的生存基础,导致国破身亡。

重为轻根①,静为躁君②。

是以圣人终日行不离辎重③,虽有荣观,燕处超然④。奈何万乘之主⑤,而以身轻天下⑥?轻则失本,躁则失君⑦。

【注释】

①重为轻根:重是轻的基础。根,根本,基础。比如古人认为,又浊又重的阴气下降,形成地,又轻又清的阳气上升,形成天。较轻的树叶、树枝在上,较重的树干、树根在下。如此等等。

②静为躁君:静是动的根本。躁,动。君,主。引申为根本。老庄认为,该动则动,该静则静,但动必须以静为基础。比如人们要想运动,必须要先安静下来积蓄力量才行。老子把这两句话当作一般性的原则提出,所以"重""轻""静""躁"是泛指,含义比较宽

泛。如"重",既包括客观事物中的"重",如辎重、重物等,也包括主观思想中的"重",如重视、稳重等。老子在下文中把这一原则运用到日常生活和政治领域里,这四个字的内容就比较具体了。

③终日:整天。辎(zī)重:原指行军带的粮食、装备等。这里指圣人出门所带的衣食行李。

④虽有荣观,燕处超然:即使遇到奇观美景,也安闲而居,不为外物所动。即不离开衣食行李而去观赏美景。虽,即使。荣观,相当于今天说的"奇观",美好的景色。燕处超然,即不受"荣观"的诱惑,以免丢失自己的行李。燕处,安闲而居。燕,安闲。处,居。超然,不为外物所动的样子。这是用日常生活中的例子做比喻,为下文的政治主张做铺垫。

⑤万乘(shèng)之主:拥有万辆战车的君主。指大国君主。乘,古时一车四马叫一乘。先秦时期,人们常以"万乘之国"代指大国,以"千乘之国"代指中等国家。

⑥以身:因为个人的享受。以,因。身,这里指万乘之主自己。

⑦躁:动。这里指轻举妄动。君:根本。这里指国家,国家是君主的生存之本。

【译文】

重是轻的基础,静是动的根本。

因此圣人整天在外旅行而从不离开自己的衣食行李,即使有奇观美景,也安闲而居,超然于美景之外而不为所动。为什么一个大国君主,却为了个人享乐而不重视自己的国家呢?不重视国家就会丧失自己的生存基础,轻举妄动就会丢掉自己的生存根本。

【解读】

圣人在外旅行,深知衣食行李是他们的生活基础,所以即使遇到奇观美景,他们也静守在衣食行李旁边寸步不离,不为奇观美景所动。对万乘之主来说，国家是他们的生存基础，然而他们为了个人享乐，而不把国家放在心上。老子把圣人和万乘之主对举，一褒一贬，十分清楚。关于君主不重视自己的国家，我们看以下两个例子：

> 昔者田成子游于海而乐之，号令诸大夫曰："言归者死。"颜涿聚曰："君游海而乐之，奈臣有图国者何？君虽乐之，将安得？"田成子曰："寡人布令曰：'言归者死。'今子犯寡人之令。"援戈将击之。颜涿聚曰："昔桀杀关龙逢而纣杀王子比干，今君虽杀臣之身，以三之可也。臣言为国，非为身也。"延颈而前曰："君击之矣！"君乃释戈趣驾而归。至三日，而闻国人有谋不内田成子者矣。田成子所以遂有齐国者，颜涿聚之力也。故曰：离内远游，则危身之道也。（《韩非子·十过》）

> 江都新作龙舟成，送东都。宇文述劝幸江都，帝从之。……朝臣皆不欲行，帝意甚坚，无敢谏者。建节尉任宗上书极谏，即日于朝堂杖杀之。……奉信郎崔民象以盗贼充斥，于建国门上表谏，帝大怒，先解其颐，然后斩之。……至汜水，奉信郎王爱仁复上表请还西京，帝斩之而行。至梁郡，郡人邀车驾上书曰："陛下若遂幸江都，天下非陛下之有！"又斩之。（《资治通鉴》卷一百八十三）

田成子和隋炀帝都是"以身轻天下"的万乘之君，为了个人享乐而置国家于不顾。只不过田成子接受了大臣的劝谏，醒悟较早，避免了一场政变，保住了自己的政权。隋炀帝晚年，社会已不安定，但他为了享乐，还要去江都（今扬州一带）一游，并为此杀害数位劝谏者，结果天下大乱，隋炀帝也被自己的属下杀死在江都。

二十七章

【题解】

本章阐述三个内容：一是要求人们善行、善言等；二是要求人们善于使用人与物，不可轻易地抛弃他们；三是要求人们妥善地处理好善人与不善人之间的关系，以保证社会的和谐安定。

善行，无辙迹①；善言，无瑕谪②；善数，不用筹策③；善闭④，无关楗而不可开⑤；善结，无绳约而不可解⑥。

是以圣人常善救人⑦，故无弃人⑧；常善救物，故无弃物。是谓袭明⑨。

故善人者，不善人之师；不善人者，善人之资⑩。不贵其师⑪，不爱其资⑫，虽智大迷。是谓要妙⑬。

【注释】

①善行，无辙迹：善于行走的人，不会留下车辙的痕迹。比喻善于做事的人，不会留下后遗症。辙迹，车轮辗过的痕迹。一说，辙，车迹。迹，马足踏过的痕迹。

②瑕谪（xiá zhé）：玉石上的斑痕，比喻毛病、瑕疵。瑕，玉石上的斑

点。谪,过错,缺点。一说,通"瓋(tì)",玉石上的斑点。古人非常重视讲话的艺术,详见"解读一"。

③筹策:古时计算用的竹码。

④闭:关门。

⑤关楗(jiàn):关闭门户用的器具,相当于今天的门闩。

⑥绳约:绳索。约,绳子。

⑦救人:这里包含两层意思,一是在圣人的面前,没有被杀的人,因为圣人能够包容坏人并把坏人感化成好人;二是在圣人的面前,没有因无用而被抛弃的人,在圣人面前,所有的人都能够派上用场。关于用人的问题,见"解读二"。

⑧弃人:被遗弃的人。

⑨袭明:是属于明智的。袭,符合,属于。明,明智。

⑩不善人者,善人之资:不善人是善人的凭借。资,凭借。这是在讲善人与不善人之间的辩证关系。善人之所以被称为善人,是因为有不善的人作衬托,如果没有不善的人,也就无所谓善人。因此说"不善人者,善人之资"。一说这两句的意思是不善的人可以作为善人的借鉴,通过观察不善人,以防止善人犯同样的错误。其义类似孔子说的"三人行,必有我师焉:择其善者而从之,其不善者而改之"(《论语·述而》)。

⑪不贵其师:不善人不尊重他们的老师。本句的主语是"不善人"。

⑫不爱其资:善人如果不爱惜他们的凭借。本句的主语是"善人"。

⑬是谓要妙:善人与不善人之间的关系是非常重要而微妙的。是,代指善人与不善人之间的关系问题。要妙,重要而微妙。

【译文】

善于行走的人,不会留下车辙痕迹;善于讲话的人,不会出现语言瑕疵;善于计算的人,不必使用筹策;善于关门的人,不用关楗却固不可开;善于打结的人,不用绳索却牢不可解。

　　因此圣人总是善于感化、使用别人，所以没有被遗弃的人；总是善于利用万物，所以没有被遗弃的事物。这些做法可以说是明智的。

　　善人是不善人的老师，不善人是善人的凭借。不善人如果不尊重他们的老师，善人如果不爱惜他们的凭借，即使是明智的人也会变得十分糊涂。善人与不善人之间的关系是非常重要而微妙的。

【解读】

一

　　古人非常重视讲话的艺术，甚至为了避免言多有失而主张三缄其口。《说苑·敬慎》记载，孔子到东周的洛阳去求学，看到太庙（周天子祭祖的地方）右边的台阶前，有一个用金属铸造的人像，嘴巴上有三道封条，人像背部铭刻了这样一些话："古之慎言人也，戒之哉！戒之哉！无多言，多言多败；无多事，多事多患。"这就是"三缄其口"一词的出处。关于讲话的艺术，限于篇幅，我们只举其中的三条原则。

　　第一，切记不可讲伤人之语。

　　关于语言对别人产生的正负作用，《荀子·荣辱》有一段话讲得极好：

　　　　故与人善言，暖于布帛；伤人之言，深于矛戟。

暖心的话，其温暖的程度超过了棉衣棉被；伤人的话，其伤人的程度超过了刀剑矛戟。荀子的这几句话可以作为我们的座右铭。

　　我们先看"与人善言，暖于布帛"的例子。《左传·宣公十二年》记载，宣公十二年冬天，楚王率兵攻打萧国，这期间有一个小插曲：

　　　　申公巫臣曰："师人多寒。"王巡三军，拊而勉之。三军之士，皆
　　　　如挟纩。

因为是冬天作战，大臣申公巫臣向楚王汇报说将士们十分寒冷，楚王便巡视全军，对将士们讲了一些慰问的话，结果将士们听后，一个个身上都暖融融的，就像穿上了温暖的厚棉衣。

　　我们再看用语言伤人而自伤的例子。孟尝君是战国时期齐国的宰相，在当时名声极大，《史记·孟尝君列传》记载了他路过赵国时发生的

一件事情：

> 赵人闻孟尝君贤，出观之，皆笑曰："始以薛公（孟尝君被封在薛，故又称薛公）为魁然也，今视之，乃眇小丈夫耳。"孟尝君闻之，怒。客与俱者下，斫击杀数百人，遂灭一县以去。

孟尝君为天下名人，赵人争相观看，结果大失所望，议论说："原以为孟尝君是一位身材魁梧的大丈夫，没有想到却是一个又矮又瘦的小男人。"观看者的这番议论也可能是随口而出，甚至可以说是客观评价，却极大地伤害了自尊心极强的孟尝君，导致数百人被孟尝君的门客所杀。因此明人吕坤在他的《小儿语·杂言》中说："人生丧家亡身，言语占了八分。"

第二，借用圣贤言语进行批评或反批评。

借用圣贤的语言去批评别人，就是《庄子·人间世》说的"与古为徒"：

> 成而上比者，与古为徒。其言虽教谪之实也，古之有也，非吾有也。若然者，虽直而不病，是之谓与古为徒。

意思是：在批评别人时，不要直接用自己的话去讲，而是针对对方的错误，引用古代圣贤的话去批评，这样，既达到了批评的目的，又使被批评的人相对容易接受一些，因为那是古代圣贤讲的，不是自己讲的。

与此类似的就是借用圣贤的言论去反击别人的批评。王阳明曾经批评朱熹中年之前的一些言论，而在明代，朱熹被视为圣贤，因此王阳明遭到了士人的围攻，王阳明便采取用圣贤朱熹自己的话去反批评。他在《与安之》中说：

> 留都时偶因饶舌，遂致多口，攻之者环四面。……今但取朱子所自言者表章之，不加一辞，虽有褊心，将无所施其怒矣。

信中说的"今但取朱子所自言者表章之"，是指王阳明把朱熹晚年对自己早年观点的批评言论编为《朱子晚年定论》，用朱熹自我批评的话做盾牌，去应对士人的批判之矛，其效果极佳，王阳明"不加一辞"，就使批评者"虽有褊心，将无所施其怒矣"。

第三,要注意谈话对象的不同。

古人认为,不同的人,具有不同的素质和理解力,因此交流时要用不同的语言,正如庄子说的那样:"井蛙不可以语于海者,拘于虚也;夏虫不可以语于冰者,笃于时也;曲士不可以语于道者,束于教也。"(《庄子·秋水》)《淮南子·人间训》记载了孔子的一个故事:

> 或明礼义、推道体而不行,或解构妄言而反当。何以明之?
>
> 孔子行游,马失,食农夫之稼,野人(农夫)怒,取马而系之。子贡往说之,卑辞而不能得也。孔子曰:"夫以人之所不能听说人,譬以大牢享野兽,以《九韶》乐飞鸟也。予之罪也,非彼人之过也。"
>
> 乃使马围(马夫)往说之。至,见野人曰:"子耕于东海,至于西海,吾马之失,安得不食子之苗?"野人大喜,解马而与之。说若此其无方也,而反行。事有所至,而巧不若拙。
>
> 故圣人量凿而正枘。夫歌《采菱》,发《阳阿》,鄙人听之,不若此《延路》《阳局》。非歌者拙也,听者异也。

孔子的马跑了,吃了农夫的庄稼,农夫就把马扣押了。孔子就派最善于外交的弟子子贡去讨要,但无论子贡如何讲大道理,如何恳求,那位农夫就是不肯把马交还。孔子意识到子贡与农夫不是同一层次的人,所以话不投机,于是就派为自己养马的人去了。养马人一见农夫,就盛赞对方的富有:"您太富有了。您的土地东边到了东海,西边到了西海,我们的马跑了,不吃您的庄稼还会去吃谁的呢?"那农夫一听,心花怒放,当即就把马还给了他。

二

准确地说,世界上并不存在绝对无用之人,只要善于使用,每个人都能够在社会上找到自己的位置。《文子·自然》说:

> 老子曰:"乘众人之智者,即无不任也;用众人之力者,即无不胜也。……故圣人举事,未尝不因其资而用之也。有一功者处一位,有一能者服一事。……圣人兼而用之,故人无弃人,物无弃材。"

圣人之所以善于使用众人的才能,是因为圣人不求备于一人,有什么样的才能,就给他安排什么样的职位。因材而用,在圣人那里,就没有被抛弃的人和物。

《国语·晋语四》记载了春秋五霸之一的晋文公与大臣胥臣的一段对话:文公在询问如何用人时,胥臣认为“籧篨(不能弯腰的残疾人)不可使俯,戚施(驼背的人)不可使仰,僬侥(矮人)不可使举,侏儒(个子特别矮小的人)不可使援(抓举),矇瞍(盲人)不可使视,嚚瘖(哑人)不可使言,聋聩(聋人)不可使听,僮昏(糊涂人)不可使谋”。晋文公进一步求教如何安排这几种人时,胥臣回答说:有关部门应该量才使用。弯不下腰的人,就把他们培养成头顶玉磬演奏的乐师;驼背的人,就把他们培养成敲钟的乐师;让身体特别矮小的人去学习爬木杆的杂技,让盲人学习音乐,让聋人负责掌管火;至于僬侥、瘖哑、昏聩无知的人,官府无处安排,可以让他们到边远地区垦荒种地。

善于使用看似“无用”的人,让每一个人都能够在社会上找到自己的合适位置,使他们能够自食其力,这样于国于人都是有益的。

古人认为,善于用人的人,不仅能够使用别人的优点,甚至能够利用别人的缺点,《文子·自然》以用兵为例,讨论了如何使用别人的缺点:

> 故用兵者,或轻或重,或贪或廉,四者相反,不可一也。轻者欲发,重者欲止,贪者欲取,廉者不利非其有也。故勇者可令进斗,不可令持坚;重者可令固守,不可令凌敌;贪者可令攻取,不可令分财;廉者可令守分,不可令进取;信者可令持约,不可令应变,五者,圣人兼用而材使之。夫天地不怀一物,阴阳不产一类;故海不让水潦以成其大,山林不让枉桡以成其崇,圣人不辞其负薪之言以广其名。
>
> 夫守一隅而遗万方,取一物而弃其余,则所得者寡而所治者浅矣。

这段话翻译出来就是:“善于用兵的人,其部下性格各异,有的轻率,有的持重,有的贪婪,有的廉洁,四种性格相反,无法统一。轻率的人总想出兵进攻,持重的人总想按兵不动,贪婪的人贪得无厌,廉洁的人不愿获取不属于自己的东西。因此要让轻率勇敢的人去冲锋陷阵,不可让他们去守城;让持重的人去守城,不可让他们去冲锋陷阵;让贪婪的人去攻城略地,不可让他们去分配财物;让廉洁的人去分配财物,不可让他们去攻城略地;让诚实的人去坚守盟约,不可让他们去应变。对于这几种人,圣人兼收并蓄,量才录用。天地包容万物,阴阳创造万类;因此大海不拒绝细小的流水而成就了自己的辽阔,高山不拒绝曲弱之木而成就了自己的高大,圣人不拒绝卑贱者的忠告而成就了自己的英名。"轻率、贪婪,是人的性格缺陷,经常受到大家的批评,然而圣人却都能恰当地去使用他们,把他们的性格缺陷转化为有利于自己的优势。

孟尝君善于使用"鸡鸣狗盗"的故事,就曾传为美谈。《史记·孟尝君列传》记载:

齐湣王二十五年,复卒使孟尝君入秦,昭王即以孟尝君为秦相。人或说秦昭王曰:"孟尝君贤,而又齐族也,今相秦,必先齐而后秦,秦其危矣。"于是秦昭王乃止。囚孟尝君,谋欲杀之。

孟尝君使人抵昭王幸姬求解。幸姬曰:"妾愿得君狐白裘。"此时孟尝君有一狐白裘,直千金,天下无双,入秦献之昭王,更无他裘。孟尝君患之,遍问客,莫能对。最下坐有能为狗盗者,曰:"臣能得狐白裘。"乃夜为狗,以入秦宫臧中,取所献狐白裘至,以献秦王幸姬。幸姬为言昭王,昭王释孟尝君。孟尝君得出,即驰去,更封传,变名姓以出关。夜半至函谷关。秦昭王后悔出孟尝君,求之已去,即使人驰传逐之。

孟尝君至关,关法鸡鸣而出客,孟尝君恐追至,客之居下坐者有能为鸡鸣,而鸡齐鸣,遂发传出。出如食顷,秦追果至关,已后孟尝君出,乃还。

始孟尝君列此二人于宾客,宾客尽羞之,及孟尝君有秦难,卒此二人拔之。自是之后,客皆服。

鸡鸣狗盗之人,在一般人看来,实在是没有太大作用,然而就是这些看似无用的人,却救了孟尝君一命。由此可见,只要使用恰当,就不存在无用之人。

在善于用人方面,唐太宗堪为表率,他说:

> 智者取其谋,愚者取其力,勇者取其威,怯者取其慎。无智愚勇怯,兼而用之。故良匠无弃材,明君无弃士。不以一恶忘其善,勿以小瑕掩其功。割政分机,尽其所有。(《帝范·审官篇》)

唐太宗不仅善于使用智者、勇者,就连那些愚者、怯者,也都能够在唐太宗那里找到适合自己的位置。

善于使用"弃物"的也有一例。《晋书·陶侃列传》记载,著名诗人陶渊明的曾祖父陶侃就是一位善于使用"弃物"的人:

> 时造船,木屑及竹头悉令举掌之,咸不解所以。后正会,积雪始晴,听事前余雪犹湿,于是以屑布地。及桓温伐蜀,又以侃所贮竹头作丁装船。其综理微密,皆此类也。

陶侃造船时,把木屑和用剩的竹头全部收集起来,大家都不知何意。后来正月初一官员聚会,大雪始晴,大厅前泥泞不堪,于是陶侃就命令把木屑铺于地上。桓温伐蜀时,又用陶侃积累的竹头做成竹钉,用于造船。用人和用物是一个道理,只要善于思考,看似无用的事物都能派上用场。

二十八章

【题解】

本章主要阐述两个内容:第一,要求人们知雄守雌、知白守黑、知荣守辱,要像婴儿那样,无知无欲,柔弱不争;第二,老子告诫人们,在治理国家时,一定要顺应万物的天性,不可依据个人意愿而随意去伤害万物的天性。

知其雄,守其雌,为天下谿^①。为天下谿,常德不离^②,复归于婴儿^③。

知其白,守其黑,为天下式^④。为天下式,常德不忒^⑤,复归于无极^⑥。

知其荣,守其辱,为天下谷^⑦。为天下谷,常德乃足,复归于朴^⑧。

朴散则为器^⑨,圣人用之则为官长^⑩。故大制不割^⑪。

【注释】

① "知其雄"三句:知道什么是雄强,却要安于柔雌的地位,甘做天下的沟谿。雄,雄强,刚强。雌,柔雌,柔和。谿,河沟。比喻低下

的地位。曾国藩对这几句十分欣赏,见"解读一"。

②常德不离:高尚的品德永远不会丧失。常,永远。

③复归于婴儿:恢复到无知无欲、柔弱不争的婴儿状态。按照老子的说法,我们一般人只有两个发展阶段:婴儿——成人。而圣人有三个发展阶段:婴儿——成人——婴儿。依照哲学"否定之否定"的定义,第三阶段的"婴儿状态"与第一阶段的"婴儿状态",从表面看来有相似之处,都无知无欲,柔弱不争,但二者却有着本质的不同,第一阶段是真正的"柔",而第三阶段的表现则是"至刚若柔"。

④"知其白"几句:知道什么是显赫地位,却要安于低下的地位,做天下人的榜样。白,显明。这里指显赫的地位。黑,幽暗。此处指不显赫的地位。式,范式,榜样。

⑤忒(tè):错误,差错。

⑥无极:无穷。这里指无穷的力量。极,边际。

⑦谷:川谷。这里比喻低下的地位。

⑧朴:未加工过的原木,这里比喻"道"。未加工过的原木与"道"有许多相似之处:原木可以分别加工成各种各样的器具,而"道"可以分别显现为各种各样的具体事物的规律;原木是各种器物的本源,"道"是各种具体规律的本源;原木无人工痕迹,"道"同样是原始自然而不掺入任何人工痕迹。所以老子用"朴"比喻"道"。

⑨朴散则为器:这是个比喻。把原木分割开来,可以分别做成各种各样的器具,以此来比喻"道"可以分别显现为各种具体事物的"德"。

⑩用之:顺应万物各自的本性。用,因,顺应。之,代指万物本性。官长:领导者,管理者。

⑪大制不割:最完美的治理,就是不去伤害万物的本性。大,伟大,

完美。制,治理。割,伤害。为什么要做到"大制不割",可参见"解读二"。

【译文】

知道什么是雄强,却要安于柔雌的地位,甘愿做天下的沟谿。甘愿做天下的沟谿,高尚的品德就永远不会丧失,就能恢复到无知无欲、柔和不争的婴儿状态。

知道什么是显赫地位,却要安于低下的地位,做天下人的榜样。做天下人的榜样,高尚的品德就永远不会出差错,就能具有无穷的力量。

知道什么是荣耀,却要安于屈辱的地位,甘愿做天下的川谷。甘愿做天下的川谷,高尚品德就会永远保持圆满,就能够同大道保持一致。

大道会分散显现为万物各自的本性,圣人就顺应着万物各自的本性去进行管理。所以说最完美的治理是不去伤害万物的本性。

【解读】

一

曾国藩对"知其雄,守其雌"两句特别欣赏,把它视为自己的座右铭。我们现在一般认为曾国藩是一位儒家人物,曾国藩的确受儒家影响很大,但根据他的朋友、幕僚欧阳兆熊的看法,曾国藩在思想上"一生三变":

第一阶段:在京做官时,以程朱理学(儒家)为依归;

第二阶段:办理军务前期,崇尚法家思想,还想写一部《挺经》;

第三阶段:办理军务后期,崇尚老庄思想。

这一记载见于欧阳兆熊的《水窗春呓》卷上。欧阳兆熊是曾国藩的老乡,又是亲戚,多次为曾国藩治病,后来又在曾国藩那里担任幕僚,可以说,两人是一生的交情,因此他的记载是可信的。欧阳兆熊说,曾国藩考中进士后,直接留在北京做官,此时崇尚的是儒家思想;办理军务之后,他认为自己应该以法家思想为指导,用强硬的手段处理人际关系和各种事务,还想写一部《挺经》,以表明自己的强硬态度。在这一思想指导下行事的曾国藩处处碰壁，各种关系都没有处理好，以至于得了"不寐之疾"，也即我们现在说的失眠症。此时他的父亲去世，曾国藩回乡守丧，欧阳兆熊就推荐曹镜初为曾国藩治病，曹镜初的药方是：

　　岐黄可医身病，黄老可医心病。

"岐黄"指岐伯和黄帝，岐伯是黄帝大臣，精通医术，《黄帝内经》就是以岐伯与黄帝的对话形式写成的。"黄老"指黄帝和老子，其实黄帝不过是虚设而已，主要是指老庄。

　　曾国藩回乡守丧期间，认真研读老庄思想，守丧结束，再次出山，集十二字作为自己的座右铭，其中后六个字就是出自《道德经》本章：

　　敬胜怠，义胜欲；知其雄，守其雌。

前六字出自《大戴礼记·武王践阼》中的"敬胜怠者吉，怠胜敬者灭；义胜欲者从，欲胜义者凶"，据说是姜太公传授给周武王的丹书中的内容。曾国藩所集的十二字意思是：以认真的态度战胜自己的懈怠，用正义的原则战胜个人的欲望；我知道什么是雄强，但我要守着柔雌的原则。所以欧阳兆熊说，此次出山后，曾国藩"一以柔道行之，以至成此巨功，毫无沾沾自喜之色"（《水窗春呓》卷上）。

　　按照欧阳兆熊的说法，曾国藩以儒家思想为基础，以道家思想为归宿。

二

　　为什么说"大制不割"，不要去破坏万物的天性？《庄子·应帝王》中有一个寓言故事，可以形象地说明这个问题：

　　南海之帝为儵，北海之帝为忽，中央之帝为浑沌。儵与忽时相
　与遇于浑沌之地，浑沌待之甚善。儵与忽谋报浑沌之德，曰："人皆
　有七窍以视听食息，此独无有，尝试凿之。"日凿一窍，七日而浑沌死。

南海大帝叫儵，北海大帝叫忽，中央大帝叫浑沌。儵与忽时常相会于浑沌之处，浑沌对他们招待得很周到。儵与忽便商量如何报答浑沌的美意："人人都有眼、耳、鼻、口七个孔窍用来观看、聆听、吃饭和呼吸，唯独浑沌没有，我们试着也为他开凿七个孔窍吧！"于是他们每天就辛辛苦

苦地为浑沌开凿一个孔窍,凿了七天,七窍开凿成了,而浑沌却被开凿死了。这个故事说明,自以为是地去改变万物的天性,即使动机是好的,其结果也适得其反。

二十九章

【题解】

本章告诫君主在治理国家时，不要按照个人意愿与臆想去采取行动，更不能把国家据为己有。老子认为君主的个人意志往往违背自然法则，从而不可避免地会导致失败。本章特别强调在治国时，君主一定要清除那些脱离实际的、过分的思想行为。

将欲取天下而为之①，吾见其不得已②。天下神器③，不可为也。为者败之，执者失之④。

故物或行或随⑤，或歔或吹⑥，或强或羸⑦，或挫或隳⑧。是以圣人去甚、去奢、去泰⑨。

【注释】

①将欲取天下而为之：想要治理好天下却按照个人意志去采取行动。取，治理。《广雅·释诂》："取，为也。"河上公本四十八章注："取，治也。"为，与"无为"相对，指按照主观意愿去治理。

②不得已：达不到目的。不得，得不到自己所想得到的。已，句末语气词，表确定语气。

③神器：神圣的器物，指天下。

④执者失之：想把天下据为己有的人，一定会失去天下。执，占为己有。之，代指天下。

⑤或行或随：主观上也许是想走在别人的前面，结果可能反而会落在别人后面。或，可能，也许。行，与"随"相对，表示前行。随，落在后面。

⑥或歔（xū）或吹：本句意思是，用嘴巴呼气，主观目的是为物取暖，结果由于用力过当，反而使物变凉，使主观目的与客观效果不一致。歔，此通"嘘"。慢慢而轻轻地哈气。"嘘"的目的是为物取暖，故有"嘘寒问暖"一词。吹，速度较快地吹气。吹气能够使物变凉。

⑦羸（léi）：瘦弱，弱小。

⑧挫：此处与"隳"相对，表示减损一点儿。隳（huī）：全部毁掉。

⑨去甚、去奢、去泰：去掉过分的欲望和言行。甚、奢、泰，都是指过分的言行、欲望。老子主张"去甚、去奢、去泰"的原因，就是担心过度的言行会造成"或行或随，或歔或吹，或强或羸，或挫或隳"的结果。详见"解读"。

【译文】

　　君主想要治理好天下却又按照个人意志去采取行动，我将会看到他达不到自己的目的。天下这个神圣的器物，是不可以按照个人意志去治理的。随心所欲地去治理天下的君主，一定会搞乱天下；想把天下据为己有的君主，一定会失去天下。

　　所以事情往往如此：本意也许是想走在前面，结果可能反而落在后面；本意也许是想轻轻哈气为物取暖，结果可能因为吹气太快而使物变凉；本意也许是想强壮，结果可能反而变得瘦弱；本意也许是想稍微减损一点儿，结果可能是全部毁掉了。因此圣人去掉那些极端的、过度的、过分的言行和欲望。

【解读】

关于"或行或随"四句，一般被解释为在讲事物之间的差别，如任继愈把它们译作："所以，一切事物（本来就）有的前进，有的后随；有的轻嘘，有的急吹；有的强壮，有的瘦弱；有的小挫，有的全毁。"（《老子新译》）陈鼓应的翻译与此相似："世人（秉性不一）有前行，有后随；有呴暖，有吹寒；有刚强，有羸弱；有安定，有危险。"（《老子注译及评介》）这样翻译不仅与上文无任何联系，而且与下文也脱节了，完全被孤立起来。高亨《老子正诂》的解释虽然与任继愈、陈鼓应不一样，但也认为前六句为一章，后五句为一章，互不相干。

其实本章的内在联系是相当紧密的。老子首先说明："天下神器，不可为也。"如果想按照主观愿望去有所作为，反而会把天下搞乱；想要占有天下，反而会失去天下。也就是说，客观结果往往与主观愿望相反，由此自然导出"或行或随"的一般性结论，"行"是主观愿望，"随"是客观结果。这主要是告诫人们：社会上出现事与愿违的原因，就是因为人们言行过度所造成的，因此就应该根绝那些过分的想法和欲望。

关于用力过度而事与愿违的例子，历史上很多。东汉的帝王师桓荣在奏章中讲过这样两个典故：

> 昔乐羊食子，有功见疑；西巴放麑，以罪作傅。（《后汉书·桓荣列传》）

战国时期魏国将军乐羊率兵进攻中山国，中山国就把在中山做官的乐羊的儿子烹作肉羹，并派使者送给乐羊一杯羹。乐羊为了表示自己攻占中山的决心和对魏国的忠诚，就吃了这杯羹，最终攻下中山，为魏国立了大功。然而此后魏王君臣再也不信任他了，认为乐羊"其子而食之，且谁不食"（《韩非子·说林上》）。乐羊在表达忠心时有些过度，所以这片忠心未被接受。

唐代也有一个典型例子。唐太宗与长孙皇后共生三位嫡子，依次是：太子李承乾、魏王李泰、晋王李治。李承乾因足疾及生活奢靡，担心

被废，于是就想谋杀弟弟李泰，进而效法父亲去谋划逼宫，事泄后被废
为庶人并流放黔州（今重庆彭水）。按情理，李承乾被废后，太子位自然
会落在才华出众、深受太宗宠爱的魏王李泰身上。李泰为了能够当上太
子，二十余岁的他竟然扑进唐太宗的怀里，向太宗表达孝父爱弟之情：

　　　　臣今日始得与陛下为子，更生之日也。臣唯有一子，臣百年之
　　后，当为陛下杀之，传国晋王。（《旧唐书·褚遂良列传》）

李泰对太宗说："如果我能够当上皇帝，待我死时，就杀掉我唯一的亲生
儿子，把皇位传给弟弟李治。"这种不近情理的表态引起褚遂良和唐太
宗的警觉，李泰随即便被赶出京城，以顺阳王的名义安置郧乡（在今湖
北郧阳），于三十五岁时死于郧乡。李泰为了能够当上太子，绞尽脑汁，
机关算尽，然而由于这场表演太过，结果与太子位失之交臂。

　　最后，顺便解释一下"西巴放麑，以罪作傅"这一典故。"西巴"是指
鲁国贵族孟孙的部下秦西巴。有一次，孟孙打猎，抓到了一头小鹿，让秦
西巴把这头小鹿带回去。一路上，小鹿的母亲紧紧跟随，不停地哀叫，秦
西巴实在不忍心，就放掉了小鹿，让它们母子团圆。孟孙知道秦西巴私
自放走了自己的猎物，大怒，当即赶走了秦西巴。三个月以后，孟孙又恭
恭敬敬地把秦西巴请了回来，让他当了自己儿子的师傅。别人问孟孙为
什么提拔一个有罪的人，孟孙回答说："夫不忍麑，又且忍吾子乎？"孟孙
的意思是：他连头小鹿都不忍心伤害，他会忍心伤害我的孩子吗？所以
说"乐羊以有功见疑，秦西巴以有罪益信"（《韩非子·说林上》），其主观
行为和客观效果也不相同。

三十章

【题解】

本章主要阐述反战思想。老子的反战思想与墨子的"非攻"主张十分相似,他们都反对不义的侵略战争,而对反侵略的行为采取支持态度。本章中的"大军之后,必有凶年"为千古名言,此后许多大臣都用这句话去反对君主的穷兵黩武。

以道佐人主者①,不以兵强天下②。其事好还③:师之所处④,荆棘生焉;大军之后⑤,必有凶年⑥。

善有果而已⑦,不敢以取强⑧。果而勿矜⑨,果而勿伐⑩,果而勿骄,果而不得已⑪,果而勿强。物壮则老,是谓不道⑫,不道早已⑬。

【注释】

①以道佐人主者:遵循大道去辅佐君主的人。以,按照,遵循。佐,帮助,辅佐。人主,君主。

②不以兵强天下:不依仗武力在天下称王称霸。以,凭借,依仗。兵,兵器。代指武力。强,逞强,称王称霸。

③好还：很快就会得到报应。好，甚，很。高亨《老子正诂》："好者，甚也。今俗谓'甚大'曰'好大'，'甚长'曰'好长'，……殆亦古之遗言耳。"还，还报，报应。

④师之所处：军队驻扎过的地方。这里泛指发生战争的地区。师，军队。处，驻扎。

⑤大军：大部队。这里代指大的战争。

⑥凶年：灾荒年。

⑦善有果而已：只要很好地取得胜利就罢手。果，胜利。《尔雅·释诂》："果，……胜也。"

⑧以：凭借。后省略"兵"字。取强：逞强，称王称霸。

⑨勿矜（jīn）：不要自大。矜，自大。

⑩伐：夸功。

⑪果而不得已：胜利之后还要感到自己是出于不得已才打的这次胜仗。换言之，这次胜仗是在敌人威逼下迫不得已打的。

⑫是：代指求强求壮。不道：不符合大道，不符合正确原则。

⑬早已：很快就会灭亡。已，停止。这里指灭亡。

【译文】

遵循大道去辅佐君主的人，是不会凭借武力去逞强于天下的。用兵打仗的事很快就会得到报应：战争发生过的地区，荆棘丛生；大战之后，必有一个灾荒年。

只要很好地取得胜利就罢手，不敢依仗武力称王称霸。胜利了而不自大，胜利了而不夸耀，胜利了而不骄傲，胜利之后还要感到自己是出于不得已才打的这次胜仗，胜利了而不逞强。事物强盛了就会走向衰败，求强求壮的做法是不符合大道的，不符合大道就会很快灭亡。

三十一章

【题解】

本章紧承上章，继续阐述反战主张。老子认为，战争是不祥之物，因此人们都讨厌战争，只有在迫不得已的情况下才可参与战争，而且还要带着悲哀的心情去参战。打了胜仗，不要夸耀，更不可热衷于战争。

夫唯兵者①，不祥之器，物或恶之②，故有道者不处③。

君子居则贵左④，用兵则贵右。兵者，不祥之器，非君子之器⑤，不得已而用之，恬淡为上⑥。胜而不美⑦，而美之者⑧，是乐杀人。夫乐杀人者，则不可以得志于天下矣⑨。

吉事尚左⑩，凶事尚右。偏将军居左⑪，上将军居右⑫，言以丧礼处之。杀人之众，以哀悲莅之⑬，战胜，以丧礼处之。

【注释】

①夫唯兵者：夫唯，发语词。王弼本原作"夫佳"，王念孙《读书杂志》举出许多理由认为"夫佳"是"夫唯"之误。卢文弨《抱经堂文集》认为"夫佳"未误，"佳兵"的意思是"精良的兵器"。此说也通。兵，战争。

②物或恶（wù）之：人们大概都很讨厌它。物，主要指人。或，也许，可能。恶，讨厌。

③处：处理，安排。这里引申为使用。

④居：平时。贵左：以左边为贵。古人认为左阳右阴，阳代表生，阴代表杀。所以平时以居左为贵，战争为杀人之事，所以战时以居右为贵。

⑤君子：指有道之人。

⑥恬淡为上：最好漠然处之。即不要热衷于战争。恬淡，淡漠，不热衷。

⑦美：用如动词，赞美，炫耀。

⑧而：如果。

⑨得志于天下：实现统一天下的志向。

⑩尚：崇尚，与上文"贵"同义。

⑪偏将军：副将。

⑫上将军：主将。

⑬以哀悲莅（lì）之：要带着悲痛的心情参加战争。莅，到，参加。王弼本原作"泣"，罗运贤《老子余义》："'泣'当为'莅'讹。"

【译文】

战争，是一种不吉祥的东西，人们大概都很讨厌它，所以掌握大道的人不去使用它。

君子平时以左边为高贵，作战时却以右边为高贵。战争，是不吉祥的东西，不是君子应该使用的，迫不得已时才使用它，最好漠然处之。即使战胜了也不应该赞美胜利，如果赞美战争的胜利，这就是以杀人为快乐。以杀人为快乐的人，不可能实现统一天下的志向。

吉庆之事以左边为高贵，凶丧之事以右边为高贵。打仗时副将居于左边，主将居于右边，这是说要用办理丧事的礼节去处理战争的事情。战争杀人众多，要带着悲哀的心情参与战争，战胜了，也要用办理丧事的礼节去处理它。

三十二章

本章指出没有任何人能够改变大道,只要君主按照大道办事,国家自然安定,百姓自然宾服。本章还提醒人们在发展生产、制造工具、建立各种规章制度时,应该把握好适当的度,要做到"守中",适可而止。

道常无名^①,朴虽小^②,天下莫能臣也^③。侯王若能守之^④,万物将自宾^⑤,天地相合,以降甘露^⑥,民莫之令而自均^⑦。

始制有名^⑧,名亦既有,夫亦将知止。知止可以不殆^⑨。

譬道之在天下^⑩,犹川谷之于江海^⑪。

【注释】

①道常无名:大道永远处于一种看不见、摸不着的虚无状态。无名,无可名状,虚无。大道作为规律,当然是处于一种看不见、摸不着的虚无状态。

②朴虽小:道虽然像未加工过的原木那样微不足道。朴,未加工过的木材。小,道作为规律,本无所谓大或小,这里用"小"来形容道,主要是从大道主观上不去做万物的主宰者的角度而言。详见

三十四章。

③天下莫能臣：天下没有人能够支配、改变它。莫，没有人。臣，用如动词。臣服，役使。无论任何一种规律，人们都无法改变它，所以说"天下莫能臣"。

④侯王：王公大人。泛指统治者。守之：坚守大道，遵循大道。

⑤宾：宾服，服从。

⑥天地相合，以降甘露：天之气和地之气相互交融而降下甘露。甘露，甜美的露水。这两句属于"天人感应"思想。古人认为，社会政治清明，百姓心情舒畅，就会对自然界的阴阳二气产生良好的影响，于是冷热合时，风调雨顺，并出现各种祥瑞。而甘露就属于祥瑞之一。

⑦民莫之令：即"民莫令之"，没有人指使他们。古代"民"与"人"通用。之，代指人们。

⑧始制有名：人们开始制作各种有名称的工具器物、规章制度。制，制作，这里泛指人类活动。有名，有名称的东西，泛指各种器物，也包括各种有名称的规章制度。

⑨殆（dài）：危险。

⑩譬（pì）：打比方。

⑪犹川谷之于江海：就好像川谷流向大江大海一样。这是比喻。用"川谷"比喻万物，用"江海"比喻大道，用川谷流向大海，比喻万物要服从大道。

【译文】

大道永远处于一种看不见、摸不着的虚无状态，它好像未加工过的原木一样，虽然微不足道，但是天下没有人能够改变它。王侯如果能够遵循大道，万物将会自然而然地宾服于他，天之气和地之气就会相互交融，降下甘露一类的美好事物，没有人指使人们该如何做而自然均平安定。

人们开始制作各种各样有名称的器物和制度，各种器物和制度出现以后,也应该知道适可而止。知道适可而止就能避免危险。

打个比方,大道与天下万物的关系,就好像江海与河川的关系一样。

【解读】

从"始制有名,名亦既有,夫亦将知止。知止可以不殆"这几句话可以看出,老子对待人们制造器物、建立制度这些事,是抱着"过犹不及"的态度。他并不反对人们使用某些器物,但要求人们在制作器物时要适可而止,有一个限度,不要无限制地发展下去。这个限度就是以吃饱穿暖为准,也即老子说的"圣人为腹不为目"(十二章),"甘其食,美其服"(八十章),因此农具、织机一类的东西大概不在老子的反对之列,而乐器、甲兵、车船以及文字等,老子是不赞成使用的(见八十章),因为它们不是谋衣求食的必需品。老子的"知止可以不殆"思想与全书的"物壮则老"思想是一致的。

最后一句是个比喻,它形象地说明了万物与大道的关系,万物好像小河流,大道好像大江海,万川归海,这与朱熹讲的"理一分殊"是同一个道理。既然万事万物都从属于"道",那么老子关于侯王"守之"的要求,也就是顺理成章的事了。

三十三章

本章主要讨论四个问题:一是"知人"与"自知",二是"胜人"与"自胜",三是"知足者富",四是提醒人们要遵循大道行事,只有如此,才能死而不亡,精神长存。

知人者智①,自知者明②。胜人者有力,自胜者强。知足者富③,强行者有志④。不失其所者久⑤,死而不亡者寿⑥。

【注释】

①知人者智:能够认识别人的人是聪明的。"知人"既重要又困难,因此是我们要讨论的重点,详见"解读一"。

②自知者明:能够认识自我的人更为明智。根据上下文,本句与上句有递进关系。认识别人不易,认识自我更难。关于认识自我更难的例子,见"解读二"。

③知足者富:知道满足的人才是富有的人。为什么说知足者富有,详见"解读三"。

④强行:坚持力行。指努力地按照大道做人做事。

⑤不失其所者久：不违背大道的人能够长久生存。失，丧失，引申为违背。其所，他所依赖的。根据全书的思想，人们所依赖的东西是"道"。本句的意思与十六章的"道乃久"一样。

⑥死而不亡者寿：身死而道存的人才是真正的长寿。类似今天讲的"身死而精神长存的人永垂不朽"。一说本句指到死都没有失去道的人才长寿。儒、释、道三家都追求不朽，道家发展到道教，追求的是肉体成仙；佛教追求的是死后成佛；儒家则追求"三不朽"——立德、立功、立言。

【译文】

能够认识别人的人是聪明的，能够认识自我的人则更为睿智。能够战胜别人的人是有力量的，能够战胜自我的人则更为强大。知道满足的人是富有的，遵循大道坚持力行的人是有志的。不违背大道的人就能长久生存，死而精神永存的人是真正的长寿之人。

【解读】

一

关于善于知人、用人，是一个涉及每一个人的大问题，而这个问题，对于君主尤为重要。

《荀子·大略》说："主道知人，臣道知事。故舜之治天下，不以事诏而万物成。农精于田而不可以为田师，工贾亦然。"意思是做君主的主要任务是知人用人，做大臣的主要任务是懂得如何做事。所以舜治理天下时，不去具体指示如何做事，所有事都办得很好。农民擅长种田却不可以做农官，工匠与商人也是如此。知人是一件非常重要的事情，也是一件极为困难的事情。《庄子·列御寇》说："人心险于山川，难于知天。""险"是"险峻""险阻"的意思。由于古代科技不发达，人们要想认识大山大川，要想认识上天，十分困难。但庄子认为，由于人心的隐蔽性和多变性，对人心的认识比对山川、上天的认识更为困难。后来白居易在《天可度》中阐述了同样的道理：

天可度，地可量，唯有人心不可防。但见丹诚赤如血，谁知伪言巧似簧。劝君掩鼻君莫掩，使君夫妇为参商。劝君掇蜂君莫掇，使君父子成豺狼。海底鱼兮天上鸟，高可射兮深可钓，唯有人心相对时，咫尺之间不能料。君不见：李义府之辈笑欣欣，笑中有刀潜杀人？阴阳神变皆可测，不测人间笑是瞋。

这首诗歌涉及三个历史典故：

第一个典故："劝君掩鼻君莫掩，使君夫妇为参商"讲的是楚怀王等人的故事。《战国策·楚策四》记载，魏王送给楚怀王一位美人，楚怀王非常宠爱。怀王的夫人郑袖看到丈夫爱这位美人，于是就表现得比怀王更爱美人：把最好的衣服玩器、宫室卧具等等都让给这位美人。怀王看到这种情况十分高兴，说："妇人侍奉丈夫，靠的是美色；而嫉妒，则是妇人的常情。现在郑袖知道寡人爱这位美人，结果比我更爱她，郑袖对待我，就像孝子对待父母、忠臣对待君主一样啊！"郑袖看到怀王认为自己不嫉妒了，便开始施展阴谋。她对美人说："大王很爱你的美丽，就是有点讨厌你的鼻子，以后你见大王时，最好把鼻子捂着，大王就会更爱你了。"魏美人不知是阴谋，于是每次见怀王时就把自己的鼻子捂住。次数多了，怀王感到奇怪，就问郑袖说："美人每次见寡人，总是捂住鼻子，为什么？"郑袖回答："我知道原因，但不必讲了。"怀王说："即使难听也要讲。"郑袖说："她好像是讨厌君王身上的气味。"怀王听后大怒："真是个悍妇啊！"当即命令武士把美人的鼻子给割了。没有鼻子的女子再也得不到男人的宠爱了。

第二个典故："劝君掇蜂君莫掇，使君父子成豺狼"讲的是西周宣王的重臣尹吉甫的故事。尹吉甫前妻去世，后妻为了诬陷前妻的儿子伯奇，便把一只毒蜂放在自己的衣领上，令伯奇摘掉它。尹吉甫从远处看到伯奇把手伸到后妻的脖子上，误以为伯奇在调戏后母，大怒，便把伯奇流放到远方去了。

第三个典故：李义府在唐高宗时任中书令（相当于宰相），时人评价他是:"义府貌状温恭,与人语必嬉怡微笑,而褊忌阴贼。既处权要,欲人附己,微忤意者,辄加倾陷。故时人言义府笑中有刀,又以其柔而害物,亦谓之'李猫'。"(《旧唐书·李义府列传》)李义府与人相处,表面上恭敬温柔,满面笑容,背后害人十分残酷,后被流放嶲州(今四川西昌),五十余岁时死于此地。"笑里藏刀"一词即出于此。

白居易时代,人们对天地的了解依然甚少,也可以说对当时的人来说,天不可度,地不可量,然而诗人认为,人心比天地更难猜度。白居易的"天可度,地可量,唯有人心不可防"这一结论与"人心险于山川"是一样的。

虽说是"人心险于山川",但也有不少古人认为通过某种方法,人心在某种程度上还是可知的。如庄子在"人心险于山川"的下文就提出一系列考察人的方法。由于原文难懂,我们直接翻译出来:

> 有时让他到远方办事来考察他对自己是否忠诚,有时让他在自己身边办事来考察他时间久了对自己是否恭敬,有时给他安排许多任务来考察他是否有能力,有时突然提问来考察他是否有智慧,有时交给他期限紧迫的工作来考察他是否能够守信用按时完成,有时把财产托付给他管理来考察他是否廉洁,有时把危难处境告诉他来考察他是否能够坚守节操,有时把他灌醉来考察他醉后能否坚持正确原则,有时让他与女人杂处来观察他是否好色。

庄子认为,通过这一系列的考察,一个人品质的好坏就会显露无遗。孔子也认为人心是可知的,但其考察方法不同。《论语·为政》说:

> 子曰:"视其所以,观其所由,察其所安,人焉廋哉?人焉廋哉?"

我们把这段话翻译出来就是:"孔子说:'考察一个人的行为动机,观察他为达到这一目的所使用的方法,了解他办事的最后结果。那么这个人又如何能够隐瞒自己的真实品德呢?这个人又如何能够隐瞒自己的真实品德呢?'""视其所以,观其所由,察其所安"这几句话,包含了观察一个人做事的三个阶段：行为目的的确定，为实现目的所采取的方式，最后所安于的状态（也即办事的结果）。孔子认为，通过这三个阶段的考察，一个人的好坏就能显露出来。

孟子继承了孔子的思想，也认为人心是可知的，不过他的方法不是通过观察一个人的言行，而是观察他的眸子。《孟子·离娄上》说：

存乎人者，莫良于眸子。眸子不能掩其恶。胸中正，则眸子瞭焉；胸中不正，则眸子眊焉。听其言也，观其眸子，人焉廋哉？

孟子认为，观察一个人，最好去观察他的眸子（瞳仁、眼睛）：如果他品行端正，思想高尚，其眼睛是明亮的；反之，眼睛就是浑浊的。与人交往时，一边听他的言谈，一边紧盯着他的眼睛，通过对方眸子的明亮与否，来判断这个人的品质是否高尚，用心是否端正。

《吕氏春秋·季春纪》则提出了"八观六验"的知人方法：

当一个人生活得意时，观察他尊敬什么人；

当一个人掌握大权时，观察他举荐什么人；

当一个人十分富有时，观察他赡养什么人；

当一个人侃侃而谈时，观察他的实际行为；

当一个人居家生活时，观察他的兴趣爱好；

当一个人读书学习时，观察他的谈论内容；

当一个人穷困潦倒时，观察他不接受什么；

当一个人地位低贱时，观察他不愿做什么；

有时让一个人得意洋洋，以检验他的操守如何；

有时让一个人快乐无比，以检验他的缺点毛病；

有时让一个人怒气冲天，以检验他的节制能力；

有时让一个人恐惧万分，以检验他的胆量大小；

有时让一个人忧伤悲哀，以检验他的仁爱之心；

有时让一个人受苦受难，以检验他的志向高低。

实际上，知人的方法还很多，比如观察一个人对待亲人、朋友的态度等等。除了以上所述，古人还特别强调考察人要假以时日，不可过早下结论。白居易有一首《放言》：

> 赠君一法决狐疑，不用钻龟与祝蓍。
>
> 试玉要烧三日满，辨材须待七年期。
>
> 周公恐惧流言后，王莽谦恭未篡时。
>
> 向使当初身便死，一生真伪复谁知。

意思是说，考察一个人的好坏，不用占卜问卦，最好的方法就是拉长一点考察的时间。玉石质量好坏，要烧烤三天；树木能否成材，要观察七年。周公对成王忠心耿耿，却有人放出流言，说他有篡位之心；王莽在篡夺汉朝政权之前，却被人们赞誉为谦恭仁爱的圣人。如果周公去世于流言四起之时，王莽死亡于篡汉夺权之前，那么他们品质的好坏，又有谁能够分辨得清楚呢？

用今天的话讲，考察人是一个"系统工程"。从横向讲，对人要全方位考察；从纵向讲，对人要长期考察。知人难，是从古至今公认的事情。但要想治理好一个国家和企业，我们又无法回避这一难题，只能知难而进，迎难而上，尽可能地把德才兼备的人选拔出来，重用他们，这是国家昌盛、企业兴旺的唯一途径。

二

知人不易，自知更难。齐湣王是齐宣王之子，他在位早期，齐国比较强盛，于是他四处出击，先后进攻秦、楚等国，灭掉宋国，曾称"东帝"。因其自矜骄暴，处处树敌，诸侯忍无可忍，于是燕国联合各国伐齐，攻入齐国都城临淄，齐湣王出逃，后被号称前来救援的楚将淖齿所杀。我们看他逃亡时的表现：

> 齐湣王亡居于卫，昼日步足（一本作"走"，逃跑），谓公玉丹曰："我已亡矣，而不知其故。吾所以亡者，果何故哉？我当已。"公玉丹答曰："臣以王为已知之矣，王故尚未之知邪？王之所以亡也者，以贤也。天下之王皆不肖，而恶王之贤也，因相与合兵而攻王，

此王之所以亡也。"湣王慨焉太息曰："贤固若是其苦邪？"(《吕氏春秋·审己》)

　　齐湣王亡居卫，谓公王丹曰："我何如主也？"王丹对曰："王，贤主也。臣闻古人有辞天下而无恨色者，臣闻其声，于王而见其实。王名称东帝，实辨（治理）天下。去国居卫，容貌充满，颜色发扬，无重国之意。"王曰："甚善！丹知寡人。寡人自去国居卫也，带益三副矣。"(《吕氏春秋·过理》)

文中说的"公玉丹"与"公王丹"是同一人，古代"玉"与"王"相通。齐湣王已经亡国，却不知道自己亡国的原因，虽然公玉丹是阿谀蒙蔽齐湣公，但齐湣公自己显然是缺乏自知之明，还误以为真是因为自己才华出众、贤良无比，故而引起各国君主的嫉妒，才遭此厄运。正是因为齐湣王自以为贤良，对亡国之事"问心无愧"，所以逃亡期间，心宽体胖，体重不断增加，不得不连续三次加长自己的腰带。齐湣王可以说至死也没能做到"自知"。

三

　　"满足"是人幸福的基点，然而这个基点，我们在物质世界里是找不到的，因为如果不进行适当的心理调整，人的物质欲望永远也无法得到满足。因此，这个幸福的基点，我们只能到精神世界中去寻找。老子说：

　　祸莫大于不知足，咎莫大于欲得。故知足之足，常足矣！(《道德经·四十六章》)

老子认为，最大的灾祸就是不知足，就是贪得无厌，懂得满足的"满足"，才是一种真正的满足。

　　《高士传》记载了一个知足、不知足与贫富关系的故事。汉代，蜀地成都有一位高士，名叫严君平，才高德厚，名声极大。他平时以占卜为职业，每当挣的钱够自己花销之后，就关门读书著述。家中除了一床书之外一无所有。当地有一位名叫罗冲的大富翁，对严君平很钦佩，同时也希望严君平能够通过自己的资助去取得一官半职，以便自己将来有个靠山。于是他就向严君平提出，愿意出一笔钱帮助严君平出门游仕求官。没想到严君平却说："我比你富有，怎好让钱不够用的你来资助钱用不完的我呢？"罗冲说："我家有万金，而你家没有一石粮食，却说你比我有钱，你说错了吧？"严君平说："你说的不对。我有一天留宿在你家里，夜深人静了，成都所有的人都休息了，而你们全家人还在忙忙碌碌地商量如何赚钱，这不说明了你家特别缺钱吗？我以占卜为业，不出门而钱自至，现在还剩余了数百钱，上面落满了一寸厚的尘埃，我都不知该如何花出去。这不是说明了我有余钱而你的金钱不足吗？"罗冲听后十分惭愧。这个故事说明，是贫是富，既有客观标准，也有主观标准。大富翁可能会整天受着"贫穷"的煎熬，而穷人可能会过着自感非常富有的生活。

一般说来，人的欲望不仅是与生俱来的，而且是无止境的，"欲壑难填"这个词可能适用于每一个人。《殷芸小说》记载了这样一个小故事：有几个人聚会，各自说自己的愿望：有人愿做扬州刺史，有人愿发大财，有人愿骑鹤升天成仙，"其一人曰：'腰缠十万贯，骑鹤上扬州。'欲兼三者"。明代朱载堉有一首小曲，题目叫《山坡羊·十不足》：

> 逐日奔忙只为饥，才得有食又思衣。置下绫罗身上穿，抬头又嫌房屋低。盖下高楼并大厦，床前缺少美貌妻。娇妻美妾都娶下，又虑出门没马骑。将钱买下高头马，马前马后少跟随。家人招下十数个，有钱没势被人欺。一铨铨到知县位，又说官小势位卑。一攀攀到阁老位，每日思想要登基。一日南面坐天下，又想神仙下象棋。洞宾与他把棋下，又问哪是上天梯？上天梯子未做下，阎王发牌鬼来催。若非此人大限到，上到天上还嫌低。

这首通俗易懂的小曲生动准确地揭示出一般人的共同心理状态，具有极大的警世作用。如果我们不对这种心态进行适当的调整，那么无论我们的物质生活状况如何优越，我们也都将在欲望的煎熬中度过自己的一生。

关于知足，苏东坡有一首《薄薄酒》写得极好，前有一序："胶西先生赵明叔，家贫好饮，不择酒而醉。常云薄薄酒，胜茶汤；丑丑妇，胜空房。

其言虽俚，而近乎达，故推而广之，以补东州之乐府。"诗说：

> 薄薄酒，胜茶汤；粗粗布，胜无裳；丑妻恶妾胜空房。五更待漏
> 靴满霜，不如三伏日高睡足北窗凉。珠襦玉匣万人祖送归北邙，不
> 如悬鹑百结独坐负朝阳。生前富贵，死后文章，百年瞬息万世忙。
> 夷齐盗跖俱亡羊，不如眼前一醉是非忧乐都两忘。

饮薄酒胜过喝茶汤，穿粗衣胜过无衣裳，娶丑妻胜过守空房。五更即起、
霜满朝靴、等待进朝的官员，不如在凉爽的窗下睡足睡够的普通百姓；死
后穿上缀满珠玉的衣服、躺在玉棺中被万人簇拥着送往墓地，不如穿得
破破烂烂活着在那里晒太阳。用这种心态去看问题，自然能省却许多烦
恼。明代人陈继儒《岩栖幽事》中有一首关于知足的更通俗的诗歌：

> 莫言婚嫁早，婚嫁后，事不少；莫言僧道好，僧道后，心不了。唯
> 有知足人，鼾鼾直到晓；唯有偷闲人，憨憨直到老。

可以说，古人几乎都认为知足是幸福快乐的前提，对于一个贪得无厌的
人来说，他永远会处于一种四处奔走经营的生活之中，根本没有闲暇的
时间和心情去享受生活。

三十四章

【题解】

本章又一次描述大道的特性。首先,大道无处不在;其次,大道支配着世界上万事万物,但自己却没有任何欲望;再次,大道能够做到"万物归焉而不为主",不做任何事物的主宰者。从这一角度看,大道的地位当然卑微了;但从另一角度看,又可以把它叫作"大",因为任何事物都不能违背它。

大道泛兮①,其可左右②。万物恃之而生而不辞③,功成而不名有④,衣养万物而不为主⑤,常无欲。

可名于小⑥,万物归焉而不为主;可名为大⑦,以其终不自为大,故能成其大⑧。

【注释】

①大道泛兮:大道无处不在。泛,广泛,普遍。大道作为规律,可以体现在各种事物之中,所以说"大道泛兮"。参见"解读"。

②左右:泛指各处各地。

③恃:依赖。不辞:不拒绝,不限制。

④名有：求名与占有。名，求名。有，占有。

⑤衣养：保护养育。衣，用如动词。覆盖，保护。

⑥可名于小：可以把它叫作"卑微""渺小"。因为大道从来不去做
万物的主宰者，从这一角度看，可以把它叫作"小"。

⑦可名为大：也可以把它叫作伟大。虽然大道从来不去做万物的主
宰者，但没有任何事物能够违背大道，从这一角度看，又可以把它
叫作"大"。

⑧以其终不自为大，故能成其大：这里讲的道理与第七章"天地所
以能长且久者，以其不自生，故能长生"的道理一致。自为大，自
己追求成为伟大者。为，追求。

【译文】

大道的作用是那样的广大而普遍，可以说无处不在。万物依靠它才
能生存，而它从不限制万物，大功告成也不去求名、不去占有，护养了万
物而不做万物的主宰者，永远没有什么欲望。

可以把道看作是卑微的，因为虽然万物归附于它，而它却不当万物
的主宰者；也可以把它看作是伟大的，因为它始终不追求成为伟大者，所
以才能成为伟大者。

【解读】

关于大道无处不在的道理，《庄子·知北游》有一段对话讲得更为
形象生动：

> 东郭子问于庄子曰："所谓道，恶乎在？"庄子曰："无所不在。"
> 东郭子曰："期而后可。"庄子曰："在蝼蚁。"曰："何其下邪？"曰："在
> 稊稗。"曰："何其愈下邪？"曰："在瓦甓。"曰："何其愈甚邪？"曰：
> "在屎溺。"东郭子不应。

东郭子向庄子请教说："您所说的大道，究竟存在于什么地方？"庄子说：
"大道无处不在。"东郭子说："一定要指明一个具体地方才行啊！"庄子
说："存在于蝼蛄和蚂蚁身上。"东郭子说："怎么会存在于如此卑下的地

方呢?"庄子说:"还存在于野草身上。"东郭子说:"怎么越说越卑下了呢?"庄子说:"还存在于砖瓦之中。"东郭子说:"怎么说得更卑下了呢?"庄子说:"还存在于屎尿里。"东郭子听了没再吭声。

东郭子之所以不再回应,是因为他认为庄子在拿他开心,实际上庄子是在认真地回答他的疑问。砖瓦有砖瓦的形成规律,野草有野草的成长规律,同样的道理,虫蚁、鸟兽、人类也有各自的生存规律,推而广之,上至宇宙运行,下至社会治理,也都有自己的规律,所有这些规律,老庄用一个"道"字把它们统统囊括起来,所以说大道无处不在。

本章提出的大道无处不在的观点,客观上提醒人们,只要留意,在万物中,甚至在极为卑微的物体中,都可以领略到大道。

老庄的这一思想对后世影响极为广泛,如著名书法家怀素从"夏云之奇峰"中学习草书,归终居士从自然的各种声响中懂得了天理人情,高启在泉水那里悟得大道等等。禅宗在老庄的大道无处不在这一思想基础之上,提出了一个颇富诗意的著名命题:

青青翠竹,尽是真如;郁郁黄花,无非般若。(《祖堂集》卷六)

这就是说,大自然中的一草一木、一山一水,无不体现了佛家真理。因此有不少高僧信士都曾通过观察大自然而获益匪浅,而苏东坡就是其中的一位。据《五灯会元》卷十七记载,苏东坡夜宿东林寺,于水声山色中领悟了佛法,于是第二天就写了一首偈:

溪声便是广长舌,山色岂非清净身?

夜来八万四千偈,他日如何举似人?(《赠东林总长老》)

据说佛祖的异相之一就是舌头又宽又长,善于说法。而苏东坡认为潺潺的水声就是佛祖的说法声,起伏的山峦就是佛祖的清净法身,他从中获得了许多的启示和心得,这些心得是如此之多,又是如此精妙,以至于他无法用语言表达给别人听。

三十五章

【题解】

本章指出，如果君主遵循大道，将会惠及包括君主在内的所有人，然而安逸生活往往会绊住君主寻求大道的脚步。希望过上安逸生活是人之常情，但如果处理不好，安逸的生活会成为君主学习大道、皈依大道的障碍。本章虽然是针对君主而言，但也适用于普通民众。

执大象①，天下往②，往而不害，安平太③。乐与饵，过客止④。道之出口，淡乎其无味，视之不足见⑤，听之不足闻，用之不足既⑥。

【注释】

①执大象：掌握了大道。执，掌握。大象，最大的形象，指大道。

②往：依归，归附。

③安平太：三字同义，都是太平安乐的意思。太，同"泰"，安泰。

④乐与饵(ěr)，过客止：人们本来是要归向"大象"、遵循大道的，但往往受到各种享乐生活的引诱，半途而废。乐与饵，音乐与美食。这里泛指各种生活享受。饵，糕饼。这里泛指美食。过客，过路人。这里指归往"大象"的人。"乐与饵，过客止"的实例见"解读"。

⑤不足：不能，无法。

⑥既：尽，完。大道是规律，而规律是无法用完的。一条规律，一人可用，十人可用，千万人也可用，而且用不完。用不完的东西，往往不被珍惜。

【译文】

如果君主掌握了大道，天下人都会归附于他，归附他不会有任何害处，都能过上太平安乐的好生活。然而由于贪图诸如音乐美食等各种安逸的事物，往往会使那些皈依大道的人半途而废。大道这种事物说出来，淡淡的没有任何味道，看它又看不见，听它又听不到，用它却用不完。

【解读】

关于"乐与饵，过客止"的情况，我们举晋文公重耳当君主前的事例。

由于晋献公后妻骊姬想让自己的儿子替代太子申生继承君位，使晋国发生了严重内乱，申生被迫自杀后，其弟重耳也受到连累，只得带着舅舅子犯等人流亡国外，目的是要争取各国的支持，以便自己能够回国当君主。我们看他逃亡到齐国时发生的一件事情：

> 及齐，齐桓公妻之，有马二十乘，公子安之。从者以为不可。将行，谋于桑下。蚕妾在其上，以告姜氏。姜氏杀之，而谓公子曰："子有四方之志，其闻之者，吾杀之矣。"公子曰："无之。"姜曰："行也。怀与安，实败名。"公子不可。姜与子犯谋，醉而遣之。醒，以戈逐子犯。（《左传·僖公二十三年》）

重耳流亡到齐国，本想借齐国的力量回国争位，但当他因为有了一个妻子和几十匹马的家产，就贪图安逸日子，不想离开齐国了，自然也就不再追求什么政治理想了。最后，妻子和舅舅只好合谋把他灌醉，然后放在车上，把他拉离了安乐窝。然而重耳醒后，还十分生气，拿起武器追杀舅舅。重耳后来回国继位，就是春秋五霸之一的晋文公。一个颇有作为的政治家尚且如此，更何况一般人！

三十六章

【题解】

本章提出"将欲歙之，必固张之；将欲弱之，必固强之"等一系列的斗争策略，进而提出"柔弱胜刚强"的主张，以至于"世之观此章，皆谓老子用机智"（憨山德清《老子道德经解》）。老子最后告诫人们，在使用这些策略时，既要注意特殊的客观条件，又要注意保密。

将欲歙之①，必固张之②；将欲弱之，必固强之；将欲废之，必固兴之；将欲夺之，必固与之③。是谓微明④，柔弱胜刚强⑤。

鱼不可脱于渊⑥，国之利器不可以示人⑦。

【注释】

①歙（xī）之：削弱自己的对手。歙，收缩，削弱。之，泛指自己的对手。

②必固张之：必须暂时让对手扩张开来。固，通"姑"。姑且，暂时。如把"必固"看作同义词连用，解释为"一定要"，亦通。

③必固与之：必须暂时先给对手一些好处。与，给予。关于以上手段的运用，详见"解读一"。

④微明：含而不露的聪明。微，幽暗不明。一说"微明"指先幽暗而后显明，即先处劣势而后处优势，与下文"柔弱胜刚强"的意思相似。

⑤柔弱胜刚强：以柔弱的手段战胜刚强之人。"柔弱胜刚强"是老子的重要处世原则，也是千古名言，详见"解读二"。

⑥鱼不可脱于渊：这是比喻，字面意思是说鱼不可离开水，一旦离开水，鱼必死无疑。实际是说，在使用"将欲歙之，必固张之"这些策略时，必须要有一定的客观条件，否则，这些做法势必会失败，就像鱼离开水注定要死亡一样。老子知道，如果不顾条件，一味地去加强敌人，无疑是自取灭亡，因此他用"鱼不可脱于渊"去加以强调。脱，脱离，离开。渊，深水。这里泛指水。

⑦国之利器不可以示人：本句意思是说，使用这些策略时，要注意保密，不能让对手知道，一旦天机泄露，"张之"就未必能达到"歙之"的目的。利器，优良的武器。指以上所述的策略。示人，让人看到。

【译文】

要想收缩自己的对手，必须暂时让对手扩张开来；要想削弱自己的对手，必须暂时加强自己的对手；要想废除自己的对手，必须暂时让对手振兴起来；要想夺取对手的东西，必须暂时先赠予一些东西给对手。这就叫作含而不露的聪明，也即以柔弱的手段战胜刚强之人的策略。

使用这些策略时要像鱼不可离开水那样不能脱离一定的客观条件，也像国家的优良武器一样，不能让别人知道。

【解读】

一

通过本章阐述的这些手段可以看出，老子在理论上可以混混沌沌，善恶兼容，然而一接触现实，他就不能不讲究斗争策略了。关于以上手段的实际运用，我们试举两例。

首先举例说明什么叫作"将欲废之，必固兴之"。

有人总结说，与人斗争或竞争通常有两种手段，一是棒杀，二是捧杀。所谓棒杀，就是在力量允许的情况下，一棍子将对方置于死地；在无法采取强硬措施时，就用捧杀的手段，先把对方捧得高高的，然后让他跌下摔死。所谓捧杀，就是老子说的"必固兴之"。

当然，在现实生活中，捧杀分善意的和恶意的两种。即使善意的吹捧，也难以让人招架。《风俗通义·佚文》有这么一句话：

杀君马者，路旁儿也。

害死你的马的人，是那些路边喝彩的年轻人。这个故事是这样的，有位官员，家庭富有，养的马又肥又壮，跑得也快。有一次，官员骑马在路上飞奔，路两边的人看到后，齐声喝彩。大家越喝彩，官员越得意，打着马跑得越快；跑得越快，大家就越喝彩，如此陷入"恶性循环"，结果官员把自己的马累死了。人们不仅能够把马"捧"死，还能够把人"捧"死。晋代有一位名叫卫玠的人，长得非常漂亮，从小就被人称为"玉人"，是闻名全国的美男子。有一次，卫玠到建邺（今南京，一说是南昌）去，建邺人听说"玉人"来了，都想一睹风采，结果把道路围得水泄不通，当时是阴历六月，天气很热，卫玠本来身体就比较虚弱，结果又被人围观于太阳之下，中暑生病，不久就因病去世，年仅二十七岁。时人说"看杀卫玠"（《晋书·卫瓘列传》）。

这还是善意的捧，因为马主人在心理上没有承受住人们的"捧"，自己的马被捧杀了；卫玠在身体上没有承受住人们的"捧"，人被捧杀了。如果是恶意的捧，其结果会更糟。

汉武帝时有两位大儒，一位是罢黜百家、独尊儒术的首倡者董仲舒，一位是公孙弘。公孙弘的道德、学问皆不如董仲舒，但他善于揣摩上意，位至宰相。董仲舒为人正直，就批评公孙弘阿谀奉承，投机取巧。公孙弘为此非常痛恨董仲舒。当时的胶西王刘端是汉武帝的兄长，为人狠戾，违法妄为，尤其仇视朝廷派去的相国等高级官员，总是想方设法地杀掉他们，所以被杀的高级官员非常多。在这种情况下，公孙弘就大肆赞扬董仲舒的才能,说只有他才有能力去辅佐胶西王,其实际目的是想借胶西王之手杀害董仲舒。武帝听信了公孙弘对董仲舒的"捧",就派董仲舒去胶西当相国。虽然胶西王善待了董仲舒,但董仲舒还是担心这位喜怒无常的诸侯王随时可能会加害于自己,所以很快就借口生病辞官而归,从此以著述为生,再也没有踏入仕途。公孙弘就是用"兴之"的手段把董仲舒彻底挤出仕途。

其次,我们举例说明什么叫作"将欲夺之,必固与之"。《韩非子·说林下》记载:

> 知伯将伐仇由,而道难不通。乃铸大钟遗仇由之君,仇由之君大说,除道将内之,赤章曼枝曰:"不可。此小之所以事大也,而今也大以来,卒必随之,不可内也。"仇由之君不听,遂内之。赤章曼枝因断毂而驱,至于齐七月,而仇由亡矣。

春秋时期,晋国是一个强大国家,有一段时间,知伯掌握了晋国政权。在执政期间,他特别想消灭一个诸侯国——仇由国(在今山西盂县东北)。仇由国不大,但处于深山之中,道路不通,军队无法进入。于是知伯就派使者对仇由国君说:"我想送您一口大钟,不知您是否愿意接受?"仇由国君当然十分高兴,当时大钟是国家重器,小国是没有能力铸造的。青铜钟铸成之后,个头非常大,非常重,人抬不动。于是仇由国君就动员全国百姓修一条大路,想把大钟用车拉回来,遭到大臣的反对,大臣认为自己的国家很小,但相对还比较安全,原因就在于没有大路与外界交通,如果修了大路,国家就不安全了。但是仇由国君没有听从大臣劝告,修了一条大路出去。钟是拉回来了,但知伯的军队也沿着这条大路打进来了。史书记载,从仇由国君把钟拉回来,到这个国家的灭亡,只有几个月的时间。

二

庄子认为老子处世思想的核心就是"守柔",是以柔克刚,《吕氏春秋·不二》也说:"老耽贵柔。"老耽即老子。

贵柔思想并非老子的首倡，远在商代，人们就提出"柔克"这一概念。具体到老子，他的守柔思想是来自他的老师常摐。《说苑·敬慎》记载，当常摐有病临死之前，老子去看望他：

> 常摐有疾，老子往问焉，曰："先生疾甚矣，无遗教可以语诸弟子者乎？"常摐曰："子虽不问，吾将语子。"常摐曰："过故乡而下车，子知之乎？"老子曰："过故乡而下车，非谓其不忘故耶？"常摐曰："嘻，是已。"常摐曰："过乔木而趋，子知之乎？"老子曰："过乔木而趋，非谓其敬老耶？"常摐曰："嘻，是已。"张其口而示老子曰："吾舌存乎？"老子曰："然。""吾齿存乎？"老子曰："亡。"常摐曰："子知之乎？"老子曰："夫舌之存也，岂非以其柔耶？齿之亡也，岂非以其刚耶？"常摐曰："嘻，是已。天下之事已尽矣，无以复语子哉！"

常摐年龄很大，又得了重病，快要去世了。老子去看望他，希望常摐在去世之前再教育自己一次。于是常摐就在临死之前教育了老子三件事。

第一件事：常摐问老子："我们路过故乡时，一定要下车步行，你知道这是什么道理吗？"步行路过故乡是尊敬，乘车路过是不尊敬。老子说："我懂了，路过故乡一定要下车，这是提醒我们一定要'不忘故'。""不忘故"的字面意思是不要忘记故乡，其实它的含义很丰富，比如不要忘记老熟人、老朋友，不要忘记历史等等。我们现在人讲"忘记历史，就意味着背叛"，古人早有这一思想。常摐说："你理解得对。"接着教育了老子第二件事。

第二件事：常摐问老子："我们路过外面的大树、古树时，一定要'趋'，你知道这是什么道理吗？"所谓"趋"，就是小步快走，这是古人规定的最尊重人的一种走法。老子回答说："我懂了，这是提醒我们一定要'敬老'。""敬老"的字面意思是尊重老人，实际还包括尊重旧有习俗、传统文化的含义。常摐说："你理解得对。"接着教育了老子第三件事。

第三件事：常摐把自己的嘴巴张开，让老子看，问道："你看看我的舌头还在吗？"老子说："还在，您的舌头完好无损。"常摐接着问："你再看看我的牙齿还在吗?"老子说:"您的牙齿没有了,全部掉光了。"常摐又问:"那么你知道这是什么道理吗?"老子说:"我懂了,舌头之所以完好无损,是因为它柔;牙齿之所以掉光了,是因为它太刚强。"于是道家就得出这样的结论:"柔弱胜刚强。"

《列子·黄帝》也有一段论述"守柔"的话,很有道理:

> 天下有常胜之道,有不常胜之道。常胜之道曰柔,常不胜之道曰强。二者亦知,而人未之知。故上古之言:强,先不己若者;柔,先出于己者。先不己若者,至于若己,则殆矣。先出于己者,亡所殆矣。

翻译成白话,大意为:天下有常胜的方法,有不常胜的方法。常胜的方法是柔弱,不常胜的方法是刚强。刚强,可以战胜那些力量不如自己的人;柔弱,则可以战胜那些力量超过自己的人。刚强可以战胜那些力量不如自己的人,但遇上力量同自己一样的人,那就危险了。柔弱可以战胜那些力量超过自己的人,因此就不会遇到任何危险。

我们简单地总结一下列子的思想,就是:

> 刚强:非常胜之道;柔弱:常胜之道。

列子认为,我们与别人竞争也好,斗争也好,一般有两种手段,一是刚强,一是柔弱。用刚强的手段对付对手,不是常胜之道。为什么? 用刚强的手段对付对手,就是比力量的大小,比拳头的大小。如果遇到一个力量比自己小的,拳头比自己小的,那么自己就会赢,对方就会输;如果遇到一个力量比自己大的,拳头比自己大的,那么自己就会输,对方就会赢。所以用刚强的手段对付对手,不是常胜之道。为什么说用柔弱手段对付对手是常胜之道呢? 因为用柔弱的手段,可以战胜力量比自己强大的人。

关于守柔、以柔克刚的例子,我们举刘邦的事迹。

刘邦首先率领义军进入关中,占领了秦朝都城咸阳。他为了能够在八百里秦川称王,就派兵坚守函谷关。但函谷关很快就被项羽攻破,当项羽来到鸿门后,他做的第一件事情就是下令:"旦日飨士卒,为击破沛

公军!"当时项羽军队四十万,刘邦只有十万。在此危急时刻,刘邦开始示弱,他请项羽的叔叔项伯转告项羽说:

> 吾入关,秋豪不敢有所近,籍吏民,封府库,而待将军。所以遣将守关者,备他盗之出入与非常也。日夜望将军至,岂敢反乎!愿伯具言臣之不敢倍德也。(《史记·项羽本纪》)

刘邦请求项伯转告项羽:"我进入关中之后,秋毫不敢侵占,我登记了官民名字,封存了秦朝府库,天天在盼望着您的到来,之所以派军队把守函谷关,目的是为了防备盗贼出入,是为了社会治安。我永远是忠于您的,绝对不会背叛您。"第二天,刘邦还亲自到鸿门向项羽表示忠心,从而赢得项羽的谅解。后来的结果我们知道,刘邦逐渐壮大自己的势力,最后反制项羽,逼项羽乌江自杀,统一了天下。

就是这位善于"以柔克刚"的开国皇帝,后来又被别人的"示弱"假象所欺骗。刘邦即位后的第七年,发生了一件让汉朝廷痛彻心扉的事情:

> 使人使匈奴。匈奴匿其壮士肥牛马,但见老弱及赢畜。使者十辈来,皆言匈奴可击。……遂往。至平城,匈奴果出奇兵围高帝白登,七日然后得解。(《史记·刘敬叔孙通列传》)

刘邦即位的第七年,他手下的诸侯王韩王信反叛,并且联合匈奴,共同进攻汉朝。刘邦非常生气,于是亲自率领军队反击。在他出兵之前,就派十几批使者出使匈奴,名义上是为了相互沟通,实际是去探察匈奴人的虚实。匈奴人也知道刘邦的用意,于是就把自己的精兵强将全部隐藏起来,让使者看到的都是一些老弱病残的将士,和一些瘦弱的战马,结果把使者骗住了。使者回来报告,都认为此时匈奴十分衰弱,可以与匈奴一战。刘邦信以为真,便率领军队,一直向北打到平城(今山西大同一带)。此时,匈奴的精锐军队出现了,把刘邦团团包围在大同附近的白登山上,时间长达七天七夜。当时是冬天,刘邦军队不少人的手脚都被冻坏了,失去了战斗力。最后是通过外交手段,实际就是贿赂的方法,使匈奴"解围之一角",刘邦才安全脱险。

我们看这两次"示弱"：刘邦向项羽示弱，是以"弱"示弱（刘邦是真的弱小，不得不示弱）；匈奴向刘邦示弱，是以"强"示弱（匈奴是强大的，示弱是为了诱骗）。虽然二者示弱的基础不同，但他们都达到了自己的目的，战胜了对方。

三十七章

【题解】

　　本章要求统治者做到清静无为,即使国家富强了,也要遵循大道,不可多欲多事。只有如此,百姓才能生活富裕,国家才能安定祥和。

　　道常无为而无不为①。侯王若能守之,万物将自化②。化而欲作③,吾将镇之以无名之朴④。无名之朴,夫亦将无欲,不欲以静⑤,天下将自定⑥。

【注释】

①道常无为而无不为:大道永远是清静无为的,然而却又做好了所有的事情。常,永远。无为,顺应万物而为,不掺进任何主观意志。无不为,没有什么事情做不好。

②万物:这里主要指人。自化:自我化育发展。指百姓自己能够发展生产,搞好生活。

③欲作:欲望产生了。欲,本章皆作"欲望"解。作,兴起,产生。生产发展了,生活富裕了,欲望也就自然产生了。

④镇:使安定下来。无名之朴:无形无象的道。无名,虚无,不可名

状。朴,比喻"道",详见二十八章注释。

⑤不欲以静:没有欲望而安静下来。以,而。

⑥自定:自然安定祥和。

【译文】

　　大道永远是清静无为的,然而却又成就了万事万物。王侯如果能够遵循着它,百姓将会自然而然地发展生产。生产发展繁荣之后如有欲望产生,我将用无形无象的大道使他们安定下来。无形无象的大道也不过就是没有欲望而已,如果人们没有欲望而做到了清静无为,天下将自然会太平安定。

【解读】

　　本章主要是讲国君如何治理国家。大道运行,是无目的的、无欲望的,就主观来说,大道并不想有所作为,然而客观上却成就了万物,所以说它是"无为而无不为"。老子认为,君主如果能效法大道,坚持无为政治,自然也能把国家治理好。"化而欲作"是说天下安定、国家繁荣以后,万物、主要是指包括国君在内的人,可能会产生多为的欲望,如大兴土木、发动战争等等。此时要用大道来说服他们,使他们清静下来,像大道那样永远"无为而无不为"。

　　西汉中期以前的政治情况类似老子所描述的这一过程。《汉书·食货志四上》记载:

　　　　汉兴,接秦之弊,诸侯并起,民失作业,而大饥馑。凡米石五千,人相食,死者过半。……天下既定,民亡盖臧,自天子不能具醇驷,而将相或乘牛车。……

　　　　至武帝之初七十年间,国家亡事,非遇水旱,则民人给家足,都鄙廪庾尽满,而府库余财。京师之钱累百巨万,贯朽而不可校。太仓之粟陈陈相因,充溢露积于外,腐败不可食。众庶街巷有马,仟伯之间成群,乘牸牝者摈而不得会聚。

从汉初到汉景帝刘启,一直执行无为政策,终于摆脱了"人相食,死者过半"的困境,使国家经济繁荣起来,有吃不完的粮食和花不完的金钱,确实达到了"无不为"的程度。这就是老子说的"侯王若能守之,万物将自化"。

汉武帝凭借这一国富民强的基础,欲望膨胀起来,他对外用兵,对内改制,忙忙碌碌,真可谓"化而欲作"。可惜的是,此时老子早已去世,无人去"镇之以无名之朴"。汉武帝数十年的"多为",使中国再次陷入"天下虚耗,人复相食"、户口减半、义军蜂起的混乱局面,"无不为"的大好局面被"多为"给葬送了。

武帝晚年面对破败不堪的局面,开始自我反省,认真悔过,颁布了著名的《轮台罪己诏》,"深陈既往之悔。……由是不复出军。而封丞相车千秋为富民侯,以明休息,思富养民也"(《汉书·西域传下》)。武帝再次恢复文景时期无为而治的政策,使国家逐渐安定下来。这就是老子说的"不欲以静,天下将自定"。

下篇　德经

三十八章

【题解】

本章认为"上德"之人不会去有意表现自己的美德，他们的仁爱行为也不带有任何个人功利目的，而不具备美德的人刚好与此相反。本章指出"失道而后德，失德而后仁，失仁而后义，失义而后礼"，为道、德、仁、义、礼做出了自己的价值定位。这一点，对后世影响较大。

上德不德①，是以有德；下德不失德②，是以无德。

上德无为而无以为③，下德为之而有以为④。上仁为之而无以为⑤，上义为之而有以为⑥，上礼为之而莫之应⑦，则攘臂而扔之⑧。

故失道而后德⑨，失德而后仁⑩，失仁而后义，失义而后礼。夫礼者，忠信之薄而乱之首⑪。前识者⑫，道之华而愚之始⑬。是以大丈夫处其厚⑭，不居其薄⑮；处其实⑯，不居其华⑰。故去彼取此⑱。

【注释】

①上德不德：真正崇尚美德的人并不会有意去表现自己的美德。上，用如动词，以……为上。崇尚，重视。一般把"上"解释为"最高的"，"上德"即最高尚的美德，亦通，两种解释没有本质区别。但考虑到下文的"上仁""上义""上礼"中的"上"不便解释为"最高的"，故不采用后一种解释。

②下德不失德：不重视美德的人处处要表现自己的美德。老子认为，人的美德就是顺应自然，无私无欲。而那些不重视美德的名利之徒却处处想表现出一副恬淡寡欲的样子，这种装模作样的行为本身就是与美德相矛盾的。不表现个人美德的人，才真正具有美德；刻意表现自己美德的人，正说明他已失去了美德。这与"信言不美，美言不信；善者不辩，辩者不善"（八十一章）的思想是一致的。这一观点深刻揭示出现象往往与本质不统一这一客观事实，启示人们不要被假象所迷惑。

③上德无为而无以为：真正崇尚美德的人清静无为是因为他们没有私欲需要去多为。无以，无个人功利目的。为，多为，追求。

④有以：有个人功利目的。与"无以"义相反。

⑤上仁为之而无以为：《韩非子·解老》解释说："仁者，谓其中心欣然爱人也。其喜人之有福而恶人之有祸也，生心之所不能已也，非求其报也。故曰：'上仁为之而无以为'也。"这是说，"上仁"之人施惠于人是出于爱人之心，并不是为了求人报答，不是为了某种个人目的。

⑥上义为之而有以为："上义"之人与"上仁"之人相反，他们是站在个人利益的角度去制定有利于自己的各种原则、制度，至于"上礼"之人，就更等而下之。义，人们制定的原则、规则。

⑦莫之应：即"莫应之"。没有人响应他、回应他。

⑧攘（rǎng）臂而扔之：就会卷起袖子，死拉硬拽地强人就范。攘

臂，捋起袖子，伸着胳膊。形容奋起争斗的样子。扔，牵拉，拉扯。儒家讲究"礼尚往来。往而不来，非礼也；来而不往，亦非礼也"（《礼记·曲礼上》）。重礼之人对别人行礼，如果得不到对方的回礼，便会生气，甚至要奋起拉扯对方。老子对"礼"表现出极大的反感，其原因见"解读"。

⑨失道而后德：失去了道而后才去提倡德。道是规律的总和，是规律的全部，德是具体规律，是规律的一部分，因此掌握不了整体大道的人，就只能掌握个人的美德。

⑩失德而后仁：失去美德之后才去提倡仁爱。提倡仁的人是有意地去爱人，老子认为这并不符合道与德的原则。道与德的原则是顺应自然，让万物自由发展，这是对万物最大的仁爱。

⑪忠信之薄：忠信不足。首：开端。

⑫前识：超前意识，超越时代的思想主张。比如在普遍提倡父母之命、媒妁之言的古代，却去提倡恋爱自由，显然是不明智的。《韩非子·解老》："先物行，先理动，谓之前识。前识，无缘而妄意度也。"

⑬华：同"花"。虚华，华而不实。

⑭厚：忠厚，忠信。

⑮薄：浇薄，指上文讲的"礼"。

⑯实：根据前文，指"道"。

⑰华：根据前文，指"前识"。

⑱彼：指"礼""前识"等不符合大道的言行。此：指"道"。

【译文】

真正崇尚美德的人并不去有意表现自己的美德，所以他才真正具有美德；不是真正崇尚美德的人却处处要表现自己的美德，所以他并不具有美德。

真正崇尚美德的人清静无为，是因为他们没有个人功利目的需要多为;不是真正崇尚美德的人碌碌多为,多为是为了达到个人的功利目的。真正崇尚仁的人去做好事,做好事不是为了满足个人私欲;那些非常重视义的人去制定各种规则,制定规则是为了满足个人私心;那些非常重视礼的人去推行礼仪,如果没有人响应,他就会卷起袖子,死拉硬拽地强人就范。

因此说失去了道而后才去提倡德,失去了德而后才去提倡仁,失去了仁而后才去提倡义,失去了义而后才去提倡礼。礼,是忠信不足的标志,是祸乱的开始。那些超越时代的思想主张,站在道的角度来看,属于华而不实的东西,是愚昧的开始。因此大丈夫要笃守忠信,排除虚礼;要遵循规律,不要提倡超越时代的思想主张。所以要舍弃虚礼和超越时代的思想主张,笃守大道。

【解读】

老子认为,礼制的出现是人与人之间诚信不足的标志,是私有财产出现以后,人们为调节人与人之间利害关系的产物,更是当权者维护既得利益的工具。老子为什么把"礼"看作是社会动乱的标志呢?他没有做详细的论述,对此庄子则讲得比较清楚:

> 蹍市人之足,则辞以放骜,兄则以妪,大亲则已矣。(《庄子·庚桑楚》)

踩住了陌生人的脚,赶紧赔礼道歉;踩住了兄弟的脚,只需表示一下关心即可;踩了父母的脚,什么表示都不必要。道家认为,两人关系密切,是用不上"礼"的,而讲"礼",正好是人与人关系疏远的一种标志。庄子太理想化了一点,他认为人与人之间的关系就应该像父子关系一样,既然是父子,哪里用得着繁文缛节呢?

从那以后,抛弃繁文缛节,恢复人与人之间的纯朴关系就一直成为有识之士(或称之为理想主义者)追求的目标。《五灯会元》卷六记载:

> 昔有老宿,畜一童子,并不知轨则。有一行脚僧到,乃教童子礼仪。晚间见老宿外归,遂去问讯。老宿怪讶,遂问童子曰:"阿谁教

你?"童曰:"堂中某上座。"老僧唤其僧来,问:"上座傍家行脚,是什么心行? 这童子养来二三年了,幸自可怜生,谁教上座教坏伊? 快束装起去!"黄昏雨淋淋地,被趁出。

童子从小就被收养在寺庙中,根本不懂得社会上的什么礼仪制度,一切按照自己的淳朴本性行事,深得老僧的喜爱。没想到前来暂住的一位行脚僧想讨好老僧,巴巴地教导童子学习礼仪,使他在行为上表现出对老僧的尊重。结果适得其反,童子的纯朴本性被破坏掉了,开始变作一个虚伪的人了。那位一心讨好老僧的行脚僧也被老僧在黄昏的大雨之中赶出了庙门。

司马光与苏东坡之间也发生过一件类似的事情,《古夫于亭杂录》卷二记载说:

> 温公家老苍头称公曰"君实秀才",东坡教之,始改称"端明"。人谓东坡教坏君实家仆。

司马光字君实,死后赠温国公,所以后人称之为"温公"。司马光曾为端明殿学士,之后又当了宰相,他的老仆人依旧像从前那样叫他"君实秀才",而苏东坡认为这样称呼不妥,应尊称为"端明"才对,才符合礼节。苏东坡的一番好意,却使又一个人开始失去自己的淳朴本性。五代时的赵州从谂禅师更是以"讲礼"与"不讲礼"来区分人的境界高低:

> 真定帅王公(指唐后期割据于今河北一带的王镕,当时被封为赵王)携诸子入院,师坐而问曰:"大王会么?"王曰:"不会。"师曰:"自小持斋身已老,见人无力下禅床。"王尤加礼重。翌日令客将传语,师下禅床受之。侍者曰:"和尚见大王来,不下禅床。今日军将来,为甚么却下禅床?"师曰:"非汝所知。第一等人来,禅床上接;中等人来,下禅床接;末等人来,三门外接。"(《五灯会元》卷四)

在从谂禅师看来,上等人看破了世俗的虚礼,所以同他们交往时,可以不讲究任何礼节,坐在禅床上接待他们即可。思想境界越低的人,越要对他们"讲礼",越要对他们表示"恭敬"。据宋人胡仔《苕溪渔隐丛话前集》卷五十七记载，苏东坡有一次想去金山寺游玩，便提前给金山寺的佛印了元禅师写了一封信，请他"不必出山，当学赵州上等接人"，这就是说，彼此都是思想境界高的上等人，不必讲究虚礼。谁知佛印还是出山远迎了，东坡笑问何故，佛印以偈答道：

赵州当日少谦光，不出山门见赵王。

争似金山无量相，大千都是一禅床。

佛印认为，按照禅宗的不分别和万物为一的思想，大千世界和自己的小小禅床并无二致，因此，自己虽然离开了禅床，实际上同躺在禅床上是一样的。这一辩解是异常巧妙的，使自己的行为既不失世俗社会所提倡的热情周到，又不至于落入庸俗的虚礼之中，从理论上把自然的纯朴天性和人为的礼仪十分圆融地结合在一起，连苏东坡听了以后也极力称赏。

《论语·学而》说："礼之用，和为贵。"人们制定礼制的目的是为了维护人际关系的和谐，然而在现实生活中，礼制又往往成为双刃剑，在维护和谐的同时，也会破坏和谐。我们分别举国家和家庭两个例子。

《左传·僖公二十三年》记载，当晋国公子重耳流亡曹国时，"曹共公闻其骈胁，欲观其裸。浴，薄而观之"。曹国君主曹共公听说重耳的肋骨连成一片，十分好奇，便趁着重耳洗澡的时候，凑近重耳身边观看。这是十分失礼的行为。曹国大夫僖负羁的妻子对此就忧心忡忡地说："吾观晋公子之从者，皆足以相国。若以相，夫子必反其国；反其国，必得志于诸侯；得志于诸侯，而诛无礼，曹其首也。"重耳返国当上君主之后，第一个灭掉的果然是曹国。另一个谭国也是因为失礼而亡国："齐侯之出也，过谭，谭不礼焉。及其入也，诸侯皆贺，谭又不至。冬，齐师灭谭，谭无礼也。谭子奔莒。"（《左传·庄公十年》）

我们再看礼仪对家庭的破坏。《韩诗外传》卷九记载：

孟子妻独居，踞，孟子入户视之。白其母曰："妇无礼，请去之。"母曰："何也？"曰："踞。"其母曰："何知之？"孟子曰："我亲见之。"母曰："乃汝无礼也，非妇无礼。《礼》不云乎：'将入门，问孰

存;将上堂,声必扬;将入户,视必下。'不掩人不备也。今汝往燕私
之处,入户不有声,令人踞而视之,是汝之无礼也,非妇无礼也。"于
是孟子自责,不敢去妇。

踞是指蹲坐在地上,古人认为这是一种不合礼仪的坐姿。妻子仅仅因为
坐姿不雅,竟要被孟子抛弃;只是在母亲的干预下,孟子才"不敢去妇",
而"不敢"不等于"不愿"。这一记载中,夫以礼责妻,母以礼责子,在相
互责备中,亲情不会受到损害。据《荀子·解蔽》说,孟子最终还是出
妻了:"孟子恶败而出妻,可谓能自强矣。"

　　正是从这一角度看问题,老子说"夫礼者,忠信之薄而乱之首"。当
然,我们也不能否认礼制对维护人际关系和谐的重要作用。

三十九章

【题解】

本章首先强调包括天地、神灵在内的万事万物，都必须遵循大道，否则将无法存在。接着阐述"贵"与"贱"、"高"与"下"的辩证关系，要求人们不要过高估价自我，应该安守谦卑地位。

昔之得一者①：天得一以清，地得一以宁，神得一以灵，谷得一以盈，万物得一以生，侯王得一以为天下贞②。

其致之③，天无以清④，将恐裂；地无以宁，将恐发⑤；神无以灵，将恐歇⑥；谷无以盈，将恐竭⑦；万物无以生，将恐灭；侯王无以贵高，将恐蹶⑧。

故贵以贱为本⑨，高以下为基。是以侯王自谓孤、寡、不穀⑩，此非以贱为本邪⑪？非乎？故致数舆无舆⑫。不欲琭琭如玉⑬，珞珞如石⑭。

【注释】

①得一：能够（与大道）保持一致。得，能够。一，一致。学界多把"得一"解释为"得道"，"一"就是"道"。详见"解读一"。

②贞：通"正"。首领。王念孙《读书杂志》："《尔雅》曰：'正，长也。'《广雅》曰：'正，君也。'《吕氏春秋·君守篇》：'可以为天下正。'高注：'正，主也。''为天下正'，犹《洪范》言'为天下主'耳。……王弼本'正'作'贞'，借字耳。"

③致之：放弃大道。致，送出，引申为放弃。之，代指道。

④无以：没有凭借，没有办法。

⑤发：通"废"。废弃，废掉。

⑥歇：停歇，绝灭。

⑦竭：枯竭，干涸。

⑧蹶（jué）：跌倒。引申为失败、亡国。

⑨故贵以贱为本：所以高贵者要以低贱者为根本。没有低贱的百姓，就不会有高贵的君主、贵族。这是在讲贵与贱的辩证关系。

⑩孤、寡、不穀（gǔ）：都是君主、王侯的谦称。孤，是君主谦称自己无德，从而成为孤独无助之人。寡，又称"寡人"，是"寡德之人"的简称，即缺少美德之人。不穀，不善。穀，即稻谷的"谷"。谷（穀）可以养人，因此"穀"有善、好的意思。先秦诸侯王多自称"不穀"。

⑪邪（yé）：语气词。通"耶"。

⑫致数舆无舆：要想得到很多的荣誉反而会得不到任何荣誉。致，获取。数，多。舆，通"誉"。荣誉。

⑬琭琭（lù）：美好的样子。这里形容玉的美好。

⑭珞珞（luò）：丑陋、卑贱的样子。关于这两句的解释分歧，见"解读二"。

【译文】

从前所有能够同大道保持一致的事物：天与大道保持一致，因而能够清明；地与大道保持一致，因而能够安宁；神与大道保持一致，因而能够有灵；河谷与大道保持一致，因而能够充盈；万物与大道保持一致，因而能够滋生;侯王与大道保持一致,因而能够做天下人的首领。

如果放弃了大道,天无法清明,恐怕要破裂;地无法安宁,恐怕要废掉;神无法有灵,恐怕要绝灭;河谷无法充盈,恐怕要枯竭;万物无法滋生,恐怕要灭绝;侯王无法保持高贵的地位,恐怕要亡国。

因此贵要以贱为根本,高要以下为基础。所以侯王自称孤、寡、不穀,这不正是以低贱为根本的表现吗?难道不是吗?想要获取过多的荣誉反而会失去荣誉。因此不要把自己看作是高贵的美玉,而应定位为一块丑陋的石头。

【解读】

一

关于本章的"一",绝大多数的学者都把它解释为"道",这几成定论。这样注译,上下文文从字顺,也符合老子思想。我们之所以没有采用这一解释,原因如下。

《道德经》通行本提到"一"的地方共十五处,其实可以归纳为八处,因为本章的七个"一"是一个用法,四十二章中的两个"一"是一个用法。在这八处中,"三十辐共一毂"(十一章)、"而王居其一焉"(二十五章)、"一曰慈"(六十七章)三处的"一"为数目字是毫无疑问的,那么我们再来看看其他五处的用法。

(1)"载营魄抱一"(十章):这句话的意思是要把精神和肉体合而为一,不要神不守舍,所以紧接着问"能无离乎","一"与"离"相对,意思非常明确。

(2)"故混而为一"(十四章):这是说"视之不见""听之不闻""搏之不得"三种特性混合于一体,成为一个东西。这个东西虽然指的是"道",但"一"并不是"道"的名字,正如我们讲"一个东西",它可以指某一个具体的东西,但它并不是这一具体东西的名字。

(3)"是以圣人抱一为天下式"(二十二章):在这一章中,老子先摆出"曲则全,枉则直……"这些普遍原则,紧接着说"是以圣人抱一为天下式",意思是讲圣人能够成为天下的楷模,原因就在于他能够与以上原则保持一致。接着就具体讲圣人是如何运用这一原则的,即"不自见,故明;不自是,故彰……",如果把"一"解释为"道",反而割断了全章的联系,"是以"也没有了着落。

(4)"道生一,一生二"(四十二章):这个"一"指什么,众说纷纭,或说指"道",或说指"元气",或说指"天",众家各持一说,谁也说服不了谁,这正好说明了各家都是出自臆测,并无足以驳倒对方的证据。特别是把"一"解释为"道"以后,这句话就成了"道生道",这显然不合逻辑,因此把"一"解释为"某一种事物(我们把它解释为元气)"更为合理。

(5)至于本章的"一",如解释为"道",根据上下文,确实很通顺,而各家之所以如此解释,也的确仅仅是根据上下文而已,在全书中找不到扎实的根据。因为《道德经》曾说过那个先天地而生的事物叫作"道",也叫作"大",而从没有讲过它还叫作"一",对"一"也从没有做过任何解释。总之,我们认为把"一"解释为"道"是缺乏说服力的,且与"道生一"的"一"相互矛盾。

当然,我们也不能排除这种可能:"一"为后人所误抄。因为韩非在引用这段话时,没有"一"字。他说:"天得之以高,地得之以藏,维斗得之以成其威,日月得之以恒其光……"(《韩非子·解老》)很可能"得一"原作"得之","一"为"之"之误。本章下文即作"其致之",而不作"其致一"。

如果按照一般看法,势必会把"一"解释得支离破碎。高亨说:"《老子》书中之'一',厥义有三:一曰,'一'者身也,说见十章。二曰,'一'者太极也,说见四十二章。三曰,'一'者道也。"(《老子正诂》)再加上用如数字的"一",就"厥义有四"了。全书用"一"的地方实际只有八处,就被解释为四种意思,可见这是一种随文生义、曲为求通的做法。

根据以上意见,我们不认为"一"的意思是"道",而把全书的"一"都解释为数目字或它的引申义。

关于"得一",《晋书·裴楷列传》记载了一件有趣的用"得一"化解尴尬局面的故事:

> 武帝初登阼,探策以卜世数多少,而得一,帝不悦。群臣失色,莫有言者。(裴)楷正容仪,和其声气,从容进曰:"臣闻天得一以清,地得一以宁,王侯得一以为天下贞。"武帝大悦,群臣皆称万岁。

晋武帝即位时,用拈阄的方法来预测一下自己的王朝能够存在多少代,结果竟然抓出一个"一"字。这就是说,晋朝只能存在一代。面对如此隆重的场面,这是何等令人不悦而尴尬的事啊!而裴楷不慌不忙地拈出老子"天得一以清,地得一以宁,王侯得一以为天下贞"的名言,化解了尴尬局面,使君臣皆大欢喜。

二

任继愈《老子新译》把"不欲琭琭如玉,珞珞如石"这句话译为:"不想做什么高贵的美玉,或下贱的坚石。"并解释说:"《老子》为了自保,宣扬既不要过分拔尖,也不要过分落后,认为只有这样最安全。"这显然与上文的思想不协调。老子从"贵以贱为本"的思想出发,提倡守贱、守下,并以侯王为例加以说明,认为如果一味去追求高位、美名,反而会落空。因此他告诫人们不要去追求当什么美玉,而应该当一块卑下的石头。既然"贵以贱为本",守着下贱,自然会高贵起来,也即下一章讲的"反者,道之动"。另外,最后一句马王堆帛书作"是故不欲禄禄如玉而硌硌若石",加一转折连词"而"字,意思就更清楚了。

老子告诫我们:一个人不要把自己定位于一块美好的玉石,要把自己定位于一块丑陋的顽石。我们对此还有一层理解是,如果一个人自以为是块美玉,他对生活待遇的要求就高,而且不屑于从小事做起,甚至会目中无人,结果反而害了他一生。唐末著名诗人罗隐就是其中一例:

> 黄寇事平,朝贤议欲召之。韦贻范沮之曰:"某曾与之同舟而载,虽未相识,舟人告云:'此有朝官。'罗曰:'是何朝官!我脚夹笔,亦可以敌得数辈。'必若登科通籍,吾徒为秕糠也。"由是不果

召。(《北梦琐言》卷六)

黄巢军被平息后,朝廷原打算召罗隐进京为官,结果曾任唐朝宰相的韦贻范给大臣们讲了这么一件事:"有一次我与罗隐同舟,彼此并不认识,但船工告诉他船上有朝廷大臣,罗隐回答:'什么朝廷大臣!我用脚指头夹着笔写文章,也能抵得过他们许多人!'"目中无人的结果使罗隐失去了一次施展政治抱负的机会。反之,如果一个人把自己定位低一点,那么他对生活待遇的要求就不会太高,这不仅有利于自我心理平衡,而且也能够踏踏实实从小事做起,这样就会成就他的一生。

四十章

【题解】

本章以简洁的文字阐述了老子思想中的两大原则：一是在道的支配下，万物是在向相反的方向发展；二是再次强调守柔思想。最后重温"有无相生"（二章）的辩证观，强调有"无"才有"有"，为有"弱"才有"强"这一处世观寻找理论依据。

反者，道之动^①。弱者，道之用^②。天下万物生于有^③，有生于无^④。

【注释】

①反者，道之动：向相反的方向发展，是道的运动特点。实际上道作为规律，本身无所谓动与不动。本句的实际意思是说，在大道的支配下，万物是在向相反的方向发展。万物总是由弱而变强，当发展到最强盛时，则又由强而变弱，是"大曰逝，逝曰远，远曰反"（二十五章），于是老子就得出"反者，道之动"这一结论。

②弱者，道之用：大道的作用就在于它能够提醒万物保持柔弱的状态。七十六章："故坚强者死之徒，柔弱者生之徒。"处于柔弱状态的事物才具有生命力。

③有：存在的物质。如阴阳二气、五行（金、木、水、火、土）等。

④无：虚无的空间。关于最后两句，见"解读"。

【译文】

万物在大道的支配下向相反的方向发展，大道的作用就在于它能够提醒万物保持柔弱的状态。天下万物产生于某种物质，而物质产生于空间。

【解读】

关于"有生于无"，不少学者认为这是讲"无中生有""无能生有"，也就是说，"无"是"没有"，而"有"是从"没有"中产生出来的。从绝对虚无中产生万物，是一件不可思议的事情，所以西晋的裴颜撰写《崇有论》一文，对这一观点进行批判。

更多的学者把"无"解释为"道"，因为大道看不见、摸不着，故称之为"无"。如果把"无"解释为大道，那么第二章中的"有无相生"就应该解释为"万物与大道相互产生"，这更是一种逻辑上的混乱，因此杨柳桥在他的《老子译话》中责怪老子说："既主张'天下万物生于有，有生于无'，又说'有无相生'，他的思想体系是不够周延的。"在杨柳桥先生看来，"有生于无"的"无"是指作为宇宙本体的大道，"有无相生"的"无"是"有"存在的条件，于是老子在使用"无"这个概念时就自相矛盾了。

其实《道德经》全书中的"无"，除了用于"虚无""没有"等本义外，其他指的都是空间，而"空间"正是由"虚无"引申而来。既然"有无"能够"相生"，那么现在强调其中的一面——"有生于无"，当然是可以的。这句话的意思是说，物质只有相对于空间才能存在，如果没有空间，也就无所谓什么物质。

在现实生活中，人们往往只知道物质带来的好处和作用，而不注意空间带来的好处和作用，因此在第十一章中，老子就专门强调空间的作用，认为各种器物之所以有用，原因就在于它本身存在着"有""无"两个对立面,如果全是物质,而没有空间,那么物质就失去它的作用,器物也就没用了。老子把这一观点引入政治领域,就是要提醒人们不要只注意"无不为"的好处,还要注意"无为"的好处,"无不为"是以"无为"为基础的,就像物质是以空间为基础一样。具体到本章,老子强调有"无"才有"有",是为他的有"弱"才有"强"的处世观服务的。

可以说,老子如此反复强调空间的作用,其最终目的仍是想通过自然现象来为他的政治主张、处世原则寻找理论根据。

四十一章

【题解】

　　本章首先指出素质不同的人,对大道会采取不同的态度;其次指出现象与本质之间有时候看似存在矛盾,然而二者之间却有着内在的统一性;最后指出虽然大道很难被常人所理解,然而就是这个看不见、摸不着的大道,成就了万事万物。

　　上士闻道^①,勤而行之^②;中士闻道,若存若亡^③;下士闻道,大笑之^④,不笑,不足以为道。

　　故建言有之^⑤:“明道若昧^⑥,进道若退^⑦,夷道若纇^⑧,上德若谷^⑨,大白若辱^⑩,广德若不足,建德若偷^⑪,质真若渝^⑫,大方无隅^⑬,大器晚成,大音希声^⑭,大象无形^⑮。”道隐无名^⑯,夫唯道,善贷且成^⑰。

【注释】

　　①上士:素质最高的人。下文中的“中士”指素质一般的人,“下士”指素质低下的人。

　　②勤而行之:努力按照大道去做人做事。勤,积极努力。

③若存若亡（wú）：若有若无，将信将疑。亡，同"无"。意思是说，中士听说大道以后，因为一知半解，似懂非懂，所以他们对待大道的态度是将信将疑。

④大笑之：应理解为"大而笑之"。认为它大而无用、迂阔空洞而加以嘲笑。大，用如意动词，认为道大而无用、迂阔而不切实际。笑，嘲笑。这句话的意思是说，下士素质低下，无法理解大道，所以嘲笑大道。如果把"大笑之"理解为"大声地嘲笑大道"，亦通。古人把人类的知识分为两个层次——道、术。术，指各种技术，它可以为人们直接带来切实利益；道，类似于今天说的哲学原理，而哲学原理无法为人们直接带来切实利益。但古人认为，一个人不仅要有术，而且还要把术上升到道的高度去把握，这才算得上是高层次的人。

⑤建言：立言，讲话。类似今天说的"格言"。一说"建言"是书名。

⑥明道若昧：明白易懂的道理听起来好像难以理解。昧，幽暗不易看清。引申为不易理解。

⑦进道若退：鼓励人前进的道理听起来好像是在让人后退。详见"解读"。

⑧夷道若纇（lèi）：很容易做到的道理听起来好像难以施行。夷，平坦。比喻容易办到。纇，不平坦，不顺畅。引申为难以做到。

⑨谷：山谷。引申为空虚，一无所有。

⑩辱：通"黣（rǔ）"。黑垢，黑色。憨山德清《老子道德经解》："圣人纯素贞白，一尘不染，而能纳污含垢，示同庸人，故'大白若辱'。"

⑪建德若偷：能够有所建树的品德反而好像不厚道。建，建立，建树。偷，刻薄，不厚道。比如，刘邦建立大汉王朝，是中国第一位从平民登上帝位的人，然而他的许多行为看似不厚道，甚至被人们误称为"无赖皇帝"。

⑫质真若渝（yú）：品质最纯真的反而好像变化无常。本质最纯真的人，不会固执于个人成见，能够因民顺物而变。渝，变化。

⑬隅（yú）：角。

⑭希声：无声。十四章："听之不闻名曰希。"

⑮大象无形：最大的形象反而看不清它的形状。一说"大象"指大道，大道是无形无象的。

⑯道隐无名：大道无形无声。隐，无形，看不见。无名，空虚。也可理解为不可名状。

⑰贷：施恩惠，帮助。

【译文】

素质最高的人听到了大道，就会尽心尽力按照它去做人做事；素质一般的人听到了大道，若有若无，将信将疑；素质低下的人听到了大道，就会认为它大而无用、迂阔空洞而加以嘲笑，不被素质低下的人所嘲笑，大道也就不足以成为大道了。

因此格言说："明白易懂的道理听起来好像难以理解，鼓励人前进的道理听起来好像让人后退，容易做到的道理听起来好像难以施行，最崇高的品质反而好像一无所有，最洁白的颜色反而好像是黑色的，伟大的品德反而好像有许多欠缺，能够有所建树的品德反而好像不厚道，品质纯真反而好像变化无常，最大的方形看不到它的棱角，最大的器物总是最后完成，最大的声音反而无法听到，最大的形象反而看不清它的形状。"大道虽然无形无声、看不见摸不着，然而就是这个大道，善于帮助万物并且成就万物。

【解读】

我们举"进道若退"为例，以说明这一段所讲的道理。唐代末年的布袋和尚契此有一首偈语：

手捏青苗种福田，低头便见水中天。

六根清净方成稻，退步原来是向前。（《全唐诗补编》卷四十五）

此偈一语双关：第一句借插秧比喻修道求福；第二句借插秧的情景说明退一步（低头）海阔天空的道理；第三句中的"稻"与"道"谐音双关，提醒人们只有做到六根（耳、鼻、眼、口舌、身、意）清净，排除杂念，一心劳作（一心修道）才能成功；特别是最后一句，借插秧的"退而进"，形象地揭示出了普遍存在的"以退为进"的社会现象。

先秦的墨家学者田鸠就曾感叹说："之秦之道，乃之楚乎？"意思是"到秦国去见秦王的道路，原来是应该先经过楚国"。就是说，要想见秦王，应该先绕到楚国去。这件事情记载于《吕氏春秋·首时》：

> 墨者有田鸠，欲见秦惠王，留秦三年而弗得见。客有言之于楚王者，往见楚王，楚王说之，与将军之节以如秦。至，因见惠王。告人曰："之秦之道，乃之楚乎？"固有近之而远、远之而近者。

墨家学者田鸠是齐国人，想见秦王，他开始时按照常规办事，直接向西去了秦国，结果在那里整整等了三年也未能如愿。有人将他推荐给了楚王，他只好前去南方的楚国，没想到，到了楚国不久，就因为出使而见到了秦王。

以退为进、以败为胜的另一个著名例子是田完子与越人之战。《吕氏春秋·似顺》记载：

> 田成子之所以得有国至今者，有兄曰完子，仁且有勇。越人兴师诛田成子曰："奚故杀君而取国？"田成子患之。完子请率士大夫以逆越师，请必战，战请必败，败请必死。田成子曰："夫必与越战可也。战必败，败必死，寡人疑焉。"完子曰："君之有国也，百姓怨上，贤良又有死之，臣蒙耻。以完观之也，国已惧矣。今越人起师，臣与之战，战而败，贤良尽死，不死者不敢入于国。君与诸孤处于国，以臣观之，国必安矣。"完子行，田成子泣而遣之。夫死败，人之所恶也，而反以为安，岂一道哉？

田成子篡夺姜氏齐国之后，其兄田完子认识到田氏新政权的真正敌人不是在国外，而是国内的那帮子希图恢复老王朝的旧臣宿将，于是就借越国来犯的机会,率领他们打了一次大败仗,让齐国的大部分旧臣宿将死于战场,少数侥幸逃脱者也不敢回国。田完子就这样借刀杀人,铲除了田成子的潜在政敌。

社会上类似的事情还很多,所以清人钱泳在《履园丛话》卷七中说:

> 吃亏二字,能终身行之,可以受用不尽。大凡人要占些小便宜,必至大吃亏;能吃些小亏,必有大便宜也。

"吃亏"和"占便宜"是一对矛盾,但一个人可以通过吃亏而达到占便宜的目的,再一次说明了"以退为进"的正确之处。

四十二章

【题解】

　　本章首先以极为简洁的文字阐述了万物生成的过程,指出万物皆由阴阳二气构成。接着提醒人们,事情发展的结果往往出乎个人的意愿与预料,因此做事不可强悍霸道。强悍霸道者不过是为了争名夺利,结果却会使自己身败名裂。

　　道生一^①,一生二^②,二生三^③,三生万物^④。万物负阴而抱阳^⑤,冲气以为和^⑥。

　　人之所恶^⑦,唯孤、寡、不穀^⑧,而王公以为称。故物^⑨,或损之而益^⑩,或益之而损。人之所教,我亦教之^⑪:"强梁者不得其死^⑫。"吾将以为教父^⑬。

【注释】

　　①道生一:在大道的支配下,唯一的元气出现了。关于本段中的"道生一,一生二,二生三",解释分歧很大,详见"解读一"。

　　②一生二:元气一分为二,分化出阳气和阴气。一,元气。二,阴阳二气。

③二生三：由阴阳二气相互配合，生出天、地、人。三，指天、地、人。

④三生万物：天、地、人相互配合，生出万物。

⑤负阴而抱阳：包含着阴气与阳气。负，背上背着。引申为包含。抱，怀抱。引申为包含。

⑥冲气：阴阳二气相互冲荡、交融。冲，冲荡，激荡。气，阴阳二气。以为和：把阴阳二气调和起来。阴阳二气调和好了，就可以演化出万物。

⑦所恶（wù）：所讨厌的名称。

⑧孤、寡、不穀（gǔ）：都是君主的谦称。孤，是"孤独无助之人"的简称。寡，是"寡德之人"的简称，即缺少美德之人。不穀，不善。穀，即稻谷的"谷"。谷（穀）可以养人，因此"穀"有善、好的意思。

⑨物：事。这里指办事。

⑩或损之而益：本意也许是想减少它，结果反而增加了它。或，或许，可能。益，增加。

⑪人之所教，我亦教之：别人用来教导我的，我也用它去教导别人。因为"强梁者不得其死"是前人流传下来的格言，老子从中受到启发，因而也拿来再去启发别人。

⑫强梁者不得其死：强悍霸道的人不得正常死亡。强梁，强悍，霸道。死，这里指正常死亡。道、儒、释三家都反对强梁，详见"解读二"。

⑬教父：教育的重要内容。父，父亲。"父"与"子"相对，父为主，子为次。比喻主要的、重要的。或把"父"解释为"始"，"教父"即教育的最初内容。亦通。

【译文】

在大道的支配下出现了唯一的元气，由元气分解为阴阳二气，由阴阳二气生出天、地、人，天、地、人相互配合产生了万物。万物都包含着阴气和阳气两个对立面，它们通过互相激荡而得以调和。

　　人们所讨厌的名称就是孤、寡、不穀,而王公却用它们称呼自己。所以说做事情往往如此,本意也许是想减少它,结果反而增加了它;本意也许是想增加它,结果反而减少了它。别人用来教导我的,我也用它去教导别人:"强悍霸道的人不得好死。"我将把这一原则当作教育人的重要内容。

【解读】

一

　　"道生一"并不是说规律能够直接产生出万物,而是说规律是万物得以产生的前提,没有规律的规定性,事物就无法出生、发展。这与朱熹的思想是一致的。朱熹在《答黄道夫》中说:"天地之间,有理有气。理也者,形而上之道也,生物之本也;气也者,形而下之器也,生物之具也。"朱熹同样认为"理"并不能直接产生万物,必须与"气"相配合才行,因为"无是气,则是理亦无挂搭处"(《朱子语类》卷一)。朱熹的"理"虽然不能直接产生万物,但他仍说"理"是"生物之本"。老子的这一"生"字用法与朱熹的一样,所以在五十一章中,老子谈到万物产生的过程时说"道生之""物形之",这个"物"就相当于朱熹的"气"。

　　老子、朱熹所说的"生"很类似"和气生财"中的"生"。"和气"属于精神性的东西,它并不能直接产生物质性的"财",所谓"和气生财"只是说"和气"是"生财"的前提。没有"和气",固然不能"生财",但"和气"要想"生财",还必须通过物质的手段。

　　"生"用作间接产生义,在本书其他地方也有。如二章说:"圣人处无为之事,行不言之教。万物作焉而不辞,生而不有,为而不恃。"圣人显然是不能直接产生万物的,这个"生"也只是"帮助产生"的意思。

　　对于本段"道生一,一生二,二生三"的解释,分歧极大,各家意见举不胜举,因此我们不再抄列各家意见原文,只简单地摆出几种主要观点:

　　(一)"一"指元气,"二"指阴、阳二气,"三"指天、地、人。

　　(二)"一"指"道","二"指阴、阳二气,"三"指阴、阳二气与"和气"。

（三）"一"指"冲气","二"指阴、阳二气,"三"泛指众多事物。

（四）认为"一""二""三"没有特殊的意义,只是说事物由混沌的气分化为万物,代表了一个由简单到复杂的过程罢了。

我们比较认同第一种意见,结合本书第一章中讲的道理,万物生成的过程是:在天地万物形成之前,在大道的支配下,唯一的混沌之气——元气出现了,这是"道生一"。随着时间的推移,元气又一分为二,其中又清又轻的气叫作阳气,又浊又重的气叫作阴气,这是"一生二"。阳气逐渐上升,慢慢形成了天;阴气逐渐下降,慢慢形成了地;天地二气、也即阴阳二气相互冲荡交融,从而形成了人,这是"二生三"。天、地、人相互配合,生出万物来,这就是"三生万物"。

二

儒、释、道三家都反对强梁。

在孔子弟子中,子路的性格最为强梁。《论衡·率性》描写子路早年的形象时说:

世称子路无恒之庸人,未入孔门时,戴鸡佩豚,勇猛无礼,闻诵读之声,摇鸡奋豚,扬唇吻之音,聒贤圣之耳,恶至甚也。

子路,即仲由,在他未入孔门时,经常打架斗殴,他头戴公鸡状的帽子,腰佩公猪的尾巴,以示有勇。他甚至大声鼓噪,羞辱孔子,让孔子师生无法读书,简直就是一个流氓。他当了孔子弟子后,孔子曾讲过一句十分幽默的话:"自吾得由,恶言不闻于耳。"(《史记·仲尼弟子列传》)也就是说,在子路当孔子弟子之前,还有人当面说孔子坏话;自从有了子路这个弟子以后,孔子的耳根清净了,因为如果有人再敢说孔子坏话,子路就会与他拼命。子路一生以好勇闻名,所以孔子曾经毫不留情地批评他:"若由也,不得其死然。"(《论语·先进》)最后,子路果然死于卫国内乱。

佛教更是反对强梁,把能够忍辱视为成佛的前提条件之一。《大般涅槃经》卷二十七说:

雪山有草,名为忍辱,牛若食者,则出醍醐（酥乳）。

牛如果以忍辱草为食，就能产出香甜可口的醍醐；人如果具有忍辱精神，自然能够干出一番事业，甚至成圣成佛。佛教把忍辱视为僧人最可贵的品质之一，他们甚至把僧衣叫作"忍辱铠"：

> 浊劫恶世中，多有诸恐怖，恶鬼入其身，骂詈毁辱我。我等敬信佛，当著忍辱铠。（《法华经·劝持品》）

后来，人们就直接把袈裟叫作"忍辱铠"或"忍辱衣"。如梁简文帝《谢敕赉纳袈裟启》说："蒙赉郁金泥细纳袈裟一缘，忍辱之铠，安施九种。"江总《摄山栖霞寺碑》说："整忍辱之衣，入安禅之室。"

清人金埴《不下带编》卷五记载了一首关于小猪的诗歌，也涉及了反强梁的问题，写得很有意味：

> 倚栏闲看小猪儿，一个强梁把众欺。
>
> 纵使糟糠独食尽，先肥未必是便宜。

语言非常通俗，含义却非常深刻。强梁的人即使"先肥"了，也未必就是一件占便宜的事情。

四十三章

【题解】

本章用"无有入无间"这一自然现象,再次强调"无"的重要性,以此来印证自己所倡导的"不言之教""无为"等原则的正确性。

天下之至柔①,驰骋天下之至坚②,无有入无间③。吾是以知无为之有益。不言之教④,无为之益,天下希及之⑤。

【注释】

①至柔:最柔和的。一般注者认为"至柔"指水,根据下文"无有"一词,我们认为应指空间。空间的阻力比水更小,因此说是"至柔"。

②驰骋(chěng):奔驰。引申为存在。至坚:最坚硬的物体。如金属、石头之类。

③无有入无间:虚无的空间可以存在于看似没有间隙的坚固物体之中。无有,什么也没有,即空间。《庄子·知北游》:"光曜问乎无有。""光曜"指光明,"无有"指空间。无间,看似没有间隙的东西,即物体。任何看似没有间隙的坚固物体中都会存在着大小不等的空间,因此说"无有入无间"。憨山德清《老子道德经解》:

"若以有入有,即相触而有间;若以空入有,则细无不入。如虚空遍入一切有形,即纤尘芒芴,无所不入,以其虚也。"

④不言之教:不用语言的教育。详见本书第二章的"注释"及"解读"。

⑤希及之:很少能比得上这些原则。希,同"稀"。少。及,赶上,比得上。之,代指"不言之教""无为之益"。

【译文】

天下最柔和的东西,能够存在于最坚硬的东西里,虚无的空间可以存在于看似没有间隙的坚固物体之中。我从这里认识到清静无为的好处。不用语言的教育,清静无为的好处,天下很少有比得上这些原则的。

【解读】

本章又一次清楚地表明老子的政治主张是对自然规律的效法。这种效法,有些颇具合理性,但也有一些较为生硬、机械,从"无有入无间"推理出"无为之益"就显得不那么顺理成章。像这样的推理,在《老子》一书中还不少,如第七章中从天地"不自生,故能长生"这一自然现象推理出圣人"以其无私,故能成其私"的处世方法,第七十六章中从"人之生也柔弱,其死也坚强"推理出"兵强则灭"这一用兵原则。由于人类社会和自然现象有相通的一面,也有不同的一面,所以老子的这些推理有其合理的一面,也有其不太正确的一面。

四十四章

【题解】

本章提醒人们三件事情：第一，生命健康比名利更为重要；第二，对于财富不可过于吝啬，否则会造成更大损失；第三，只有懂得知足和适可而止的人，才能够平安度过自己的一生。

名与身孰亲①？身与货孰多②？得与亡孰病③？是故甚爱必大费④，多藏必厚亡。知足不辱，知止不殆⑤，可以长久。

【注释】

①名与身孰亲：美名和生命，哪个更值得亲近？孰，谁，哪个。

②身与货孰多：生命与财富，哪个更值得重视？货，财富。多，重要，重视。

③得与亡孰病：获得名利与丧失生命哪个更有害处？得，指得到名利。亡，失去。指失去生命。病，害处。以上三句都是用反问的口气，提醒人们不要为了名利而损害自己的生命与健康。人们对名利贪求的例子，见"解读一"。

④甚爱：过分吝惜。爱，吝啬。费：破费，损失。关于"甚爱必大费"的实例见"解读二"。

⑤知止不殆（dài）：知道适可而止就不会遇到危险。殆，危险。

【译文】

美名和生命哪个更值得亲近？生命和财富哪个更值得重视？获得名利与丧失生命哪个更有害处？所以说过分的吝啬反而会招致更大的破费，过多的聚财反而会招致严重的损失。知道满足，不会遭到困辱；知道适可而止，不会遇到危险，可以长久平安。

【解读】

一

王弼《老子道德经注》说："尚名好高，其身必疏；贪货无厌，其身必少。"求名、贪财就是"得"的内容，人们本想通过获得更多的名利使自己过得更舒适一些，然而往往事与愿违，名利的获得反而给自己招来灾难，使自己失去健康和生命。

自古以来，人们对名利的热情一直未减。关于古人对名利的贪求，我们各举两例。

假托名人为祖先以求得高名，是古今人们常用的一种手法。唐朝的李氏皇帝以老子李耳为先祖，宋代赵氏皇帝没有唐皇室那样幸运，找不到一位有大名大德的赵姓祖先，于是就虚构了一个神仙赵玄朗为先祖。皇帝尚且如此，更何况一般的布衣草民呢！《玉堂丛语》卷八记载了这样一件事情：

> 陈太史嗣初家居，有求见者称林逋十世孙，以诗为赞。嗣初留之坐，自入内手一编，令其人读之，则《和靖传》也，读至"终身不娶，无子"，客默然。公大笑，口占一绝以赠云："和靖先生不娶妻，如何后代有孙儿。想君别是闲花草，未必孤山梅树枝。"

林逋是宋代大隐士，品行高洁，名声极大，但一生未婚，被赞为"梅妻鹤子"，去世后被谥为"和靖先生"。然而竟然有人自称是他的十代孙。自称为名人之后，是博取名利的一个捷径，至今还有人在四处寻觅这一捷径。有些人得不到真名声，对假名声也是一往情深。《古今谈概》第三

《痴艳部》就记载了这样一件事：

> 山人某姓者，自负其才，傍无一人。途中闻乞儿化钱，声甚凄惋，问曰："如此哀求，能得几何？若叫一声太史公爷爷，当以百钱赏汝。"乞儿连唤三声，某倾囊中钱与之，一笑而去。乞儿问人："太史公是何物，值钱乃尔？"

当不上太史公爷爷，能听到别人虚叫一声也是很舒心的事情。

"名"，特别是稍大一点的"名"，并非每个人都有资格谋取，而"利"，或大或小，人人都能得到。对于利，有的人抢得到就抢，抢不到就骗，骗不到就要无赖。我们不妨举一个最为典型的例子：

> 一翁好施，天大雪，见一人避雪于门，怜而延入，暖酒与敌寒，遂留一宿。次日雪又大下，不可行，又留之。如是三日。

> 天晴，此人将别去，因向翁借刀一用。翁取刀出，持以谓翁曰："素不相识，承此厚款，无可以答，唯有杀此身以报耳。"遂欲自刃。翁惊，止之曰："如此则害我矣！"其人曰："何也？"翁曰："家中死了一个人，零碎吃官司不必说，一些无事，烧埋钱也要十二两。"其人曰："承翁好意，不好算得许多零碎，竟拿烧埋钱十二两与我去罢。"翁大怒，遂喧嚷惊动邻里，为之劝解，减其半，以六两与之。

> 临去，翁叹息曰："谁想遇此凶人！"其人曰："不说你凶，倒说我凶。"翁曰："如何是我凶处？"其人曰："即不凶，如何留得我三夜，就扣除我二两一夜？"（陈皋谟《笑倒》）

这可能只是一个笑话，但它却包含了无庸置疑的真实性，社会上的无赖用来赚钱的无赖手段不知要比这龌龊多少倍。这个无赖想讹诈一点银子，就要用刀自杀，这自然是假装的，但历史上的确有人愿意用自己的生命去换银子：

> 元祐末，宇文昌龄聘契丹，皇城使张瓒价焉。张頯龄，枢府难其行，瓒哀请。故事，死于虏庭，恩数甚渥，北房棺银装校三百两。既行，瓒饮冷食生无忌，昌龄戒之不听。既至虏境，益甚，昌龄颇患之，

禁从者无供。璪怒骂,果病喋,不纳药粥,至十许日。既而三病三
愈,复命登对。上面哂之,退语近臣者:"张璪生还,奈何诣政事堂?"
诸公大笑。(《宋人轶事汇编》卷十一)

张璪不是一个普通百姓,家里也不会太缺钱,然而他竟然愿意拿自己的
老命去换取一点抚恤金,那么金钱在他心目中的位置之高也就可想而知
了。然而出其意料的是,这位一心寻死想换取金钱的张璪虽然一路上生
冷不忌、拒绝药粥,受尽自我折磨,竟然"三病三愈",不得不又活着回来
了。张璪这次出使的唯一收获是:自己为皇上、同僚平添了一份笑料。

关于名利与个人的关系,元代道士姬志真曾写过一首《名利》诗:

　　仆马车舟历险艰,区区名利两相关。

　　细思本欲图安稳,却使身心不暂闲。

博取名利的目的本来是为了过上安稳日子,结果反而被名利闹得一刻也
不得清闲。诗中所讲的道理是值得人深思的。

二

范蠡功成身退之后,几经迁徙,最后定居于陶(在今山东定陶)。他
在那里率领全家发家致富,史称"朱公"或"陶朱公"。有一件"甚爱必
大费"的悲剧就发生在他的晚年。这一故事虽然出自正史,但其曲折、
生动之程度绝不亚于"小说家言"。《史记·越王句践世家》记载:

　　朱公居陶,生少子。少子及壮,而朱公中男杀人,囚于楚。朱公
曰:"杀人而死,职也。然吾闻千金之子不死于市。"告其少子往视
之。乃装黄金千溢,置褐器中,载以一牛车。且遣其少子,朱公长男
固请欲行,朱公不听。长男曰:"家有长子曰家督,今弟有罪,大人不
遣,乃遣少弟,是吾不肖。"欲自杀。其母为言曰:"今遣少子,未必
能生中子也,而先空亡长男,奈何?"朱公不得已而遣长子,为一封
书遗故所善庄生。曰:"至则进千金于庄生所,听其所为,慎无与争
事。"长男既行,亦自私赍数百金。

　　至楚,庄生家负郭,披藜藋到门,居甚贫。然长男发书进千金,

如其父言。庄生曰："可疾去矣，慎毋留！即弟出，勿问所以然。"长男既去，不过庄生而私留，以其私赍献遗楚国贵人用事者。

庄生虽居穷阎，然以廉直闻于国，自楚王以下皆师尊之。及朱公进金，非有意受也，欲以成事后复归之以为信耳。故金至，谓其妇曰："此朱公之金。有如病不宿诚，后复归，勿动。"而朱公长男不知其意，以为殊无短长也。

庄生间时入见楚王，言："某星宿某，此则害于楚。"楚王素信庄生，曰："今为奈何？"庄生曰："独以德为可以除之。"楚王曰："生休矣，寡人将行之。"王乃使使者封三钱之府。楚贵人惊告朱公长男曰："王且赦。"曰："何以也？"曰："每王且赦，常封三钱之府。昨暮王使使封之。"朱公长男以为赦，弟固当出也，重千金虚弃庄生，无所为也，乃复见庄生。庄生惊曰："若不去邪？"长男曰："固未也。初为事弟，弟今议自赦，故辞生去。"庄生知其意欲复得其金，曰："若自入室取金。"长男即自入室取金持去，独自欢幸。

庄生羞为儿子所卖，乃入见楚王曰："臣前言某星事，王言欲以修德报之。今臣出，道路皆言陶之富人朱公之子杀人囚楚，其家多持金钱赂王左右，故王非能恤楚国而赦，乃以朱公子故也。"楚王大怒曰："寡人虽不德耳，奈何以朱公之子故而施惠乎！"令论杀朱公子，明日遂下赦令。朱公长男竟持其弟丧归。

至，其母及邑人尽哀之，唯朱公独笑，曰："吾固知必杀其弟也。彼非不爱其弟，顾有所不能忍者也。是少与我俱，见苦，为生难，故重弃财。至如少弟者，生而见我富，乘坚驱良逐狡兔，岂知财所从来，故轻弃之，非所惜吝。前日吾所为欲遣少子，固为其能弃财故也。而长者不能，故卒以杀其弟，事之理也，无足悲者。吾日夜固以望其丧之来也。"

陶朱公成为巨富之后，其中子在楚国杀人被囚，陶朱公便派自己的少子前去营救，而长子认为自己身为老大，家中发生如此大事，本应自己出面。长子以死相求,陶朱公只好让长子前去。营救本来已经成功,却功亏一篑。陶朱公总结失败原因说:"长子不是不爱自己的弟弟,只是因为长子从小与我一起艰苦创业,知道财富来之不易,所以他在花钱方面比较吝啬。而少子不同,少子生而富贵,花钱大手大脚,根本不知道爱惜钱财。我就是看重他舍得花钱这一点,才派他前去营救。而长子做不到这一点,最终害了弟弟。"可以说,长子救弟失败是"甚爱必大费"的典型例子,因为"甚爱"钱财,结果"大费"掉了弟弟的性命。

四十五章

【题解】

本章从辩证法的角度指出"大直若屈,大巧若拙,大辩若讷"等现象与本质之间的差异,其中"大巧若拙"为千古名言。本章最后强调清静无为是修身治国的最根本原则。

大成若缺,其用不弊①。大盈若冲,其用不穷②。大直若屈③,大巧若拙④,大辩若讷⑤。躁胜寒,静胜热,清静为天下正⑥。

【注释】

①大成若缺,其用不弊:最成功的好似有所欠缺,但其作用将永远存在。用,作用。弊,破,坏掉。这里引申为消失。

②大盈若冲,其用不穷:也即第四章说的"道冲,而用之或不盈",做人做事要留有一定的余地,不求盈求满,就会从中受益。冲,空虚,一无所有。

③屈:弯曲。

④大巧若拙:最巧妙的看似笨拙。为什么说"大巧若拙"? 详见"解

读"。

⑤讷（nè）：不善言谈。

⑥"躁（zào）胜寒"几句：意思是动有动的作用，静有静的作用，但归根结底，静是根本，因为要想运动，必须先安静下来以积蓄力量，然后才能运动。躁，躁动，运动。正，长官，首领。引申为最重要的。

【译文】

最成功的好似有所欠缺，而它的作用却不会消失。最圆满的好似一无所有，而它的作用却不会穷尽。最直的好似弯曲，最巧的好似笨拙，最善辩的好似不善言谈。运动能够战胜寒冷，安静能够克服暑热，清静无为是天下最重要的原则。

【解读】

"大巧若拙"可分为两种情况，一种是"装拙"，也即假装糊涂，而这种假装出来的"拙"里却隐藏着"巧"。《论语·公冶长》记载：

> 子曰："宁武子，邦有道，则知；邦无道，则愚。其知可及也，其愚不可及也。"

宁武子是卫国大夫，他在国家政治清明时，就显得十分聪明能干；一旦国家政治混乱，他就装作糊糊涂涂。孔子感叹说："宁武子的聪明我们学得到，但他的装糊涂我们就学不到了。"唐昭宗时，奸臣朱全忠当权，有一个叫柳璨的大臣助纣为虐，想把有名望的大臣一网打尽，以便早日推翻唐朝廷，于是就把名臣司空图召到京城任职。司空图在朝堂上装作连笏都拿不住的样子，而且思维糊涂，言行粗野。柳璨认为这样一个行将就木的糊涂老人不足为虑，就准许他退休回家。后来不少朝臣被杀，而司空图因"愚"而终其天年。

第二种情况不是"装拙"，而是表现形式看似拙，但实际上却是一种大巧。《淮南子·道应训》记载九方堙相马的故事：

> 秦穆公谓伯乐曰："子之年长矣。子姓有可使求马者乎？"对

曰："……臣之子皆下材也，可告以良马，而不可告以天下之马。臣有所与供儋缠采薪者九方堙，此其于马，非臣之下也。请见之。"穆公见之，使之求马。三月而反，报曰："已得马矣，在于沙丘。"穆公曰："何马也？"对曰："牡而黄。"使人往取之，牝而骊。穆公不说。召伯乐而问之曰："败矣！子之所使求者。毛物、牝牡弗能知，又何马之能知？"伯乐喟然大息曰："一至此乎！是乃其所以千万臣而无数者也。若堙之所观者，天机也。得其精而忘其粗，在内而忘其外，见其所见而不见其所不见，视其所视而遗其所不视。若彼之所相者，乃有贵乎马者！"马至，而果千里之马。故老子曰："大直若屈，大巧若拙。"

伯乐推荐九方堙（《列子·说符》作"九方皋"）为秦穆公相马，九方堙花了三个月的时间终于找到了一匹千里马，秦穆公问是什么样的马，九方堙回答说是匹黄色的公马，结果牵回来一看，却是一匹黑色的母马。秦穆公认为伯乐所荐非人，因为九方堙连公马、母马和毛色都搞不清楚。而伯乐认为这正是九方堙的超人之处，因为九方堙相马时，只注意关键问题，而忽略次要问题；只看自己应该看的问题，而不去关心不必看的问题。从表面上看，九方堙连牝牡、黑黄都没能弄明白，可以说是"拙"到了极点，然而在这种"拙"的背后，却是超人的"巧"。后来事实证明，他找到的这匹马的确是一匹千里马。

四十六章

【题解】

在本章中,老子首先表达反对战争的态度,接着提醒人们要根除贪欲,因为引起战争的根本原因就是贪得无厌。根除了贪欲,也就消除了战争,避免了许多危险。老子把战争归因于人们对物质利益的贪求,是符合客观事实的。

天下有道,却走马以粪①;天下无道,戎马生于郊②。祸莫大于不知足,咎莫大于欲得③。故知足之足,常足矣。

【注释】

①却走马以粪:连跑得很快的马也可以拉回去种地。却,驱赶,拉回去。走马,快马。走,跑。这里指跑得很快。粪,施肥。这里泛指精耕细作。

②戎马生于郊:连怀孕的马也要上战场,以至于在战场上生出小马。本句意思是说,在无道的社会里,战争频仍,马都被拉去打仗,社会生产与人民生活都受到了极大的干扰与破坏。戎马,战马。郊,郊野。这里指战场。

③咎（jiù）：灾难。欲得：贪得无厌。关于贪得无厌造成的灾难，见"解读"。

【译文】

国家的政治措施如果符合大道，那么连跑得很快的马也可以拉回去种地；国家的政治措施如果违背了大道，那么连怀孕的母马也要用来作战，以至于在战场生子。最大的灾祸是不知满足，最大的危险是贪得无厌。因此懂得满足的这种满足，才是一种永恒的满足。

【解读】

关于贪得无厌所造成的恶果，《左传·桓公十年》记载了这么一件事：

> 虞叔有玉，虞公求旃，弗献。既而悔之，曰："周谚有之：'匹夫无罪，怀璧其罪。'吾焉用此，其以贾害也。"乃献之。又求其宝剑。叔曰："是无厌也。无厌，将及我。"遂伐虞公，故虞公出奔共池。

虞是周代诸侯国，在今山西平陆东北一带。虞公是虞国的君主，虞叔是虞公的弟弟。虞公先向虞叔索要宝玉，得手后又向虞叔索要宝剑。虞叔感到虞公如此贪得无厌，他的不断索求，总有一天会危及自己的生命，于是就起兵赶走了虞公。由于虞公的贪婪，不仅使自己兄弟反目，而且也丧失了自己的国家，为国家、自己和弟弟都带来了极大的伤害。

四十七章

【题解】

　　本章主要提醒君主为了避免受到外界事物的诱惑，尽量不要外出，而应该坐在室内静心思考治国方略，然后利用臣民的力量，做到"不行而知，不见而名，不为而成"。

　　不出户①，知天下；不窥牖②，见天道③。其出弥远④，其知弥少⑤。是以圣人不行而知，不见而名⑥，不为而成⑦。

【注释】

①户：门。双扇门叫门，单扇门叫户，这里泛指门。本句的主语是君主。为什么君主"不出户，知天下"，详见"解读"。

②不窥牖（yǒu）：不朝窗外望一眼。窥，从小孔里看。牖，窗。

③天道：自然规律。

④弥远：越远。弥，越，更加。

⑤知：知识。这里说的知识是指道家的真知，而非世俗知识。老子认为，如果一直在外奔波，就会受到外界各种事物的诱惑，使自己的欲望变得越来越多。这样一来，就会使自己越来越远离大道。

⑥名：通"明"。明白，清楚。《韩非子·解老》的引文即作"不见而明"。

⑦不为而成：这里是说圣王顺应万物本性，不去人为地干涉，而万事万物也就自然成功了。为，人为地干涉。一说，"不为而成"是指君主不用亲自动手，而是依靠臣民的力量，一切事情就都办成功了。

【译文】

不用走出门户，就能够了解天下大事；不必朝窗外看一眼，就能够知道自然运行规律。出门越远，获得的真知越少。因此圣人不必亲自去实践就能懂得，不必亲自去观察就能明白，不必亲自去做就能成功。

【解读】

老子认为君主不要出门受外界干扰，只需坐在室内静静思考，就可以认识大道，治理好天下。这与今人的认识是相悖的。今人认为，一般存在于个别之中，要想认识一般规律，必须先通过实践去认识特殊规律。具体到治国问题上，更是要注重实地调查研究，然后才能拿出正确的治国方案。

实际上，老子在具体认识过程中，他还是不自觉地、或者说不得不走着一条由个别到一般的道路。他所说的有关普遍规律（大道）的一些特点都是从自然或社会等特殊规律（德）中抽象出来的。如"反者，道之动"即来自"甚爱必大费，多藏必厚亡"（四十四章）、"兵强则灭"（七十六章）等社会现象的启示；"弱者，道之用"则来自"天下莫柔弱于水，而攻坚强者莫之能胜"（七十八章）、"人之生也柔弱，其死也坚强"（七十六章）等自然现象的启示。然而老子或有意或无意地把这一段从个别抽象出一般的过程给抽掉了。他忘记自己之所以能够登上一般规律的高楼，完全是由一级一级特殊规律的阶梯走上来的，反而认为能够直接站在一般规律上，居高临下，去认识特殊规律。老子要求君主"不出户，知天下"，无疑是抽掉楼梯而迫人上楼。但古代不少学者认同老子的这一认

识方法,他们的理解大约有三种:

(1)使用众人智慧。

文子强调,老子讲的"不出户,知天下"主要是针对君主讲的。君主不用出门,可以通过大臣来了解天下情况。《文子·下德》说:

> 夫人君者,不出户以知天下者,因物以识物,因人以知人。

《淮南子·主术训》也认同这一解释,说:

> 是故不出户而知天下,不窥牖而知天道,乘众人之智,则天下之不足有也。

君主自己不出门,他是通过别人来了解天下情况的。这种解释没有否认实地调查的重要性。

(2)以己推人。

认为圣人之所以能够"不出户,知天下",是因为圣人能够根据自己的感受而推知别人的感受。《韩诗外传》卷三说:

> 昔者不出户而知天下,不窥牖而见天道。非目能视乎千里之前,非耳能闻乎千里之外,以己之度度之也,以己之情量之也。己恶饥寒焉,则知天下之欲衣食也;己恶劳苦焉,则知天下之欲安佚也;己恶衰乏焉,则知天下之欲富足也。知此三者,圣王之所以不降席而匡天下。

圣人根据自己讨厌饥寒,就知道天下人都需要衣食;根据自己讨厌劳苦,就知道天下人都喜欢安逸;根据自己讨厌贫穷,就知道天下人都喜欢富足。这也即孔子说的"己欲立而立人,己欲达而达人"(《论语·雍也》)。

(3)排除欲望干扰以静心思考。

古人认为,考虑问题时,应该闭门静思,不可被外物勾起的欲望所扰乱。《淮南子·道应训》记载白公胜的故事:

> 白公胜虑乱,罢朝而立,倒杖策,锲上贯颐,血流至地而弗知也。郑人闻之,曰:"颐之忘,将何不忘哉!"此言精神之越于外,智

虑之荡于内，则不能漏理其形也。是故神之所用者远，则所遗者近
也。故老子曰："不出户以知天下，不窥牖以见天道。其出弥远，其
知弥少。"此之谓也。

楚国贵族白公胜一心思索如何灭掉郑国替父报仇，结果赶马杖上的马刺
把自己的下巴刺破，血流至地，他都没有感觉到。欲望充满了他的内心，
使他忘记了自身的安全。最后白公胜因楚国君臣不支持他灭郑报仇而
造反，失败后逃于山中自杀。马钰的《十六障》也说明了自身的一些欲
念是如何给自己带来灾难的：

火风地水结皮囊，眼耳鼻舌四魔王。

人我是非招业种，气财酒色斩人场。

按照佛教的说法，人的肉体是由火风地水四大结合而成，只有勘破四大，
才能获得精神的自由；人的眼耳鼻舌不停地与外界交往，从而逐步地勾
起自己的各种欲望；有了各种欲望，于是就有了人我、是非之分，从而为
后生种下各种孽障；至于逞气、争财、酗酒、好色，更是损人健康、折人寿
命的杀人场。

关于"不行而知，不见而名"，我们借用《鹤林玉露》卷一中的一段
话，可以把这个问题讲得更清楚：

人主以一身立乎巍巍之上，以一心运乎茫茫之中，不出户而知
天下，不下堂而理四海。前旒蔽明，若无见也，而无所不见；高拱穆
清，若无为也，而无所不为。

这段话与本章的旨意相似，从这里也可以看出，本章讲的主要还是君主
的领导艺术。

四十八章

【题解】

本章要求君主抛弃世俗学问,一心修习大道,做到清静无为,而清静无为的过程实际就是积蓄力量的过程,积蓄了强大的力量,做事就会成功。如果君主多为多事,不断消耗人力、物力,是无法治理好天下的。

为学日益①,为道日损②,损之又损,以至于无为。无为而无不为③。取天下常以无事④,及其有事⑤,不足以取天下。

【注释】

①为学日益:研究世俗学问,情欲一天比一天增多。为,研究。学,泛指世俗间的学问。益,增多。这里指欲望的增多。人类获取的知识越多,所想获取的物质利益也就会越多,因为获取知识的主要目的就是为了获取物质利益。

②为道日损:学习大道,情欲一天比一天减少。损,减少。

③无为而无不为:做到清静无为,就能够做成一切事情。清静无为实际上是在积蓄力量,有了强大的力量,一旦办事,就会成功。关于对"无为而无不为"的理解,见"解读"。

④取:治理。无事:清静无为,不要多事。

⑤及其有事：如果他多事。及，如果。有事，多事。

【译文】

研究世俗学问，情欲一天比一天增多；学习大道，情欲一天比一天减少，减少了再减少，最后达到清静无为的境界。清静无为反而能够做成一切事情。治理天下总是依靠清静无为，如果多为多事，就无法治理好天下。

【解读】

本章提出"无为而无不为"的命题，意思是只有做到了清静无为，才能做成一切事情。"无为"就是要求人们做事时顺应客观规律，不可掺进私心私意而去妄为、多为。比如治国，只有清静无为的君主，才能把国家治理好。

到了唐代无能子时，他又赋予这一命题新的解释，这一解释可以作为我们常人的座右铭。《无能子·答华阳子问》说：

> 夫无为者，无所不为也；有为者，有所不为也。故至实合乎知常，至公近乎无为，以其本无欲而无私也。……故圣人宜处则处，宜行则行。理安于独善，则许由、善卷不耻为匹夫；势便于兼济，则尧、舜不辞为天子。

无能子认为："只有那些能够做到清静无为的人，才能够去承担一切事务；主观上有所作为的人，有些事情就不会去做。因此只有那些具备了最真实天性的人才懂得永恒的大道，只有大公无私这种思想才接近清静无为，因为这些人本来就不存在欲望和私心。……因此圣人该隐居时就去隐居，该做官时就去做官。按照道理应该安心隐居以独善其身的时候，那么许由和善卷就不会因为自己是一个普通百姓而羞愧；根据形势应该出去当官以兼济天下的时候，那么尧和舜就不会拒绝去当天子。"无能子的意思很清楚：只有做到了清静无为，才能够去承担一切应该承担的事务（无不为）。所谓的"无为"，就是顺应外物而为。换句话说，就是根据客观情况，该干什么就去干什么，也即无能子说的"宜处则处，宜行则行"。相反，如果需要我们去干某事的时候，而我们不去干，那就是没有做到"无为"了。而"有为"的人就不同了，"有为"的人主观目的性非常明确，与主观目的无关的事情就坚决不会去做。比如以科举考试为目的的人，就不愿去务农经商；反过来，以经商赚钱为目的的人，就不愿去花工夫舞文弄墨了。

人生在世，不可能事事如意。我们想做某一个工作，但这个工作未必就需要我们；我们想做某一件事情，但这件事情未必就一定能够做成功。当我们无法改变客观环境的时候，就应该调整心态，勇敢地改变我们自己。只有具备了无能子说的"无不为"的心理准备，才能更好地融入这个社会，才能使自己具有相对平和的心态。如果一个人坚决要当一个高贵的"天子"，不给自己留下一点回旋余地，那么他不仅是在为难社会，更是在为难自己。

四十九章

【题解】

本章对君主提出了三条要求：一是君主在治国时要顺应民心，不可固执己见；二是对待民众重在教育感化，而非礼制与刑罚的强制矫正；三是反对智巧，要让天下人都变得像无知无欲的孩子一样。

圣人无常心①，以百姓心为心②。

善者，吾善之③；不善者，吾亦善之，德善④。信者，吾信之⑤；不信者，吾亦信之，德信⑥。

圣人在天下⑦，歙歙为天下浑其心⑧，百姓皆注其耳目⑨，圣人皆孩之⑩。

【注释】

①圣人无常心：圣明的君主没有固执不变的思想。常，永恒不变。圣君顺应自然，顺应客观，因时而变，因民而变，所以说"无常心"。

②以百姓心为心：把百姓的想法当作自己的想法。也即一切顺应民意。

③吾善之：我要以善意对待他。吾，泛指统治者。

④德善：得到了善。德，通"得"。意思是说，不善良的人，我也善待他，这样就会感化他，得到好的结果，使他也变成善人。

⑤信者，吾信之：诚实的人，我相信他。信，第一个"信"是诚实的意思，第二个"信"是"相信"的意思。下一句同。

⑥德信：得到了诚实。意思是把那些不诚实的人也感化为诚实的人。

⑦在：在位。即治理国家。一说是"生活在"的意思。

⑧歙歙（xī）：形容思想混沌、憨愚的样子，即下文所说的"浑其心"。另外还有多种解释：蒋锡昌《老子校诂》认为是描写"无欲之状"。高亨《老子正诂》认为"犹汲汲"，描写急急忙忙的样子。任继愈《老子新译》认为是描写"谐和的样子"。浑：混混沌沌、无知无欲的样子。

⑨注其耳目：向他们的耳目里灌注世俗知识，即多闻博见的意思。注，灌注。引申为学习、汲取。王弼本无"百姓皆注其耳目"一句，今据道藏本、帛书本补。另外，王弼本的《道德经》原文中虽然没有这一句，但王弼的注中也能证明应有该句子："言者言其所知，行者行其所能，百姓各皆注其耳目焉，吾皆孩之而已。"

⑩孩之：使他们像孩子一样。孩，使动词。

【译文】

圣人没有固执不变的思想，而是把百姓的思想当作自己的思想。

善良的人，我善待他；不善良的人，我也善待他，结果就会使他也变得善良。诚实的人，我相信他；不诚实的人，我也相信他，结果就会使他也变得诚实。

圣人治理天下的时候，要使天下人的思想都变得混沌、憨愚一些。百姓都喜欢多闻博见，而圣人要使他们都变得像无知无欲的婴儿一样。

【解读】

老子提倡不管别人是善是恶，都一视同仁，都用自己那善良、纯真的高尚品质去诚恳地对待他们、感化他们，而不必用礼制、刑罚去强行矫正，这样他们就会自然变得善良、诚实。不少思想家都很认同这一观点：

> 夫爱人者，人亦从而爱之；利人者，人亦从而利之；恶人者，人亦从而恶之；害人者，人亦从而害之。（《墨子·兼爱中》）

> 仁者爱人，有礼者敬人。爱人者人恒爱之，敬人者人恒敬之。

（《孟子·离娄下》）

种豆得豆，种瓜得瓜，爱别人的人也会得到别人的爱，施恩惠于别人的人也会得到别人的恩惠。在"善者，吾善之；不善者，吾亦善之，德善"这一方面做得比较好的是汉文帝。《史记·孝文本纪》记载：

> 南越王尉佗（原名赵佗，真定人，秦时曾任南海尉，后创建南越国）自立为武帝，然上召贵尉佗兄弟，以德报之，佗遂去帝称臣。……吴王（刘邦兄长刘仲之子刘濞）诈病不朝，就赐几杖。群臣如袁盎等称说虽切，常假借用之。群臣如张武等受赂遗金钱，觉，上乃发御府金钱赐之，以愧其心，弗下吏。专务以德化民，是以海内殷富，兴于礼义。

汉文帝对一切人施行的几乎都是以德感化的策略，而不是用刑法惩罚去强制纠正，结果人们反而能够"兴于礼义"，因此文帝在位时期，社会非常安定祥和，从而出现了历史上少有的"治世"。

投桃报李，以诚换诚，历史上不乏其例。但如果认为只要如此就能感化所有的人，也太天真了一点。农夫与蛇的故事充分说明了这一点。所以庄子提出"外物不可必，……人主莫不欲其臣之忠，而忠未必信，故伍员流于江，苌弘死于蜀……。人亲莫不欲其子之孝，而孝未必爱，故孝己忧而曾参悲。"（《庄子·外物》）如何解决这一难题，《吕氏春秋·必己》讲得非常好：

> 君子之自行也，敬人而不必见敬，爱人而不必见爱。敬爱人者，己也；见敬爱者，人也。君子必在己者，不必在人者也，必在己，无不遇矣。

君子能够把握住的是自己去敬人、爱人，无法把握的是能否得到别人相应的回报；那么君子就只管做自己能够把握得住的事情，不必考虑自己把握不住的事情。这就是冯道说的"但知行好事，莫要问前程"（《天道》）。我们很欣赏类似的两句话：只求耕耘，不问收获。因为我们坚信，只要耕耘不辍，肯定会有收获。恩将仇报的"蛇"毕竟还是极少的。

五十章

【题解】

本章认为人生在世,能够使人顺利生存的生活方式大约占了三分之一,如诚实做人、努力工作;能够使人死亡的生活方式也大约占了三分之一,如为非作歹、沉溺酒色;努力追求生存反而陷入死地的生活方式同样占了大约三分之一,如服食金丹。最后再次提醒人们只要不争,就不会受到别人的伤害。

出生入死^①,生之徒十有三^②,死之徒十有三,人之生、动之死地亦十有三^③。夫何故?以其生生之厚^④。

盖闻善摄生者^⑤,陆行不遇兕虎^⑥,入军不被甲兵^⑦。兕无所投其角^⑧,虎无所措其爪^⑨,兵无所容其刃^⑩。夫何故?以其无死地^⑪。

【注释】

① 出生入死:从出生到死亡,也即人的一生。《韩非子·解老》:"人始于生而卒于死,始之谓出,卒之谓入,故曰出生入死。"

② 生之徒十有三:能够使人顺利生存的生活方式占十分之三。徒,

通"途",道路。这里指生活方式。所谓的"生之途",如诚实做人、努力工作等。十有三,十分之三。

③人之生:一个人本来是为了追求生存。之,到……去。引申为追求。动之死地:为求生存碌碌多为反而走向了死亡。动,指求生的活动。之,走向。"人之生、动之死地"的实例见"解读"。

④生生之厚:用来保养生命的办法太过分了。第一个"生"为动词,保养。第二个"生"为名词,生命。厚,多。引申为过分。

⑤摄(shè)生:养生。摄,保养。

⑥兕(sì):动物名。雌性的犀牛。

⑦不被甲兵:不会被兵器杀害。被,受到。甲兵,战衣和兵器。这里泛指兵器。

⑧无所:没有因由,没有必要。

⑨措:放置。这里指用爪子抓人。

⑩容:容纳。这里引申为插入、刺入。

⑪死地:死亡的领域。引申为被杀死的原因。善于养生的人不会造成自身被杀的原因就是"不争"。上文说,"动之死地"的原因之一是"生生之厚",也就是欲望太多,而欲望太多,势必就要与人相争,与人相争,当然就有危险。而善于养生的人清静寡欲,陆行不与兕虎相争,兕虎当然也不与他相争;入军不与对手相争,对手当然也不与他相争。第八章说:"夫唯不争,故无尤。"第二十二章说:"夫唯不争,故天下莫能与之争。"本章就是用夸张的手法描写"无欲""不争"为人带来的好处。

【译文】

从出生到死亡的一生之中,让人生存的生活方式占了十分之三,让人死亡的生活方式占了十分之三,为了追求生存而碌碌多为、结果反而让人陷入死亡的生活方式也占了十分之三。这是为什么呢?因为他们用来保养生命的手段太过分了。

听说那些善于保护生命的人，在陆地行走不会遇到犀牛和猛虎的伤害，在战争中不会遭到兵器的伤害。因为犀牛没有必要用角去触击他，猛虎没有必要用爪子去撕抓他，兵器没有必要去刺伤他。这是为什么呢？因为他本身不存在引起死亡的原因。

【解读】

最能够说明"人之生、动之死地亦十有三，夫何故？以其生生之厚"这一道理的大概要属古人的服食金丹了。

古代不少人为了追求长生，便辛辛苦苦地去烧炼金丹，服用"仙药"，结果适得其反，中毒早死。皇甫谧是晋代的大名士，《晋书·皇甫谧列传》记载：

> 又服寒食药，违错节度，辛苦荼毒，于今七年。隆冬裸袒食冰，当暑烦闷，加以咳逆，或若温疟，或类伤寒，浮气流肿，四肢酸重。……初服寒石散，而性与之忤，每委顿不伦，尝悲恚，叩刃欲自杀，叔母谏之而止。

寒石散就是金丹的一种。皇甫谧为了健康长寿才去服用寒石散，结果中毒，使自己浑身发热，隆冬季节只能裸体饮冰，痛苦不堪，意欲自杀。

唐宋时期，服食金丹的风气依然强劲。唐朝的几位皇帝，如太宗、宪宗等都是因服金丹而死的，服食金丹的还有高宗、玄宗、武则天、武宗等。服食金丹的文人学士就更多了，以反对佛教和服食金丹著称的韩愈就是因为服用金丹而去世的。韩愈深知金丹有毒，这是他反对服丹的主要原因，但他又抵挡不住长生的诱惑，于是他就拿出文人的智慧，想出了一个"两全其美"的办法，据五代人陶穀《清异录》卷上记载，韩愈先用硫磺拌粥喂公鸡，不让它交配，养千日而食，号之为"火灵库"。硫磺是炼丹的主要原料之一，直接服用恐中毒，于是就让鸡从中做一个缓冲的中介，让鸡先吃硫磺，自己隔一天吃一只，"始亦见功，终致绝命"，还是付出了生命的代价。

五十一章

本章明确指出万物生存需要四个基本条件:道、德、物、势。既然道、德是万物生存的基础,所以万物莫不尊道贵德。道、德虽然成就了万物,但从不占有万物,更不求万物回报,这就是人们应该效法的高尚品德。

道生之①,德畜之②,物形之③,势成之④。

是以万物莫不尊道而贵德。道之尊,德之贵,夫莫之命而常自然⑤。

故道生之,德畜之,长之育之,亭之毒之⑥,养之覆之⑦。生而不有,为而不恃⑧,长而不宰⑨,是谓玄德⑩。

【注释】

①之:代指万物。本章除"道之尊,德之贵"中两个"之"字外,其他
　　所有的"之"全部代指万物。

②畜(xù):蓄养,养育。

③物形之:物质使万物得以成形。物,物质。如古人说的阴阳二气、
　　金木水火土五行等等。实际上,五行也是来自阴阳二气。换言

之,在中国哲学里,阴阳二气是比五行更为抽象的物质元素。形,使动用法。使……成形。

④势:环境。指万物生长所需的诸如土地、气候等各种环境。关于道、德、物、势四种基本条件对万物生存的具体作用,详见"解读"。

⑤莫之命:即"莫命之",没有人命令它们如此。自然:自己成为这个样子。自,代指万物。然,……的样子。

⑥亭之毒之:使万物成熟。亭、毒,都是成熟的意思。高亨《老子正诂》:"'亭之毒之',河上本作'成之熟之',古本多与河上同。亨按:'亭'当读为'成','毒'当读为'熟'。皆音同通用。"

⑦覆:覆盖,遮护。这里引申为保护。

⑧为而不恃(shì):帮助万物而从不依赖万物。即养育万物而不求万物的回报。为,帮助,养育。恃,依赖。引申为追求回报。

⑨长而不宰:成就了万物却不做万物的主宰者。长,使万物得以顺利生长。宰,主宰者。

⑩玄德:高尚的品德。玄,高深,高尚。

【译文】

道使万物得以产生,德使万物得以养育,物质使万物得以成形,环境使万物得以成长。

因此万物没有不尊崇道和重视德的。道受到尊崇,德受到重视,并没有人如此命令,而是万物本身自然而然地永远去这样做。

所以说道使万物得以产生,德使万物得以养育,道、德使万物成长发育,使万物顺利成熟,对万物加以抚养保护。道、德养育了万物却不据为己有,帮助了万物却不求它们的回报,成就了万物却不做它们的主宰者,这可以说是最高尚的品德。

【解读】

"道生之,德畜之,物形之,势成之"四句讲的是万物生存所需的四个基本条件。《道德经》认为必须首先要有规律——道,万物才能根据这些规律的安排而出现,没有规律,一切都将杂乱无章,万物就无法产生。王弼《周易略例·明象》说:"物无妄然,必由其理。"《老子道德经注》说:"道者,物之所由也。"可见"理""道"都是指规律。这就是本章说的"道生之"。

万物的产生和发展,还必须有各自的特殊规律,也即各自的本性、本能,这叫作"德",而"德"是来自"道":"德者,得也。……何以得德?由乎道也。"(《老子道德经注》)万物只有具备了各自的本性和规律——德,才能顺利成长。这就是本章说的"德畜之"。

但是只有道和德还远远不够,因为它们都属于无形无影、看不见、摸不着的东西,所以还必须有物质(如阴阳二气)才能使万物具有形体,没有这些物质,万物同样不能出现。这就是本章说的"物形之"。

势,则指某种事物所处的环境,比如禾苗,土地、阳光、雨露等对它来说就是生存环境,没有这种环境,禾苗的生长和成熟则是不可能的。对于人来说,自然环境、社会环境、家庭环境,就是他们生存所需的势。这就是本章说的"势成之"。

老子提出的万物生长所必需的几个条件——道、德、物、势,其中前三种类似朱熹讲的万物产生的条件——理、性、气。试加以比较:

朱熹《答黄道夫》说:	老子说:
人物之生,必禀此理,	道生之,
然后有性,	德畜之,
必禀此气,然后有形。	物形之。

朱熹认为人或物要想产生,必须先得到"理","理也者,形而上之道也,生物之本也"(《答黄道夫》),而老子就简单地说:"道生之。"表达得虽然简古一些,但"道""理"相同这一点还是很清楚的。朱熹认为人或物得到了"理",就形成了各自的"性",而老子的"德"也是"惟道是从"

（二十一章），所谓"德"就是各种具体事物所得到的那一份"道"。在天叫"道""理"，在己叫"德""性"，老子的"德"即朱熹的"性"。有"道"有"理"、有"德"有"性"虽然是产生万物的先决条件，但还必须有"气""物"，才能使万物具有形体，所以朱熹说："必禀此气，然后有形。"老子说："物形之。"朱熹说的"气"实质上就是老子说的"物"，只是朱熹把各种具体的物质抽象、统一为最细微的物质颗粒"气"而已。

这四句特别重要，它使我们更清楚地知道老子的"道"不能直接产生万物。万物的生成必须是"道"与"物"的结合，这样，万物才能既有各自的本性（"道"的产物），又有可视可触的形体（"物"的产物）。

关于道、德、物、势对万物生存的作用，我们再打个比方：建筑师在学校时学的是设计、材料、美术、绘图、力学等等，这是建筑的一般性的"道"；建筑具体房屋时，因为房屋有圆的、方的、高的、矮的，各不相同，建筑师就要依据学到的一般性建筑知识，为这些具体的房屋设计出具体图纸与修筑步骤，这就是各种房屋的"德"；建筑师掌握了建房的"道"和"德"，要想建成房屋，还必须有砖瓦木料等物质的东西，这就是建房的"物"；有了建房的道、德、物，还必须为房屋找一块坐落的地方，这块坐落的地方就是建房的"势"。四者缺一，房屋都不可能建成。

五十二章

【题解】

本章主要讲三个内容:第一,要求人们首先掌握大道,并依据大道去认识万事万物,回头再固守大道,这是在讲认识过程的反复性;第二,要求人们闭目塞听,不要受外界诱惑,以免在相互攀比中受尽煎熬;第三,要求人们以小见大、守柔谦退,以免遭遇灾难。

天下有始,以为天下母①。既得其母②,以知其子③。既知其子,复守其母,没身不殆④。

塞其兑,闭其门⑤,终身不勤⑥。开其兑,济其事⑦,终身不救。

见小曰明⑧,守柔曰强。用其光⑨,复归其明⑩,无遗身殃⑪,是为习常⑫。

【注释】

①天下有始,以为天下母:天下万物都有一个源始,可以把这个源始看作万物的根本。天下,指天下万物。母,根本。即大道。二十五章:"有物混成,先天地生,……可以为天下母。吾不知其名,

字之曰'道'。"

②得：得到，掌握。

③其子：指万物各自具有的特殊规律、本性，即"德"。德来自道，所以称它为道之子。

④没（mò）身：一直到死，终身。没，通"殁"。死亡。殆（dài）：危险。

⑤塞其兑（duì），闭其门：闭目塞听。兑，孔窍，指耳、目、口、鼻。门，与"兑"义同。这两句为同一个意思，即闭目塞听、无识无欲的意思。老子提出这一主张的目的是为了减少外界的诱惑，降低人们的欲望。详见"解读"。

⑥勤：辛苦，痛苦。

⑦济其事：一定要多为以求成功。济，成功。这里指碌碌多为以求成功。

⑧见小曰明：观察细微叫作明智。见小，通过细枝末节，能够看到大问题。

⑨光：光芒。比喻优点、长处。

⑩复归其明：恢复自己的明智。

⑪无遗身殃：不给自己招来灾难。遗，遗留，带来。

⑫是：代指以上行为。习常：掌握了大道。习，熟悉，掌握。常，永恒不变的真理，即大道。

【译文】

天下万事万物都有一个源始，可以把这个源始看作万物的根本。掌握了这一根本，就可以凭此来认识万事万物的各自特性。认识了万事万物的各自特性之后，再回头坚守这一根本，终生不会遇到危险。

闭目塞听、无识无欲，终身没有痛苦。博见多闻，碌碌多为以求成功，终身不可救药。

观察细微叫作明智，保持柔弱叫作强大。发挥长处，恢复明智，不给自己招来灾难，这可以说是掌握了大道。

【解读】

对于常人来讲,他的幸福或苦恼一般不是来自个人已经占有名利的多少,而是来自与他人的比较。一个人如果不能安心修习大道,总是睁大眼睛盯着别人的富贵,那么他就是自寻苦恼。《韩非子·喻老》记载:

> 子夏见曾子。曾子曰:"何肥也?"对曰:"战胜,故肥也。"曾子曰:"何谓也?"子夏曰:"吾入见先王之义则荣之,出见富贵之乐又荣之,两者战于胸中,未知胜负,故臞。今先王之义胜,故肥。"

子夏与曾子(即曾参)都是孔子的弟子。有一次,子夏遇见了曾参。曾参问:"你最近怎么长胖了?"子夏回答说:"因为打了胜仗,所以长胖了。"曾参说:"你说的是什么意思啊?"子夏说:"过去我在家里学习前代圣王的大道时心中很是羡慕,出门看到荣华富贵给人带来的快乐时心中又是很羡慕。这两种羡慕在我的胸中交战,分不出谁胜谁负,因此我身体消瘦。现在是前代圣王的大道获胜了,因而我也就长胖了。"如果子夏一直盯着别人的富贵而羡慕不已,不仅会使他一直处于羡慕、嫉妒、矛盾的泥淖里饱受精神上的折磨,也会极大地伤害他的肉体健康。

五十三章

【题解】

本章是批判锋芒最为锐利的一章。老子把那些不遵大道、胡作非为的统治者视为一群杀人越货的强盗头子，可以说是无情地揭示了残暴统治者的本来面目。

使我介然有知①，行于大道②，唯施是畏③。大道甚夷④，而民好径⑤。

朝甚除⑥，田甚芜，仓甚虚。服文彩⑦，带利剑，厌饮食⑧，财货有余，是谓盗竽⑨。非道也哉！

【注释】

①使：假使，假若。我：这里的"我"泛指人们，而不是专指个人。介然：很少的样子。介，通"芥"。"芥"是小草。这里用来形容细小、微少的样子。

②大道：大路。这里比喻大道。

③唯施（yí）是畏：即"唯畏施"。只怕走斜路。施，斜，斜路。是，助词。

④甚夷：非常平坦。夷，平。

⑤民：人。先秦时"民""人"通用。根据下文，这个"民"主要指罪恶的统治者，而非民众、百姓。径：小路，斜路。

⑥朝甚除：宫殿修建得整洁雄伟。朝，朝堂，宫殿。除，修整，治理。引申为修建得整洁雄伟。

⑦服文彩：穿着华丽的衣服。服，穿。文彩，华丽的衣服。

⑧厌饮食：吃饱喝足。厌，吃饱，饱足。

⑨盗竽（yú）：强盗头子。《韩非子·解老》："竽也者，五声之长者也，故竽先则钟瑟皆随，竽唱则诸乐皆和。"竽在古代属"五音之长"，每次演奏，一般是竽先发音，然后是其他乐器相和，所以用竽来比喻首领。王弼本原作"盗夸"，据《韩非子·解老》改。

【译文】

如果人们多少有点常识的话，就一定走大路，而只怕走斜路。大路非常平坦，而有些人偏偏喜欢走斜路。

宫殿修建得十分整洁雄伟，而农田却非常荒芜，仓库也很空虚。身上穿着华丽服装，腰里佩着锋利长剑，吃饱喝足，财富有余，这样的人就叫作强盗头子。他们的行为是不符合大道的！

【解读】

《道德经》把荒淫无道的统治者称为强盗头子，可谓是一针见血，实在是既深刻又恰当。《庄子·胠箧》说：

窃钩者诛，窃国者为诸侯，诸侯之门而仁义存焉。

偷盗小财物的人受到惩处，偷盗整个国家的人却成了帝王。当看到大大小小的窃贼和强盗入室偷盗、拦路抢劫时，我们会感到无比蔑视和愤慨；当看到帝王、特别是开国皇帝攻城略地、所向无敌的事迹时，我们会感到无限向往和敬佩。这是人们的一种普遍心理感受。但当我们看到庄子的这些话以后，我们又是什么感受呢？我们难道不会静下心来，认真反思这样一个问题：历史上除了一些被逼无奈、揭竿而起的义军之外，还有大批的开国皇帝，如王莽、曹魏的曹氏集团、晋朝的司马氏集团等等，难道不就是一群不折不扣的"强盗"吗？

　　一个小头目，领着一小群喽啰，占山为王，掠人财物，他们可以自称是"劫富济贫""替天行道"；一个大头目，领着一大群喽啰，屠城灭国，杀人无数，他们可以自诩为"奉天承运""救民水火"。这两种头目的手段和目的并没有本质的区别，都是依靠暴力的手段以达到把别人的财物（包括国土和百姓）占为己有的目的。

　　更为可恶的是，无论一般的盗贼如何自我标榜，人们大多不会相信，他们在人们心目中的地位是卑下的。而一些带有盗贼性质的开国皇帝则不同，他们不仅要窃取天下所有的财物，而且还要窃取天下所有的美名。结果，这些皇帝不仅成为天下最富有的人，而且也成为"正义"的化身，至少在他们活着的时候是如此。

　　虽然大、小两种盗贼在本质上没有什么区别，后者甚至比前者更可恶，但他们在人们心目中的地位却大不一样。这是因为后者的势力太大，大得让人晕头转向，看不清他们的本来面目；大得让人感到压抑，以至于在他们面前直不起腰来。再加上他们用各种理论进行精心地自我文饰，通过千万遍的重复把谎言打扮成"真理"。时间久了，老百姓慢慢地就真的认为他们是自己的救星，真的认为没有这些皇帝，就没有自己的今天，于是就歌颂他们，忠于他们。然而此时的这些皇帝，正率领大大小小的官员，像强盗一样对百姓敲骨吸髓，百般盘剥，然后依据官位高低进行分赃，过着比一般强盗、小偷富裕百倍、千倍的奢侈生活。

　　我们不能不佩服老庄思想的深刻和目光的敏锐，他们使我们看到了一些残暴皇帝的真相，使我们在这一问题上有一种大梦初醒的感觉。唐末有一位道家学者叫无能子，他对唐末政治局势的态度，没在自己的《无能子》一书中明确说明（生活在这样一个动荡不安、朝不保夕的社会环境之中，无能子不敢明确表态是可以理解的），但没有明确表态，不等于没有表态。《无能子·质妄》说：

　　　　天下人所共趋之而不知止者，富贵与美名尔。所谓富贵者，足于物尔。夫富贵之亢极者,大则帝王,小则公侯而已。……夫物者,人之所能为者也,自为之,反为不为者感之。乃以足物者为富贵,无物者为贫贱,于是乐富贵,耻贫贱,不得其乐者,无所不至。自古及今,醒而不悟。壮哉物之力也!

从这段文字中不难看出无能子对统治者是非常不满的。物质财富是百姓创造的,而创造财富的百姓却不能享受自己创造的财富,而不创造财富的统治者却可以享受这些财富,社会是多么的不平等啊!无能子接着说,正因为一些人得不到享受财富、美名的乐趣,于是他们就"无所不至",什么事情都能干得出来。这完全是对当时黄巢兵乱现象的一种合理解释。

无能子对统治者不满,并不意味着他就支持黄巢的行为。实际上他对黄巢一类人的行为也是不满的,因为在他看来,黄巢起兵同样是为了争夺富贵,正像他在《无能子·严陵说》中借严陵之口讲的那样:

且王莽、更始之有天下,与子(指刘秀)之有天下何异哉?同乎求为中国所尊者尔,岂忧天下者耶?

这实际就是说,无论是唐天子在位,还是黄巢称帝,都是一样,因为他们都是为一己之私利在"战争杀戮,不知纪极,尽人之性命,得己之所欲"(《无能子·严陵说》),没有一个是真正忧国忧民的人。无能子同庄子一样,深刻地认识到"兴,百姓苦;亡,百姓苦"(张养浩《山坡羊·潼关怀古》)这一历史真相。

基于这种政治态度,无能子既不像司空图、王徽、林慎思等文人那样在动乱中继续忠于朝廷,也不像皮日休、刘允章等文人那样投入黄巢的怀抱,而是游离于当时激烈的政治、军事斗争之外。因为在他看来,无论是朝廷,还是黄巢,都不过是在为争夺赃物而争斗的一群盗贼而已,都无正义可言。于是他就做了一个独善其身的人,袖手旁观去了。

当然,我们也必须承认,从客观上看,历史上还是有好皇帝的,如汉文帝等,他们的确为百姓做了不少好事,为社会进步做出过自己的贡献。

五十四章

【题解】

"善建""善抱"是本章阐述的主题,而"善建""善抱"的前提就是要具备美好品德,因此老子紧接着提出了与儒家修身、齐家、治国、平天下类似的观点,要求人们以修身为起点,把美德逐次推向整个天下。

善建者不拔①,善抱者不脱,子孙以祭祀不辍②。

修之于身③,其德乃真;修之于家,其德乃余④;修之于乡,其德乃长;修之于国⑤,其德乃丰;修之于天下,其德乃普。

故以身观身⑥,以家观家,以乡观乡,以国观国,以天下观天下。吾何以知天下然哉⑦? 以此⑧。

【注释】

①善建者不拔:善于建立某种事物,别人是无法把它拔掉的。比喻善于建功立业者,其功业永远不会消失。如何叫作"善建",可见"解读一"。

②子孙以祭祀不辍(chuò):子孙凭此可以世世代代祭祀祖先而不会中断。也即世代可以保有先祖所建立的基业。以,凭借。后省

略宾语"善建""善抱"。祭祀,指祭祀祖先。辍,停止,断绝。

③之:本段中的"之"全部指道。因为德来自道,只能以道修身,才会有德。关于本段与儒家思想的近似处,可见"解读二"。

④修之于家,其德乃余:意思是说,用道来治家,德就会变得多起来,以至于化及全家人。家,家庭。先秦时期,大夫的采邑也叫作"家",但考虑到本段中身、家、乡、国、天下为递进关系,"家"应是指家庭。余,丰余。以下数句中的"长""丰""普"也是递进关系,表示修道的人越多,德的普及范围就越广。

⑤国:指天子分封的诸侯国。如秦、齐、楚、燕等。

⑥以身观身:用修身的原则来观察个人。这个原则就是指大道。以,用。

⑦何以:凭什么。以,凭借。然:代词,这里具体代指天下情况的好坏。

⑧以此:就凭借这一原则。以,凭借。此,代指大道。

【译文】

善于建立一种事物而这种事物就无法被拔掉,善于抱持一个东西而这个东西就不会脱落,子孙凭此可以世世代代祭祀祖先而不会中断。

按照大道来修养自身,自身的美德就会变得纯真;按照大道来要求全家,美德就会化及全家;按照大道来教育全乡,美德就会波及全乡;按照大道来整顿全国,美德就会遍及全国;按照大道来治理天下,美德就会普及整个天下。

所以要用修身的原则来观察个人,用齐家的原则来观察全家,用理乡的原则来观察全乡,用治国的原则来观察全国,用平天下的原则来观察天下。我凭什么来了解天下情况的好坏呢?就凭借这一原则。

【解读】

一

用以民为本的理念去治国、平天下,用仁义、勤俭的原则去修身、齐家,以到达"忠厚传家久,诗书继世长"的目的,这一道理明白易懂。我们这里要讲的是"以不利为利"的"善建"故事。

春秋时期，有一位大智大勇之人，名叫孙叔敖，他三次担任楚国的令尹（相当于宰相）而不得意洋洋，三次罢相而不忧愁苦恼。《吕氏春秋·异宝》记载了有关他临死前的一件事情：

> 孙叔敖疾，将死，戒其子曰："王数封我矣，吾不受也。为我死，王则封汝，必无受利地。楚、越之间有寝之丘者，此其地不利，而名甚恶。荆人畏鬼，而越人信禨（一本作"机"）。可长有者，其唯此也。"孙叔敖死，王果以美地封其子，而子辞，请寝之丘，故至今不失。孙叔敖之知，知以不利为利矣，知以人之所恶为己之所喜，此有道者之所以异乎俗也。

"寝之丘"即寝丘，在今河南固始与沈丘之间。寝丘这个地方不仅土质贫瘠，而且"寝丘"这一名字也不吉利，在古代，"寝"有丑恶的意思。别人把这些因素看作不利，故而不去争夺，而孙叔敖则把这些不利因素看作利，这正是大智之人的超人之处。孙叔敖是春秋时人，吕不韦主编《吕氏春秋》时已到了战国末年，而书中说"故至今不失"，可见孙叔敖的后人保有寝丘这块土地长达数百年之久。汉代的开国宰相萧何也学会了这种做法，《汉书·萧何曹参传》记载：

> 何买田宅必居穷辟处，为家不治垣屋。曰："令后世贤，师吾俭；不贤，毋为势家所夺。"

作为极有权势的开国宰相，只在穷乡僻壤买田置地，这就是"善建者不拔，善抱者不脱"。

二

儒家的修身、齐家、治国、平天下与老子的这一段论述十分相似，《礼记·大学》说：

> 古之欲明明德于天下者，先治其国；欲治其国者，先齐其家；欲齐其家者，先修其身；欲修其身者，先正其心；欲正其心者，先诚其意；欲诚其意者，先致其知。致知在格物，物格而后知至，知至而后

意诚,意诚而后心正,心正而后身修,身修而后家齐,家齐而后国治,
国治而后天下平。

儒家提出的治国程序是格物—致知—诚意—正心—齐家—治国—平天
下。格物、致知、诚意、正心相当于老子说的"修之于身,其德乃真",齐
家相当于老子说的"修之于家,其德乃余",治国相当于老子说的"修之
于国,其德乃丰",平天下相当于老子说的"修之于天下,其德乃普"。

在先秦,儒道两家本为一家,老子与孔子是师生关系,庄子被不少
学者视为儒家弟子,如韩愈《送王埙秀才序》、章学诚《文史通义·经解
上》、郭沫若《十批判书》等等。从本章也可以清楚地看出老孔思想的相
通之处。

五十五章

【题解】

本章提醒人们要像赤子那样柔弱不争，无识无欲，这样就能够保护好自身安全。而放纵欲望，求壮逞强，就会导致灭亡。

含德之厚，比于赤子①。蜂虿虺蛇不螫②，猛兽不据③，攫鸟不搏④。骨弱筋柔而握固⑤。

未知牝牡之合而全作⑥，精之至也⑦。终日号而不嗄⑧，和之至也⑨。知和曰常⑩，知常曰明，益生曰祥⑪，心使气曰强⑫。

物壮则老，谓之不道，不道早已⑬。

【注释】

①比于赤子：能像婴儿一样。比，和……一样。赤子，婴儿。小孩刚出生时，身体呈红色，故称"赤子"。

②蜂虿（chài）虺（huǐ）蛇：泛指各种毒虫。虿，蝎子一类的毒虫。虺，一种毒蛇。螫（shì）：毒虫叮咬。

③据：抓，扑杀。

④攫（jué）鸟不搏：凶猛的鸟不去搏击他。攫鸟，指能用爪子搏击
　　的凶猛之鸟。如鹰、雕之类。攫，用爪抓取。

⑤骨弱筋柔而握固：婴儿的身体柔弱无力而自身却保护得很好。握
　　固，掌握得很牢固。一说"握固"是指幼儿的拳头握得很紧。王
　　弼《老子道德经注》："赤子，无求无欲，不犯众物，故毒虫之物无
　　犯于人也。含德之厚者，不犯于物，故无物以损其全也。"这一解
　　释符合老子本意。如果纯真得像婴儿一样，清静无欲，与物无争，
　　也就没有谁与他争，即六十六章所讲的"以其不争，故天下莫能
　　与之争"。正因为如此，婴儿虽然柔弱无力，而安全却很有保障。
　　本章与五十章一样，都是用夸张的手法来说明"无欲""不争"的
　　好处。

⑥未知牝牡之合而全作：婴儿连一般的常识都没有，却能安全生长。
　　牝牡之合，雌性和雄性交配，这里代指一般生活常识。全作，安全
　　成长。河上公本作"朘作"，"朘"同"脧"，小儿的生殖器，《说文
　　解字》："脧，赤子阴也。""未知牝牡之合而朘作"，意思是婴儿还
　　不知道什么是男女交合，而小生殖器就能勃起。

⑦精：精诚纯一，没有杂念。

⑧号（háo）：大声哭。嗄（shà）：声音嘶哑。

⑨和：心态平和。赤子的需求单一而且容易满足，不会像成年人那
　　样产生许多复杂而矛盾的心理冲突，故曰"和"。

⑩知和曰常：懂得保持心态平和，可以说是懂得了大道。常，指道。
　　道是永恒的，所以又把道叫作"常"。

⑪益生：对生命有好处。指精诚纯一、平和少欲有益于生命。祥：吉
　　祥。学者多把"祥"解释为灾殃、妖孽。古代"祥"确有此种用
　　法，但《道德经》在谈到"灾殃"义时全部用"不祥"一词。如三
　　十一章"夫唯兵者，不祥之器""兵者，不祥之器"，七十八章"受
　　国不祥"。因此，这里的"祥"应解释为"吉祥"。

⑫心使气曰强：理智能够控制自己的肉体欲望就叫作强大。心，指
　　人的思想意志，也即理智、理性。气，指人的肉体欲望。古人认为
　　人的肉体是由阴阳二气形成的。"心使气曰强"也即三十三章中
　　所讲"自胜者强"。关于理智与欲望的冲突，见"解读"。

⑬已：停止，灭亡。

【译文】

　　品德极为高尚的人，看起来就像婴儿一样。各种毒虫不去叮咬他，猛兽不去扑抓他，凶鸟也不去搏击他。他们的身体虽然柔弱无力然而自我保护得却很好。

　　幼儿连一般的生活常识都没有，却能安全成长，这是因为他们精诚纯一到了极点。整天号哭而声音却不会嘶哑，这是因为他们心态平和到了极点。懂得保持平和无欲的心态可以说是懂得了大道，懂得了大道就叫作明智，行为有益于生命就叫作吉祥，理智能够控制自己的肉体欲望就叫作强大。

　　事物太强盛了就会走向衰老，追求过分强盛不符合大道的原则，不符合大道就会很快灭亡。

【解读】

　　关于理智与欲望之间的矛盾，《庄子·让王》为我们举了一个典型例子：

　　　　中山公子牟谓瞻子曰："身在江海之上，心居乎魏阙之下，奈何？"瞻子曰："重生。重生则利轻。"中山公子牟曰："虽知之，未能自胜也。"瞻子曰："不能自胜则从，神无恶乎！不能自胜而强不从者，此之谓重伤，重伤之人，无寿类矣。"

中山公子牟是魏国国君的儿子，名牟，因封于中山（在今河北定州、唐县一带），故称"中山公子牟"。公子牟理智上清楚地知道重生轻利的道理，为了自身的生命安全，应该远离险恶的官场；但肉体欲望又使他难以忘怀王宫中的富贵荣华。于是在万般无奈的情况下，他去向瞻子求教。

瞻子给出的解决方案是："如果实在克制不住自己的欲望，那就去干自己想干的事情，这样一来精神就不会受到伤害。克制不住自己的欲望还要勉强去克制，这可以说是受到了双重伤害，受到双重伤害的人，就不可能成为长寿之人。"瞻子的解决方案未必正确，但这个故事本身则说明了理智与欲望往往会处于一种激烈的矛盾状态之中。老子认为只有让理智控制欲望，才算是真正强大的人。"身在江海之上，心存魏阙之下"这一常用语即出自公子车的这一故事。

五十六章

【题解】

本章描述了得道圣人的三种表现：一是圣人不去谈论大道，因为大道无法用语言表述清楚；二是圣人闭塞耳目，拒绝诱惑，和光同尘，与万物混同一片；三是圣人具有独立的人格与贵贱标准，不受外界左右，因此受到世人尊崇。

知者不言，言者不知①。

塞其兑，闭其门②；挫其锐，解其纷③；和其光，同其尘④。是谓玄同⑤。

故不可得而亲⑥，不可得而疏；不可得而利，不可得而害；不可得而贵，不可得而贱。故为天下贵⑦。

【注释】

①知者不言，言者不知：真正懂得大道的人不去谈论大道，喜欢谈论大道的人并不懂得大道。智者千虑，必有一失，老子提出"知者不言，言者不知"这一命题，把自己置于言行不一的矛盾之中，详见"解读一"。

②塞其兑（duì），闭其门：这两句为同一个意思，即闭目塞听、无识无
　欲的意思。老子提出这一主张的目的是为了减少外界的诱惑，降
　低人们的欲望。兑，孔窍，指耳、目、口、鼻。门，与"兑"义同。

③挫其锐，解其纷：挫去自身的锋芒，从而解脱人我之间的纷争。

④和其光，同其尘：调和自身的优点，从而使自身也具有一定的缺
　陷。光，光芒。代指优点。尘，尘土。代指缺点。

⑤玄同：微妙的混同。玄，微妙。《道德经》反复要求人们和光同尘，
　与物混同，为什么？详见"解读二"。

⑥不可得而亲：不可能与他十分亲近。不可得，不可能。圣人如何
　做到"不可得而亲，……不可得而贱"，详见"解读三"。

⑦故为天下贵：所以他被天下人所尊崇。为，被。贵，看重，尊崇。

【译文】

懂得大道的圣人不去谈论大道，而喜欢谈论大道的人并不懂得大道。

圣人闭目塞听，不受外界诱惑；挫去自身的锋芒，从而解脱人我之间
的纷争；调和自身的光耀，从而使自身也具有一定的缺陷。这就叫作微
妙的与人混同。

所以既不可能与这样的圣人亲近，也不可能与他们疏远；既不可能
使他们得利，也不可能使他们受害；既不可能使他们尊贵，也不可能使他
们卑贱。所以他们被天下人所尊崇。

【解读】

一

老庄、佛教及绝大多数的世俗文人，都认为大道不可言说、说出即非
大道，原因见第一章的"道可道，非常道"的"注释"与"解读"。但他们
的主张与他们的实践之间有很大的矛盾。既然大道是不可言说的，自然
就得出"知者不言，言者不知"的结论，那么他们为什么还要去写书？按
照他们自己的理论去推理，他们说的话、写的书，其中宣扬的道理，充其
量不过是二流的东西，而且写作行为也会把自己划入"不知道"者之列。

白居易就曾批评老子说：

> 言者不知知者默，此语吾闻于老君。
>
> 若道老君是知者，缘何自著五千文？（《读老子》）

老子还没有意识到自己理论与实践之间的矛盾，结果被白居易抓住了把柄。但庄子已经意识到了这个问题，所以当他面对自己写出的文字、说出的话时，感到十分尴尬。他说：

> 今我则已有谓矣，而未知吾所谓之其果有谓乎？其果无谓乎？
>
> （《庄子·齐物论》）

提倡"至言去言"（《庄子·知北游》）的庄子喋喋不休地说了那么多，对此，他只好如此自我解嘲：我说了等于没说。庄子知道，如果按照自己的理论，自己就应该一言不发。他虽然知道这一点，但他还要说、还要写。因为他更知道，要想让人们都明白大道，离开了语言终究是不行的。语言是一种工具，是一座桥梁，只有通过它才能够把握大道。他说：

> 筌者所以在鱼，得鱼而忘筌；蹄者所以在兔，得兔而忘蹄；言者
> 所以在意，得意而忘言。（《庄子·外物》）

筌是捕鱼的工具，蹄是捕兔的工具。大道是鱼、兔，语言是筌、蹄。没有筌、蹄，人们就得不到鱼、兔。得鱼、兔是目的，设筌、蹄是手段。同样，人们表意是目的，说话是手段。人们就应该得鱼忘筌，得意忘言。这就是说，语言好比一个路标，在这个路标的指引下，行人可以达到自己的目的地。这个路标是少不得的，但必须明白，路标并不等于目的地。

佛教的思路同庄子基本一样，他们虽然大讲最高佛理是不可言说的，但他们还是写了许多的佛经，讲了许多佛理。为什么会这样呢？佛教作了同样解释：

> 如人以手指月示人，彼人因指，当应看月，若复观指以为月体，
> 此人岂惟亡失月轮，亦亡其指。（《首楞严经》卷二）

文字如手指，内容如月体，人要领会的是内容，文字不过是指示内容的工具。当别人指示月亮的时候，一个人如果不懂得顺着手指去看月亮，而

只盯着别人的手指,那么这个人结果既没有看到月亮,也没有看懂手指。内容比文字重要,但文字又是必不可少的。

轻视语言而又不得不使用语言,这是一种无奈的行为。

二

《道德经》反复要求人们和光同尘,与物混同,为什么?《庄子·山木》对此有一个较好的解释。孔子受楚王之邀,计划去楚国为官,陈、蔡两国认为孔子到楚国后将对自己不利,于是就把孔子师徒围困起来。师徒们整整七天没能生火做饭,与死相邻。大公任前去看望孔子,为他讲了一番"不死"的道理:

> 予尝言不死之道。东海有鸟焉,其名曰意怠。其为鸟也,翂翂翐翐,而似无能;引援而飞,迫胁而栖;进不敢为前,退不敢为后;食不敢先尝,必取其绪。是故其行列不斥,而外人卒不得害,是以免于患。直木先伐,甘井先竭。子其意者饰知以惊愚,修身以明污,昭昭乎如揭日月而行,故不免也。昔吾闻之大成之人曰:"自伐者无功,功成者堕,名成者亏。"孰能去功与名而还与众人!道流而不明居,得行而不名处;纯纯常常,乃比于狂;削迹捐势,不为功名。是故无责于人,人亦无责焉。至人不闻,子何喜哉?

大公任这话的大意是:"我试着给您谈谈'不死'的办法吧!东海有一种鸟,名叫意怠。意怠飞得很慢,似乎非常无能;它们总是看到别的鸟起飞后自己才起飞,栖息时也是与别的鸟挤在一起;前进时不敢飞在前面,后退时也不敢落在后头;有食物不敢先吃,总是吃别的鸟剩下的。因此它们不会受到别的鸟的排斥,而外人也始终无法伤害它们。笔直的树木先被砍伐,甘甜的井水先被汲干。而您总是有意显示自己的知识以惊吓普通民众,修养好自我品德以反衬出别人的缺点错误,您光明正大的样子就像是高举着日月行路一样,所以您难免遇到灾祸。我听圣人说:'自我夸功者反而无功,功成不退者必将失败,名声太大就会受到伤害。'谁能放弃功名而回过头去当一名普通百姓呢!推行了大道而自己却韬光养晦，广施美德而自己却不求名声，纯朴憨厚，平平常常，就像一个愚笨人；削除自己的形迹，放弃自己的权势，不求任何功名。这样一来您就不会去责求别人，别人也不会来责求您。思想境界最高的人不求闻名于世，而您为什么偏偏喜欢名声呢?"孔子听了这番"直木先伐，甘井先竭"的道理之后深受触动，于是改弦易辙，收到了极佳的效果：

> （孔子）辞其交游，去其弟子，逃于大泽，衣裘褐，食杼栗，入兽不乱群，入鸟不乱行。鸟兽不恶，而况人乎！

因为孔子能够和光同尘，把自己混同于万物，竟然出现了"入兽不乱群，入鸟不乱行"的奇迹。连鸟兽都不讨厌他，更何况人呢！

三

"不可得而亲，不可得而疏；不可得而利，不可得而害；不可得而贵，不可得而贱"，这是说圣人清静无为，寡言少行，能够像大道那样"万物作焉而不辞，生而不有，为而不恃，功成而弗居"（二章）；既然能够像大道一样，因此人们对他既无法特别亲近，也无法疏远，既不能使他尊贵，也不能使他卑贱，因为他已超然物外，任何名利灾祸也影响不了他的思想情感，他具有独立的人格。而世俗人就不是如此，《孟子·告子上》说：

> 孟子曰："欲贵者，人之同心也。人人有贵于己者，弗思耳。人之所贵者，非良贵也。赵孟之所贵，赵孟能贱之。《诗》云：'既醉以酒，既饱以德。'言饱乎仁义也，所以不愿人之膏粱之味也；令闻广誉施于身，所以不愿人之文绣也。"

意思是说，由于世俗人的贵贱标准是指官位的高低，那么像晋国执政大臣赵孟这样的人，就能够凭借着自己的权力，既能使一个世俗人变得高贵，也能使这个人变得低贱。由此可见，世俗人的贵贱控制在别人的手里。而圣人是以道德的高低作为贵贱的评判标准，那么人的贵贱就不是别人所能够左右的了。

五十七章

【题解】

本章主要阐述清静无为这一核心治国理念，反对制定过于繁杂的制度、禁令，甚至反对过多的技巧。本章最后讨论"其身正，不令而行"（《论语·子路》）这一普遍社会现象，指出社会风气是否良好，国家是否富强，百姓能否安居乐业，关键在于统治者。

以正治国^①，以奇用兵^②，以无事取天下^③。吾何以知其然哉^④？以此：天下多忌讳^⑤，而民弥贫^⑥；民多利器^⑦，国家滋昏^⑧；人多伎巧^⑨，奇物滋起^⑩；法令滋彰^⑪，盗贼多有。

故圣人云^⑫："我无为，而民自化^⑬；我好静，而民自正；我无事，而民自富；我无欲，而民自朴。"

【注释】

① 以正治国：用正规的方法治理诸侯国。以，用。正，指正规的方法，这里即指清静无为的方针。国，指诸侯国。如晋国、齐国、楚国等。所有的诸侯国都属于周天子的臣下，而周天子所管理的范围，叫作"天下"。

②奇：权诈。这里指权诈的手段。与"正"相对。

③以无事取天下：用清静无事的策略来管理整个天下。无事，清静无事。取，治理。六十章："治大国若烹小鲜。"所以治理天下不可多事。

④然：这样。代指"以正治国，以奇用兵，以无事取天下"这些主张。

⑤忌讳：泛指不许做的事、不许说的话，也即各种禁令。憨山德清《老子道德经解》："'忌'，谓禁不敢作；'讳'，谓不敢言。"

⑥弥（mí）贫：更加贫穷。弥，更加。

⑦利器：优良的器具。一说泛指智慧、技巧。

⑧滋昏：更加混乱。滋，更加。昏，混乱。

⑨伎巧：即技巧。伎，技艺。

⑩奇物：权诈的事情，邪恶的事情。

⑪法令滋彰，盗贼多有：法令制定得越清楚，犯罪者越众多。彰，明白，清楚。为什么会出现"法令滋彰，盗贼多有"这种现象，详见"解读一"。

⑫圣人：这里专指治国的圣人，也即圣明的君主。

⑬我无为，而民自化：只要我们领导者不去人为干涉，百姓就会自然而然地发展生产。我，统治者自称。无为，不去人为干涉，一切顺应自然。化，化育发展。关于本段讲的道理，详见"解读二"。

【译文】

用正规的方法治理诸侯国，用权诈的手段用兵打仗，用清静无事的政策来管理整个天下。我根据什么知道应该这样做呢？根据如下情况：天下禁令越多，百姓越贫穷；人们的优良器具越多，国家越混乱；人们的技术越巧妙，邪恶的事情越会出现；法令制定得越清楚，盗贼越众多。

所以那些治国的圣人说："只要我们领导者不去人为干涉，百姓就会自然而然地发展生产；只要我们领导者做到内心清静，百姓就会自然而然地变得品行端正；只要我们领导者不去多事，百姓就会自然而然地变得富足；只要我们领导者做到无欲，百姓就会自然而然地变得淳朴。"

【解读】

一

我国早期的法律掌握在少数贵族手中，是不公开的。春秋时期，郑国子产和晋国先后铸刑鼎（刻有法律的大鼎），把法律公布于众。这是中国法制进步的一个标志性事件。但孔子和晋国大夫叔向对此都表示反对，其理由大致有：

第一，当法律掌握在少数贵族手中时，民众就会尊重贵族，看贵族脸色行事，一旦"为刑鼎，民在鼎矣，何以尊贵"（孔子语，见《左传·昭公二十九年》），法律公布之后，民众看重的是法律，而不是贵族，于是贵族就失去了自己的权威。

第二，民众不知道法律时，做事时战战兢兢，生怕触犯法律，一旦知道了法律，民众还会钻法律的空子，整天琢磨着如何做坏事而不受制裁。比如，凡是法律没有明文限制的，都可以去做；甚至就会打法律的擦边球。我们试举一例：

郑国多相县以书者，子产令无县书，邓析致之；子产令无致书，邓析倚之。令无穷，则邓析应之亦无穷矣。（《吕氏春秋·离谓》）

郑国人喜欢悬书（类似今人说的贴大字报）以攻击别人，子产就下令禁止，于是邓析就把大字报的内容以信件的方式分寄给人们传阅；子产又下令禁止这种方式，于是邓析就把这些内容依托在其他物品中（比如把大字报作为包装物）传递出去。结果是"令无穷，则邓析应之亦无穷"，与今天说的"上有政策，下有对策"简直一模一样。

第三，民众知道法律之后，当判决案件时，就会引起官府与犯罪嫌疑人之间的争执。邓析是一位法律学家，写过一本《竹刑》。因为他精通法律，所以他平时就靠为人打官司、调解民间纠纷谋生。我们看他是如何调解民间纠纷的：

洧水甚大，郑之富人有溺者，人得其死者。富人请赎之，其人求金甚多，以告邓析，邓析曰："安之。人必莫之卖矣。"得死者患之，以告邓析，邓析又答之曰："安之。此必无所更买矣。"（《吕氏春秋·离谓》）

洧河（在今河南）涨水，一位富人被淹死，尸体顺流而下，被别人打捞起来。富人家属想把亲人尸体赎回来埋葬，而捞尸者索要的赎金极高。富人家属无奈，便去找邓析出主意。邓析说："您别着急，只管把赎金压低，这件'商品（尸体）'他不能卖给别人！"富人家属觉得此话甚为有理，于是不再着急赎回尸体。这下轮到捞尸者着急了，也去找邓析出主意，邓析说："您别着急，只管把赎金抬高，这件'商品'他们必买不可！"邓析就这样两边出主意，两边收钱。通过这件事情，我们可以想象在打官司时，他是如何与官府纠缠的。因为邓析比官员更懂法律，官府拿他无可奈何，最后干脆把他杀了。

这些案例告诉我们，依法治国是正确的，但仅仅依法治国，上下就会斗智斗勇，结果必然是人们变得越来越奸诈，国家也越来越难治理。因此在强调依法治国的同时，我们更应该强调以德治国。

二

在中国古代，几乎所有人都认为，一个社会的风气好坏，民众的品德高低，关键取决于领导者。有关这方面的论述极多，我们择其要者，罗列数条：

季康子问政于孔子曰："如杀无道，以就有道，何如？"孔子对曰："子为政，焉用杀？子欲善，而民善矣。君子之德风，小人之德草。草上之风，必偃。"（《论语·颜渊》）

吴王好剑客，百姓多创瘢；楚王好细腰，宫中多饿死。（《后汉书·马援列传》）

上有所好，下必甚焉。（《资治通鉴》卷二百二）

像这类的言论极多。这就提醒统治者，当自己的臣民在品行方面出现问题时，不必去责怪他们，而应该在自己身上找原因。关于这方面的实例，我们仅举一个：

> 齐桓公好服紫，一国尽服紫。当是时也，五素不得一紫。桓公
> 患之，谓管仲曰："寡人好服紫，紫贵甚，一国百姓好服紫不已，寡人
> 奈何？"管仲曰："君欲止之，何不试勿衣紫也？谓左右曰：'吾甚恶
> 紫之臭。'于是左右适有衣紫而进者，公必曰：'少却，吾恶紫臭。'"
> 公曰："诺。"于是日，郎中莫衣紫；其明日，国中莫衣紫；三日，境内
> 莫衣紫也。（《韩非子·外储说左上》）

齐桓公喜欢穿紫色衣服，于是全国臣民都跟着穿紫色衣服，结果导致紫色衣服价格飞涨，五匹白色布都换不到一匹紫色布。齐桓公对此忧心忡忡，就对管仲说："我喜欢穿紫色衣服，紫色衣料就变得特别昂贵，全国民众都喜好穿紫色衣服而且没完没了，该怎么办呢？"管仲说："您如果想制止这种情况，为什么不试着自己先不穿紫色衣服呢？您就告诉身边人说：'我非常讨厌紫色衣服的气味。'这时候有穿紫色衣服的侍从走到您的跟前，您一定要对他说：'你往后退一点，我讨厌紫色衣服的气味。'"齐桓公说："好。"就在当天，宫中的郎中没有谁再去穿紫色衣服了；到了第二天，都城中就没有人再去穿紫色衣服了；到了第三天，齐国整个境内就没有人再去穿紫色衣服了。

五十八章

【题解】

　　本章主要揭示了祸与福、善与恶相互转化这一普遍社会现象。老子提醒人们，为了防止福转化为祸、善转化为恶，做人做事时就要"方而不割，廉而不刿，直而不肆，光而不耀"，这与第四章"道冲，而用之或不盈"的原则是一致的。

　　其政闷闷，其民淳淳①；其政察察，其民缺缺②。祸兮福之所倚，福兮祸之所伏③。孰知其极④？

　　其无正，正复为奇⑤，善复为妖⑥。人之迷⑦，其日固久。是以圣人方而不割⑧，廉而不刿⑨，直而不肆⑩，光而不耀⑪。

【注释】

①其政闷闷，其民淳淳：政，政令，法令。闷闷，糊涂、模糊的样子。淳淳，忠厚的样子。这是说"其政闷闷"看似坏事，却会转化为"其民淳淳"的好事。

②其政察察，其民缺缺：察察，清清楚楚的样子。缺缺，奸诈狡猾的样子。缺，败坏，奸诈。司马光甚至认为政令太多、太烦琐是亡国

的征兆，他说："叔向有言：'国将亡，必多制。'明王之政，谨择忠贤而任之，凡中外之臣，有功则赏，有罪则诛，无所阿私，法制不烦而天下大治。所以然者何哉？执其本故也。及其衰也，百官之任不能择人，而禁令益多，防闲益密，有功者以阂文（碍于制度）不赏，为奸者以巧法免诛，上下劳扰而天下大乱。所以然者何哉？逐其末故也。"（《资治通鉴》卷五十七）用人为本，制令为末，重制令而轻用人，就是"逐其末"，而"逐其末"就会导致亡国。

③祸兮福之所倚，福兮祸之所伏：倚，靠，紧紧地挨着。此为千古名言，至于祸福转化的原因及实例，详见"解读一"。

④孰知其极：意思是说福变为祸，祸又变为福，如此反复转化，谁也不知道最后的结果是福是祸。极，终极，最后的结果。

⑤奇：邪恶。七十四章："而为奇者，吾得执而杀之。"

⑥妖：妖孽，罪恶。关于"正复为奇，善复为妖"的例子，见"解读二"。

⑦迷：迷惑。指不懂得"正复为奇，善复为妖"这一道理。

⑧割：损害，伤害。

⑨廉而不刿（guì）：有棱有角却不去伤害别人。廉，棱角。刿，划伤。

⑩直而不肆（sì）：自己正直，但不要求别人也正直。肆，延伸，扩张。这里引申为把自己的思想行为推广开去，强求别人也这样做。

⑪耀：过分明亮，刺眼。老子敏锐地感到任何事物都会向反面转化，那么圣人如何能够避免自己转化为恶人呢？办法就是"方而不割，廉而不刿，直而不肆，光而不耀"，也即办事留有余地，不走极端，因为一旦达到极端，就会走向反面。

【译文】

国家政令模模糊糊，百姓反而会变得淳朴善良；国家政令清清楚楚，百姓反而会变得奸诈狡猾。灾祸啊，幸福就紧靠在它的旁边；幸福啊，灾祸就埋伏在它的里面。谁能知道最终的结果是祸是福呢？

没有永远正确的事情，正确会变为邪恶，善良会化作妖孽。人们不懂得这一道理，由来已久了。因此圣人方方正正却不去为难别人，有棱有角却不去伤害别人，自己坚持正直品德却不强迫人去做，发出光芒却不刺人眼睛。

【解读】

一

"其政闷闷，其民淳淳；其政察察，其民缺缺"与上章"法令滋彰，盗贼多有"的意思一样。政令模糊一些，看似坏事，然而结果反而使人们变得淳朴，坏事也就转化为好事，所以老子感叹说："祸兮福之所倚。"政令清楚一些，看似好事，然而结果反而使人们变得奸诈，好事也就转化为坏事，所以老子感叹说："福兮祸之所伏。"

韩非从主观的角度去寻找祸福转化的原因，对"祸兮福之所倚，福兮祸之所伏"两句的意蕴作出自己的解释：

　　人有祸，则心畏恐；心畏恐，则行端直；行端直，则思虑熟；思虑熟，则得事理。行端直，则无祸害；无祸害，则尽天年。得事理，则必成功。尽天年，则全而寿。必成功，则富与贵。全寿、富贵之谓福。而福本于有祸。故曰："祸兮福之所倚。"以成其功也。

　　人有福，则富贵至；富贵至，则衣食美；衣食美，则骄心生；骄心生，则行邪僻而动弃理。行邪僻，则身死夭；动弃理，则无成功。夫内有死夭之难，而外无成功之名者，大祸也。而祸本生于有福。故曰："福兮祸之所伏。"（《韩非子·解老》）

这种解释合乎情理。韩非主要是从人的思想变化、也即主观作用的角度来解释祸福转化的原因。实际上，在很多情况下，客观原因也能够使人的祸福发生转化，最著名的例子就是塞翁失马。《淮南子·人间训》记载：

　　夫祸福之转而相生，其变难见也。近塞上之人有善术者，马无故亡而入胡。人皆吊之。其父曰："此何遽不为福乎？"居数月，其马将胡骏马而归。人皆贺之。其父曰："此何遽不能为祸乎？"家富良马，其子好骑，堕而折其髀。人皆吊之。其父曰："此何遽不为福乎？"居一年，胡人大入塞，丁壮者引弦而战，近塞之人，死者十九，此独以跛之故，父子相保。故福之为祸，祸之为福，化不可极，深不可测也。

塞翁就因为失马这件事情，家里的祸福转化了几次。知道祸福转化的道理之后，当我们面临幸福之时，千万不可得意忘形，而应更加小心谨慎，以免幸福转化为灾祸；反过来，当我们面临灾祸之时，不必怨天尤人、气馁沮丧，而要想方设法，因势利导，争取让灾祸转化为幸福。

二

不仅祸福可以相互转化，善恶也同样能够相互转化。对此，《庄子·秋水》解释得比较详细：

> 昔者尧、舜让而帝，之、哙让而绝；汤、武争而王，白公争而灭。由此观之，争让之礼，尧、桀之行，贵贱有时，未可以为常也。……帝王殊禅，三代殊继。差其时、逆其俗者，谓之篡夫；当其时、顺其俗者，谓之义之徒。

唐尧、虞舜因禅让而称帝天下，燕王哙、子之因禅让而几乎亡国；商汤王、周武王通过武力争夺而登上王位，白公胜却因为武力争夺而遭杀身之祸。远古帝王的禅让方式各不相同，夏、商、周三代继承王位的方法也各不一样。不符合时代要求，背逆了当时的风俗习惯，人们就称之为篡逆之徒；符合了时代要求，顺应了当时的风俗习惯，人们就称之为高义之士。

由于时代变了，环境变了，自然就会出现"正复为奇，善复为妖"这种情况。古今一理，这种善恶相互转化的事情也普遍发生于现代社会。20世纪50年代，多山的湖南有很多华南虎，由于当时人们大规模开荒，导致野岭荒山不断减少，栖息地越来越少的华南虎开始袭击村民，伤害人畜，于是政府便组织百姓打虎。湖南耒阳一位名叫陈耆芳的村民，率领打虎队，几年时间打死了一百多只华南虎。因为他为民除害有功，先后被授予省劳模、国家劳模、打虎英雄的荣誉称号。可是无限制的猎杀使得华南虎极速减少，如今华南虎已经野外灭绝，成了国家一级保护动物，受到法律的严格保护，如果还有人去打虎，不仅成不了英雄，恐怕还要蹲在监狱里反省自新了。

五十九章

【题解】

本章主题是提倡清静节俭以积蓄力量。老子提醒人们，无论处理人事，还是对待自然，重要原则之一就是清静节俭以积蓄力量。做到这一点，就可以无往而不胜，就有能力治理好国家，就能够长期地生存下去。

治人、事天莫若啬①，夫唯啬，是谓早服②。早服谓之重积德③，重积德则无不克④，无不克则莫知其极⑤。莫知其极，可以有国⑥。有国之母⑦，可以长久。是谓深根固柢、长生久视之道⑧。

【注释】

①治人、事天莫若啬（sè）：处理人事、对待自然，最好的办法就是勤俭节约。治人，处理人事。事天，对待自然。事，侍奉，对待。天，指自然。啬，节俭。这里泛指清静无为，积蓄力量。

②是：代指"啬"。早服：在困难来临之前及早服从大道。服，服从，遵循。后省略宾语"道"。《韩非子·解老》："众人之用神也躁，躁则多费，多费之谓侈。圣人之用神也静，静则少费，少费之谓

啬。啬之谓术也,生于道理。夫能啬也,是从于道而服于理者也。众人离于患,陷于祸,犹未知退,而不服从道理。圣人虽未见祸患之形,虚无服从于道理,以称'早服'。故曰:'夫谓啬,是以早服。'"

③重积德:很好地修养自己的品德。积,这里是不断修养的意思。

④无不克:无往不胜。克,胜。

⑤莫知其极:没有人知道他的力量极限。也即他具有无法估量的力量。从"早服"到"莫知其极"的过程,也即"无为而无不为"的过程。

⑥有国:占有一个国家。也即当国家的领导者。

⑦有国之母:掌握了治国原则。母,根本,也即大道、规律。《韩非子·解老》:"所谓有国之母,母者,道也。"

⑧深根固柢(dǐ):加深加固自己的根基。柢,与"根"同义。《说文解字》:"柢,木根也。"久视:与"长生"同义。即长期生存。视,活。

【译文】

处理人事、对待自然,最好的办法就是清静节俭以积蓄力量。清静节俭以积蓄力量,这就是及早地服从了大道。及早服从大道也就是很好地修养了自己的美德,修养好自己的美德也就能无往而不胜,无往而不胜,就没有人能够估量出他究竟有多大力量。有了无法估量的力量,就可以成为国家的领导者。掌握了治理国家的根本原则,就可以长久存在。这就是巩固根基、永世长存的办法。

【解读】

节俭是中国的传统美德,这一美德对于个人品德修养和事业成功都具有极大的积极作用。节俭,包括精力节俭和物质节俭两个方面。我们各举一例。

首先我们看精力的节俭。《庄子·知北游》记载:

大马之捶钩者,年八十矣,而不失豪芒。大马曰:"子巧与?有道与?”曰:“臣有守也。臣之年二十而好捶钩,于物无视也,非钩无察也。”是用之者,假不用者也,以长得其用。

大司马家有一位锻造衣带钩(一说"钩"是一种兵器)的老人,已经八十岁了,但他锻造的衣带钩没有丝毫误差。大司马问他:"您是有什么技巧呢?还是有什么道术呢?"老人回答说:"我一直坚持专心造钩。我从二十岁时就喜欢锻造衣带钩,对其他事情连看也不看,除了衣带钩我什么都不关心。"这位老人之所以能够具有如此精湛的锻造衣带钩的技艺,凭借的就是他不把精力运用到别的事情上。这也即人们常说的"人有所不为,然后才能有所为"。

其次,我们再看物质的节俭。陈录《善诱文·司马温公训俭》记载,北宋人张知白担任宰相时,生活依然像从前一样节俭,有人劝他从众,以免被讥为虚伪,张知白回答说:

> 吾今日之俸,虽举家锦衣玉食,何患不能? 顾人之常情,由俭入奢易,由奢入俭难。吾今日之俸,岂能常有? 身岂能常存? 一旦异于今日,家人习奢已久,不能顿俭,必至失所,岂若吾居位去位、身存身亡,常如一日乎?

《宋史·张知白列传》也说:"知白在相位,慎名器,无毫发私。常以盛满为戒,虽显贵,其清约如寒士。"身居高位的张知白坚持节俭的生活,不仅可以使全家生活在物质上无后顾之忧,也为将来可能会出现的贫苦日子做好了充分的思想准备。特别是"居位去位、身存身亡"一句,使人备受启迪:虽然我高居相位,但我思想上把自己视为没有任何地位的平民;虽然我还活在世上,但我思想上把自己看作已经死亡的人。一个人如果能够真正做到"居位去位、身存身亡",那么他就可以在物质、精神两个层面上永远立于不败之地。

六十章

【题解】

本章的"治大国若烹小鲜"为千古名言,意思是治理大国就像烹调小鱼一样,不能反反复复地折腾它,否则就会导致国家衰败乃至灭亡。老子还指出,如果君主能够按照大道治国,鬼神就无法显示自己的神灵,再次强调大道高于神灵。

治大国若烹小鲜^①。

以道莅天下,其鬼不神^②。非其鬼不神,其神不伤人。非其神不伤人,圣人亦不伤人。夫两不相伤^③,故德交归焉^④。

【注释】

①治大国若烹(pēng)小鲜:治理一个大国就像烹调小鱼那样不要经常折腾它。烹,煎,煮。小鲜,小鱼。鲜,鱼。烹调小鱼时,如果不停地翻来覆去,就会把小鱼折腾成碎渣;治理大国时,如果不停地改变政令,就会把国家折腾衰亡。详见"解读"。

②以道莅(lì)天下,其鬼不神:莅,治理。鬼,这里实际上是泛指神鬼。神,神灵。这里用如动词,显示神灵。《韩非子·解老》对此

解释说："人处疾则贵医,有祸则畏鬼。圣人在上则民少欲,民少欲则血气治而举动理,举动理则少祸害。"少祸害自然不去疑神疑鬼。韩非认为怕鬼是心理造成的,这无疑是正确的。老子虽然没有明确否定鬼神的存在,但他认为只要人们按照大道生活,鬼神的力量也就不存在了,人的力量能压倒鬼神的力量。在这一点上,老子无疑站在时代前列。

③两不相伤:两者都不伤害民众。两者,圣人和鬼。相,表示一方对另一方的实施行为。

④德交归焉:恩德都归于民众。交,都。

【译文】

治理一个大国就像烹调小鱼那样不要经常折腾它。

君主如果能够按照大道来治理天下,此时的神鬼也就无法显示自己的神灵。并不是此时的神鬼无法显示自己的神灵,而是它们的神灵不能伤害民众。不是它们的神灵不去伤害民众,根本原因是圣人不去伤害民众。因为圣人与神鬼都不去伤害民众,所以他们的恩德都将施与民众。

【解读】

"治大国若烹小鲜"是千古名言,这一治国观念起源很早,《诗经·桧风·匪风》说:"谁能亨(烹)鱼? 溉之釜鬵。"意思是说:"谁善于煎鱼,我愿意为他帮忙洗锅。"《毛传》解释说:"亨鱼烦(经常翻动)则碎,治民烦则散。知亨鱼则知治民矣。"《韩非子·解老》说得更为清楚:"事大众而数摇之则少成功,藏大器而数徙之则多败伤,烹小鲜而数挠之则贼其宰,治大国而数变法则民苦之。是以有道之君贵静,不重变法。""治大国若烹小鲜"的主旨仍是清静无为,要求统治者保持政令的稳定性和连续性,不可朝令夕改。

历史上最不懂得"治大国若烹小鲜"这一道理,以至于把国家折腾灭亡的当属王莽。王莽篡汉当上皇帝后,凭借西汉遗留下来的强大国力,企图通过恢复西周制度来达到平天下的目的,于是开始推行一系列新政，史称"王莽改制"。主要有：将天下土地改名"王田"，以王田制为名恢复远古时代的井田制；奴婢改称"私属"，与王田一起均不得买卖；屡次改变币制；更改官制与官名；把盐、铁、酒、铸钱及山林川泽收归国有，施行五均六筦的经济政策；降低周边异族国家的等级并给予羞辱性的称号，如更名匈奴单于为"降奴服于"，改高句丽为"下句丽"等。史学家称"王莽'好'改变制度，政令'烦多'，朝令夕改，不讲功效，故变得快，吹得也快，花样多，收效小"（白寿彝《中国通史》第四卷）由于王莽的这些政策只求符合古制，悖逆社会现实，引起国内外民众的一致反对，结果仅仅十多年时间，就把自己辛辛苦苦建立的新朝彻底葬送了。

六十一章

【题解】

本章主要是提醒君主一定要虚心谦下,只有这样才能得到民众支持。老子接着把这一原则重点运用于国与国之间的关系中,要求大、小国家相互谦让,这对于维持社会稳定与和平无疑大有裨益。

大国者下流,天下之交^①;天下之牝^②,牝常以静胜牡^③,以静为下^④。

故大国以下小国^⑤,则取小国^⑥;小国以下大国,则取大国^⑦。故或下以取^⑧,或下而取。大国不过欲兼畜人^⑨,小国不过欲入事人^⑩。夫两者各得其所欲。大者宜为下^⑪。

【注释】

①大国者下流,天下之交:大国应该像大海一样居于百川的下游,这样天下民众就会归附于它。下流,下游。交,交汇,归附。下游地势低,所以天下的水都流向这里。比喻大国态度谦下,就能取得小国的拥戴。

②天下之牝(pìn):还应该像雌性动物那样居于天下最柔和的状态。

牝,雌性的鸟兽。雌性多柔,因此这里的"牝"含有柔弱的意思。

③以:凭借。牡:雄性鸟兽。

④以静为下:因为文静性格也是一种谦下的表现。以,因为。关于谦下的益处,详见"解读"。

⑤以下小国:用谦下的态度对待小国。以,用。

⑥则取小国:就能够取得小国的拥戴。

⑦则取大国:就能够取得大国的庇护。

⑧或:不定代词。根据上下文,这一个"或"代指大国,下一句的"或"代指小国。以:而。

⑨兼畜:兼并占有。此处指得到他国的拥戴,就像春秋五霸那样,得到各小国的拥戴。

⑩入事人:事奉别人以求得到庇护。

⑪大者宜为下:大国更应该注意谦下。宜,应该。吴澄《道德经注》说,强调"大者宜为下"的原因是:"小者素在人下,不患乎不能下;大者非在人下,或恐其不能下。故曰'大者宜为下'。"意思是,小国实力弱小,不得不谦下;而大国最容易傲慢,所以要特别予以提醒。

【译文】

大国应该像大海一样居于百川的下游,这样天下民众就会归附于它;还应该像雌性动物那样居于天下最柔和的状态,雌性动物总是凭着文静的性格战胜雄性动物,因为文静的性格也是一种谦下的表现。

因此大国用谦下的态度去对待小国,就能够取得小国的拥戴;小国用谦下的态度去对待大国,就能够取得大国的庇护。因此有的谦下能够取得别人的拥戴,有的谦下能够取得别人的庇护。大国不过是想得到别人的拥戴,小国不过是想得到别人的庇护,如果大国、小国都能做到谦下,那么它们就能各自满足各自的需求。不过大国更应该注意谦下。

【解读】

本章通过对大国与小国之间关系的描写,重点阐述"谦下"的好处。关于"谦下"的好处,《周易·谦卦·象》有一个哲学化的总结:

天道亏盈而益谦,地道变盈而流谦,鬼神害盈而福谦,人道恶盈而好谦。谦,尊而光,卑而不可逾,君子之终也。

上天的运行规律是减少盈满(傲慢)的而去补益谦虚的,大地的运行规律是改变盈满的而去补充谦虚的,鬼神的行事原则是损害盈满的而去赐福谦虚的,人们的行事原则是讨厌盈满的而去喜欢谦虚的。有了谦虚的品德,处于高位会更加昌盛繁荣;处于低下的位置,别人也无法在品质方面超越他,君子应该终身谦虚。后来,人们把《周易》的这一思想总结为"一谦而四益"(《汉书·艺文志》),意思是,一个人一旦做到谦虚,天、地、鬼神、人四者都会赐福于他。

六十二章

【题解】

本章主要强调无论是好人还是坏人，大道对他们都极为重要。因此对于治国的天子和重臣，与其赠送他们贵重礼品，还不如把大道传授给他们。

道者，万物之奥①，善人之宝，不善人之所保②。

美言可以市尊③，美行可以加人④。人之不善，何弃之有⑤！

故立天子，置三公⑥，虽有拱璧⑦，以先驷马⑧，不如坐进此道⑨。古之所以贵此道者何？不曰以求得⑩，有罪以免邪？故为天下贵⑪。

【注释】

①道者，万物之奥：大道，是万物的主宰者。奥，主。一说义同"暖"，庇护义。这两句意思是"大道，是万物的庇护者"。王弼《老子道德经注》："奥，犹暖也。可得庇护之辞。"

②所保：用来安身保命的东西。老子认为，如果人们都能够按照大

道办事，就能善恶兼容，不去苛苛明察，斤斤计较，甚至"报怨以德"（六十三章）。那些懂得大道的人，其待人原则是"不善者，吾亦善之"（四十九章），而且还提出善人要爱惜不善人的主张（见二十七章）。既然如此，不善人即使做了坏事，也不会被抛弃，所以说大道是不善人借以安身保命的东西，也即下文说的大道能使人"有罪以免"。

③市：买卖。此处指得到。

④美行：王弼本原无"美"字，据《淮南子》的《道应训》《人间训》补。加人：居于别人之上。即得到别人的拥戴。

⑤何弃之有：又何必抛弃他呢！怀疑"人之不善，何弃之有"句应在"不善人之所保"句后，这样文义才连贯。

⑥三公：古代朝廷中三位最高官员，历朝所指不同。周代为太师、太傅、太保。

⑦拱璧：大玉璧。拱，两手合围。一说"拱"通"珙"，大璧。璧，平圆形的玉，中心有小孔。

⑧驷（sì）马：同驾一辆车的四匹马。这里指四匹马驾的车。关于"虽有拱璧，以先驷马"的解释，详见"解读"。

⑨坐进：安坐而进言。进，此处指把大道讲给天子、三公听。

⑩以求得：凭借大道去追求，就能有所收获。以，凭借。

⑪故为天下贵：所以被天下人所尊崇。为，被。贵，看重，尊崇。

【译文】

大道，可以说是万物的主宰者，是善人的法宝，也是坏人借以安身保命的东西。

言语美好就可以换来别人的尊重，行为美好就可以得到别人的拥戴。即使有人做了坏事，又何必抛弃他呢！

因此在天子即位时，或者在三公就职时，即使有大玉璧在先、驷马随后这样的重礼，也不如安坐在那里把大道传授给他们。自古以来人们重视大道的原因是什么呢？不就是因为遵循大道就能够有求而得、有罪而免吗？所以大道被天下人所尊崇。

【解读】

先秦人送礼，往往先送一些小礼物，向收礼者打声招呼，然后再送重礼。这一礼俗是从远古时代流传下来的。远古时代部落众多，各部落人数相对较少，彼此送礼又往往送的是猎物，需要许多人肩扛手提，为了避免误会，所以送礼时，就先让少数人带少量的礼品去通知对方。后遂以此为礼制。如《左传·僖公三十三年》记载：

> （袭击郑国的秦军）及滑，郑商人弦高将市于周，遇之。以乘韦（四张熟皮子）先，牛十二，犒师。

秦军要偷袭郑国，当秦军走到滑（在今河南滑县），郑国商人弦高得知此事，就急中生智，擅自以郑国国君的名义，先送四张熟皮子，后送十二头牛去犒劳秦军，意思是告诉对方：你们的偷袭行动已经被我们发现了。这种送礼方式还见于《左传·襄公十九年》："贿荀偃束锦，加璧，乘马，先吴寿梦之鼎。"鲁襄公送给晋国大臣荀偃一只吴寿梦之鼎，在此之前，还先送了丝绸、玉璧、马匹。这种送礼方式的记载，屡见于先秦史书。到了后来，金银、丝绸等便于携带的礼物出现后，送礼人数不需太多，这种两次送礼的礼仪也就没有存在的必要了。所以《史记·郑世家》关于弦高送礼的记载也就与《左传》不同："缪公元年春，秦缪公使三将将兵，欲袭郑。至滑，逢郑贾人弦高诈以十二牛劳军，故秦兵不至而还。"

"虽有拱璧，以先驷马，不如坐进此道"的意思是，送给当权者再贵重的物质礼物，也不如把大道奉献给他们，因为他们如果掌握了大道，不仅本人受益无穷，而且天下人也能过上安乐的日子。

关于这几句的解释，学界意见纷纭。高亨先生说："'拱璧'聘问之物，'驷马'使者所乘，使者乘车抱璧以聘邻国，则拱璧何能先驷马哉！知其义不可通也。疑'以先'二字当在'驷马'二字下。'先'借为'诜'。《说文》，'诜，致言也。'《广雅·释诂》，'诜，问也。'《尔雅·释言》：'聘，问也。'是'诜'即'聘'义。"(《老子正诂》)把这句话解释为使者乘驷马抱拱璧聘问诸侯,而且还要转这么多弯,显然是不正确的。任继愈先生把这句话译为"虽有拱璧在先驷马随后(这样隆重)的仪式"(《老子新译》),也是不确切的。至于张松如先生把它译作"虽然可以抱持大璧宝玉,乘坐四马高车以游聘"(《老子校读》),意思则与高亨先生的差不多。

六十三章

【题解】

本章提出诸多行为原则,依次是:第一,坚持清静无为,既不可多事,也不可轻视小事;第二,与人交往要报怨以德;第三,无论是解决困难,还是成就大业,都要从小事做起;第四,不要轻易许诺,因为轻诺必寡信;第五,做事要认真,万不可掉以轻心。

为无为①,事无事,味无味②,大小多少③,报怨以德④。

图难于其易⑤,为大于其细⑥。天下难事必作于易⑦,天下大事必作于细。是以圣人终不为大,故能成其大。

夫轻诺必寡信⑧,多易必多难⑨。是以圣人犹难之⑩,故终无难矣。

【注释】

①为无为:要做到清静无为。第一个"为"是动词,做。

②味无味:把没有任何味道的东西当作有味道的东西。第一个"味"为动词,有味道。无味,实际就是指大道。第三十五章:"道之出口,淡乎其无味。"

③大小多少：根据上下文,意思是"以小为大,以少为多"。大、多,都
　　用如意动词。这与下文提出的要重视细微之事的主张是一致的。

④报怨以德：即以德报怨。关于儒家、佛教对这一原则的态度,详见
　　"解读一"。

⑤图难于其易：对付困难事情要在它还容易解决的时候开始。图,
　　设法对付。

⑥为大：做大事业。细：微小。指细小事情。

⑦必作于易：一定是产生于容易的事情。作,产生,出现。

⑧轻诺(nuò)必寡信：轻易许诺,势必缺少信用。诺,许诺。寡信,
　　缺少信用。为什么说"轻诺必寡信"? 见"解读二"。

⑨易：用作动词,把事情看得容易,也即做事时掉以轻心。为什么说
　　"多易必多难"? 见"解读三"。

⑩难之：以之为难,把办事看得很难。难,用如意动词。之,泛指办事。

【译文】

把清静无为当作自己的做事原则,把无事当作自己要做的事情,把
无味的东西当作有味的东西,以小为大,以少为多,以德报怨。

对付困难事情要在它还容易解决的时候开始,成就大业要从很小的
事情做起。因为天下的难事都开始于容易的事,天下的大事都开始于一
些小事。因此圣人始终不去直接做大事,所以才能成就大事。

轻易许诺,势必缺少信用;把事情看得越容易,势必会遇到越多的困
难。因此连圣人都把办事看得很困难,所以他最终不会遇到困难。

【解读】

一

关于如何"报怨"的问题,老子、孔子、佛教(以《四十二章经》为例)
的看法有同有异,我们对比一下他们的言论:

　　大小多少,报怨以德。(《道德经》六十三章)

　　或曰："以德报怨,何如?"子曰："何以报德? 以直报怨,以德报

德。"(《论语·宪问》)

　　佛言:人愚,以吾为不善,吾以四等慈(慈悲喜舍)护济之。重
以恶来者,吾重以善往。福德之气常在此也,害气重殃反在于彼。
(《四十二章经》)

比较三者的思想,《四十二章经》与《老子》稍微接近一些。老子主张以
德报怨,而孔子不赞成,提出"以直报怨",也即用公平合理的方式来回
报别人对自己的怨恨。实际上,孔子的许多言论是针对具体情况而发,
所以,他在其他场合对以德报怨的原则也持赞成态度:

　　子曰:"以德报怨,则宽身之仁也;以怨报德,则刑戮之民也。"
(《礼记·表记》)

孔子承认以德报怨这一原则不仅对别人有益,对自己也有好处。

　　《四十二章经》主张"重以恶来者,吾重以善往",也是以德报怨的意
思。但与老子存在不同之处:老子认为,以德报怨的结果是既利己又利
人,彼此皆大欢喜,所以他说:"善者,吾善之,不善者,吾亦善之,德善。
信者,吾信之,不信者,吾亦信之,德信。"(四十九章)只要能够坚持以德
报怨,就能够把坏人也感化成好人。而《四十二章经》认为以德报怨的
结果,会使自己得到更多的福报,使对方受到更多的惩罚:

　　有愚人闻佛道守大仁慈,以恶来,以善往,故来骂佛。佛嘿然不
答,愍之,痴冥狂愚使然。骂止,问曰:"子以礼从人,其人不纳,实理
如之乎?"曰:"持归。""今子骂我,我亦不纳。子自持归,祸子身矣!"

把不接受别人的辱骂比作不接受别人的礼物,礼物送不出去自然是带回
去,带回去这样的"礼物"自然是害了自己。《四十二章经》提倡以德报
怨的目的是为了利己害人。关于这种利己害人的做法,苏东坡就提出了
批评。《东坡志林》卷二"改观音咒"条说:

　　《观音经》云:"咒诅(诅)诸毒药,所欲害身者,念彼观音力,还
著于本人。"东坡居士曰:"观音,慈悲者也。今人遭咒诅,念观音之
力而使还著于本人,则岂观音之心哉?"今改之曰:"咒诅诸毒药,所

欲害身者,念彼观音力,两家总没事。"

由此可见,与《四十二章经》相比,老子的思想境界更高一些。《四十二章经》的这个比喻也不伦不类,谁会把送不出去的有害"礼物"再带回自己的家中呢? 当然,佛教宗派很多,也有不少佛家弟子主张不带有任何功利目的地去以德报怨。

二

为什么"轻诺必寡信"?《管子·形势解》有一个解释:

> 圣人之诺己也,先论其理义,计其可否。义则诺,不义则已;可则诺,不可则已。故其诺未尝不信也。小人不义亦诺,不可亦诺,言而必诺,故其诺未必信也。故曰:"必诺之言,不足信也。"

圣人在答应别人的请求时,必须考虑两个前提,一是对方的请求是否合理,二是如果对方的请求合理,还要考虑自己是否能够做到。所以圣人不会轻易许诺。而小人就不是这样,小人为了讨好别人,无论别人的请求是否合理,也不管自己是否能够做到,他都满口答应,结果小人很难实现自己的诺言。

如何对待自己的诺言,孔子讲了一段十分中肯的话,可以作为我们为人处世的座右铭:

> 子曰:"口惠而实不至,怨菑及其身。是故君子与其有诺责也,宁有已怨。"(《礼记·表记》)

孔子说:"对别人口头承诺得非常好,就是不去实际兑现,这是自身招惹灾难的原因。因此作为君子,宁可落下拒绝别人要求的抱怨,也不可承担无法兑现诺言的责任。"为什么呢? 因为"言诺而不与,其怨大于不许"(孙希旦《礼记集解》)。我们都有这种感受:当别人拒绝我们某种要求时,我们心里虽不舒服,但也能谅解,因为别人也有别人的难处;如果有人已经答应了我们的要求,事后却无故失信,我们会非常生气。因此,我们不要轻易允诺,一旦允诺,就一定要做到。

三

为什么说"多易必多难"呢？关于"易"与"难"的辩证关系，《国语·晋语四》有一个很好的说明：

> 文公问于郭偃曰："始也，吾以治国为易，今也难。"对曰："君以为易，其难也将至矣；君以为难，其易也将至焉。"

这个历史故事同老子的这几句话讲的是同一个意思：当你意识到办事困难而认真对待时，困难的事情也容易解决；当你认为办事容易而掉以轻心的时候，容易的事情也变得困难起来了。

六十四章

【题解】

本章涉及内容较多:第一,要求人们居安思危,要把各种不利因素消解于萌芽状态;第二,要求人们从小事做起,因为九层之台,起于累土;第三,要求人们做到清静无为,不可把任何东西据为己有;第四,告诫人们慎终如始,越是即将成功之时,越要小心谨慎;第五,指出由于人们思想境界不同,其好恶取舍会有很大差别。

其安易持①,其未兆易谋②,其脆易泮③,其微易散④。为之于未有⑤,治之于未乱。

合抱之木,生于毫末⑥;九层之台,起于累土⑦;千里之行,始于足下。

为者败之⑧,执者失之⑨。是以圣人无为,故无败;无执,故无失。

民之从事⑩,常于几成而败之⑪。慎终如始,则无败事。

是以圣人欲不欲⑫,不贵难得之货;学不学⑬,复众人之所过⑭。以辅万物之自然⑮,而不敢为。

【注释】

①其安易持:局面稳定时,容易维护原状。持,维护。本句讲的是居安思危的问题。

②兆:苗头,征兆。这里指动乱的苗头。

③其脆易泮(pàn):当事物脆弱时容易消除。泮,消解,消灭。

④散:消散,消灭。

⑤为之于未有:在患难还没有发生的时候就做好准备。也即防患于未然。为,动词,做准备。未有,没有动乱苗头。

⑥毫末:毫毛的尖端,比喻非常细小。毫,长而尖锐的毛。

⑦累:通"蔂"。装土的筐子。《淮南子·说山训》:"针成幕,蔂成城。事之成败,必由小生。"

⑧为:与"无为"相对,指不顺应自然规律、按照主观愿望去人为干涉。

⑨执:手握。这里指占为己有。

⑩民之从事:人们在办事的时候。民,人。先秦时期"民""人"通用。从事,办事。

⑪几成:将要成功。几,几乎,将要。关于"民之从事,常于几成而败之"的道理,见"解读一"。

⑫欲不欲:圣人希望得到的东西是一般人不愿意得到的,这个东西就是"道"。"欲"的主语是圣人,"不欲"的主语是常人。详见"解读二"。

⑬学不学:圣人学习的内容是一般人不愿意学习的,这个内容也是"道"。

⑭复:反,扭转。引申为纠正。过:过错。

⑮以辅万物之自然:顺应着万物的自然天性去帮助它们成功。

【译文】

局面稳定时,容易维护原状;国家还没有出现动乱苗头时,容易对付;事物脆弱时,容易消除;事物微小时,容易消散。在危险局面还没有发生的时候就做好准备,在国家还没有混乱的时候就注意治理。

合抱粗的大树,是由细小如毫毛的萌芽成长起来的;九层高的高台,是由一筐一筐的土堆砌起来的;千里远的路程,是由一步一步走出来的。

按照个人意愿做事,就会失败;想把东西占为己有,就会失去。因此圣人顺物而为,因而不会失败;不去占有,因而也不会失去。

人们做事,往往在快要成功的时候失败了。如果结束时依然像开始时那样谨慎小心,就不会把事情办坏。

因此圣人所想得到的东西是一般人所不想得到的,不看重一般人所喜爱的奇珍异宝;圣人学习的内容是一般人所不愿学习的,并以此来纠正众人的过错。圣人顺应着万物的自然天性去帮助它们成功,而不敢按照个人意志去做事。

【解读】

一

古人常说:行百里者半九十。为什么这样说呢?因为胜利在望,人们往往会麻痹大意,更为重要的是,在即将走到终点时,也是最为困乏的时候,此时是否能够再坚持一下,就成为能否成功的关键。《晋书·朱伺列传》记载:

> (杨)珉又问:"将军前后击贼,何以每得胜邪?"(朱)伺曰:"两敌共对,惟当忍之。彼不能忍,我能忍,是以胜耳。"

晋代将军朱伺之所以能够每战必胜,就在于他能够在极为困难的情况下,再坚持一下子。

不仅做具体事情要慎终如始,人的整个一生也要慎终如始。我们一直认为,毅力比聪慧更为重要,坚持是成功的基础,然而多数人很难做到这一点。《诗经·大雅·荡》说:"靡不有初,鲜克有终。"人们开始时都能够志气豪迈,劲头十足,但坚持到底的却少之又少。才华横溢的子贡是孔子的得意弟子之一,他在学习时就产生过半途而废的念头:

> 子贡倦于学,告仲尼曰:"愿有所息。"仲尼曰:"生无所息。"

> 子贡曰："然则赐（子贡姓端木名赐）息无所乎？"仲尼曰："有焉耳。望其圹，睾如也，宰如也，坟如也，鬲如也，则知所息矣。"（《列子·天瑞》）

子贡厌倦了学习，想休息，孔子提醒他活着就不能休息。子贡很失望，问老师："难道我就没有可以休息的时间和地方了吗？"孔子说："有啊。你什么时候看到那个圆圆的、高高的、如倒置的锅一样的坟墓，就知道该休息的时间和地方了。"在孔子看来，人的唯一休息场所就是自己的坟墓。孔子不仅如此教育弟子，而且身体力行，自己也是这样做的：

> 孔子病，商瞿卜期日中。孔子曰："取书来，比至日中，何事乎？"（《论衡·别通》）

孔子生了重病，让弟子商瞿占卜自己的死期，占卜结果是死期就在当天中午。孔子对商瞿说："拿本书来，从现在到中午，不读书干什么呢？"孔子做到了他要求的"生无所息"，有始有终，始终如一，不愧为万世师表！

二

由于认识水平、思想境界的不同，每个人所看重的东西也不相同。关于这一点，《吕氏春秋·异宝》有两段话说得很好。第一段说：

> 宋之野人耕而得玉，献之司城子罕，子罕不受。野人请曰："此野人之宝也，愿相国为之赐而受之也。"子罕曰："子以玉为宝，我以不受为宝。"故宋国之长者曰："子罕非无宝也，所宝者异也。"

宋国有一个农夫耕地时，拾到一块美玉，便把它献给宋国的执政大臣子罕，子罕却不接受。农夫很奇怪，说这块美玉是一件宝物。子罕就解释说："您把美玉看作宝物，而我把不接受贿赂看作'宝物'。"农夫和子罕都有自己所看重的东西，只是所看重的东西不同而已：农夫以美玉为宝，子罕以廉洁为宝。

第二段话说：

> 今以百金与抟黍以示儿子，儿子必取抟黍矣；以和氏之璧与百金以示鄙人，鄙人必取百金矣；以和氏之璧、道德之至言以示贤者，

　　贤者必取至言矣。其知弥精,其所取弥精;其知弥粗,其所取弥粗。把百金(先秦时期,二十四两或二十两黄金为一金)与一碗小米饭拿来让小孩子选择,小孩子一定会选择小米饭而不要百金;把和氏璧与百金拿来让一个没有见过世面的人选择,这个人一定会选择百金而不要和氏璧;把至理名言与和氏璧拿来让贤者选择,贤者一定会选择至理名言而不要和氏璧。由此可见,认识水平越高的人,他的选择就越精;认识水平越低的人,他的选择就越粗。

六十五章

【题解】

本章主题是要求君民同愚。老子认为,国家混乱的原因是人们的智慧太多,因此要求君主与百姓一起变得憨愚一些。老子意识到自己的观点与常人看法刚好相反,但他认为,如果能够按照自己的主张去治国,一切都会顺利。

古之善为道者①,非以明民②,将以愚之③。民之难治,以其智多。故以智治国,国之贼④;不以智治国,国之福。

知此两者亦稽式⑤,常知稽式,是谓玄德⑥。玄德深矣、远矣,与物反矣⑦。然后乃至大顺⑧。

【注释】

①为道:按照大道做事。为,学习,遵循。

②明民:使百姓变得聪明。这里说的"明",是指世俗聪明,而非道家提倡的大智。明,使动用法,使……变得聪明。

③愚之:使人们变得憨愚、纯朴。之,代指百姓。"非以明民,将以愚之。民之难治,以其智多"是在讲愚民。

④故以智治国,国之贼:所以说君主用智慧治国,是国家的灾难。贼,伤害。这里引申为灾难。与下文的"福"相对。"故以智治国,国之贼;不以智治国,国之福"是在讲愚君。关于老子"君民同愚"的思想,见"解读"。

⑤两者:指"以智治国"的坏处和"不以智治国"的好处。亦:相当于"是"。稽式:原则。蒋锡昌《老子校诂》:"'稽'为'楷'之借字。'稽''楷'一声之转。"楷、式都是法则的意思。河上公本"稽式"即作"楷式"。而王弼认为"稽,同也。今古之所同则(共有的法则),不可废"(《老子道德经注》)。

⑥玄德:微妙而高尚的品德。

⑦与物反矣:好像与一般的事理相反。物,事物。这里指一般的事理。老子认为那些懂得大道、具有高尚品质的人是难以被一般人所理解的,十五章说:"古之善为士者,微妙玄通,深不可识。"他们之所以难以被理解,是因为"玄德"之人的做法往往与常人恰恰相反。二十章说:"俗人昭昭,我独昏昏;俗人察察,我独闷闷。"而且这样的人"欲不欲""学不学"(六十四章),他们想的、学的、做的都与常人不一样,所以我们把"与物反矣"译作"好像与一般事理相反"。具体到本章,也就是说,老子认为圣人治国时主张君民同愚,从表面看来,这好像是违背了常理,是害了民众,而实际上却有利于民众。

⑧然后:这样以后。然,代词,指以上所讲的情况。大顺:非常顺利。是说具有高尚品德的人,办事好像与一般事理相背,然而如果能够按照他们的意见做事,就会十分顺利。

【译文】

古代那些善于遵循大道办事的人,并不是用大道使百姓变得聪明伶俐,而是要用它使百姓变得憨愚纯朴。百姓难以治理,原因在于他们的智慧太多。所以说如果君主用智慧治国,这是国家的灾难;不用智慧治国,是国家的福气。

要懂得以上两条是治国的原则,能够永远把握住这些原则,就可以说是具备了微妙高尚的品德。高尚的品德高远深邃,好像与一般事理相反。然而具有这样的品质之后办起事来却十分顺利。

【解读】

老子看到"慧智出,有大伪"(十八章)这一社会现象,于是对症下药,提出君民同愚的治国方略。老子的这一主张虽然不够正确,而且也无法做到,但并不能因此就说老子的主观目的是残害百姓,因为老子不仅主张愚民,也主张愚君。即便是仅就愚民这一点来看,也不能否认老子的主观善意,因为老子愚民的出发点与现实社会的当权者不同,当权者愚民是为了维护既得利益,而老子愚民是为了根除虚伪,使民获利(十九章"绝圣弃智,民利百倍")。虽然老子以"愚民"去求"利民"的目的很难实现,但绝不能因此就把老子划到百姓的对立面去。

可能会有人提出质疑,老子在谈到自己的政治主张时,总是站在统治者的立场上说话,这分明是替统治者出谋划策,怎么能说他是反对统治者呢?我们认为,老子不是无君论者,他并不反对有个统治者来治理国家,但他所赞成的统治者是他一再提到的圣人,而不是当时的君主。老子往往把二者对举,褒扬前者,痛斥后者。老子心目中的圣人"处无为之事,行不言之教,……生而不有,为而不恃"(二章),这个圣人"无常心,以百姓心为心"(四十九章),而且生活朴素,"为腹不为目"(十二章),这个圣人还能够像"天道"那样均贫富,"能有余以奉天下"(七十七章)。总之,这个圣人是与当时的统治者完全不同的人,老子把改变现实社会的希望寄托在这样的圣人身上。

六十六章

【题解】

本章主要讨论领导艺术。老子认为,既然处于百川之下的江海能够成为百川之王,那么领导者就应该效法自然,先处于百姓之下,自然也就能够成为百姓的领导者。老子最后指出,正是因为圣人"不争",结果却是"天下莫能与之争"。

江海所以能为百谷王者①,以其善下之②,故能为百谷王。

是以欲上民③,必以言下之④;欲先民,必以身后之⑤。是以圣人处上而民不重⑥,处前而民不害⑦。是以天下乐推而不厌⑧。以其不争,故天下莫能与之争⑨。

【注释】

①江海所以能为百谷王者:大江大海之所以能够成为百川的首领。谷,小河流。

②下之:居于小河之下。之,代指"百谷"。

③上民:处于民上。即做百姓的领导者。

④以言下之:用语言对百姓表示谦下。比如"侯王自谓孤、寡、不穀"(三十九章)就体现了这一点。

⑤欲先民，必以身后之：要想领导百姓，必须先把自己置于百姓的后面。先民，处于民前，即领导百姓。"欲先民，必以身后之"的例子见"解读一"。

⑥重：感到有压力。重，重量。这里引申为压力。

⑦害：感到有妨碍。害，伤害。这里引申为妨碍。

⑧推：推举，拥戴。

⑨以其不争，故天下莫能与之争：因为圣人不与人争，所以天下也没有人能够争得赢他。详见"解读二"。

【译文】

大江大海之所以能够成为百川的首领，原因在于它们善于处于百川的下游，所以才能够成为百川的首领。

因此要想统治百姓，必须用言语对百姓表示谦下；要想领导百姓，必须先把自己置于百姓的后面。因此圣人居于百姓之上而百姓并不感到有压力，处于百姓之前而百姓并不感到有妨碍。因此天下人都乐于拥戴他而不会感到讨厌。因为圣人不与人争，所以天下也没有人能够争得赢他。

【解读】

一

本章主旨就是阐述领导者"欲先民，必以身后之"的道理，关于实施这一原则的方法与效应，《史记·孙子吴起列传》有一个故事作了很好的说明：

（吴）起之为将，与士卒最下者同衣食。卧不设席，行不骑乘，亲裹赢粮，与士卒分劳苦。卒有病疽者，起为吮之。卒母闻而哭之。人曰："子卒也，而将军自吮其疽，何哭为？"母曰："非然也。往年吴公吮其父，其父战不旋踵，遂死于敌。吴公今又吮其子，妾不知其死所矣。是以哭之。"

吴起作为主帅，每次出兵打仗时，他的生活待遇与最下等的士兵一样，睡觉不用垫席，行军不乘车马，亲自背负军粮。有一次，一位年轻士兵身上长了疮，吴起就亲自用口为这位士兵吸出疮里的脓血。士兵的母亲听到这事，伤心地哭了起来，别人不理解她哭泣的原因，母亲回答说："从前我的丈夫也在吴将军手下当过兵，吴将军也曾为他吸过疮脓，结果我的丈夫为了报答将军的恩德，打仗时宁死不退，最后战死战场。换句话说，我丈夫当年就是被吴将军用嘴巴给'吸死'的，现在他又来吸我儿子，我不知道儿子这次还能否活着回来。"吴起就是靠这种"欲先民，必以身后之"的管理方式取得了士兵的拥戴，使士兵甘心情愿地为他付出自己生命。

二

纵观历史，"不争"的行为大约分为两种，一种是真正的不争，结果却从中受益。一种是表面不争，暗中做好争的准备，不争仅仅是一种争的手段。我们各举一例。

我们在二十九章的"解读"中提到唐太宗的三位嫡子：太子李承乾、魏王李泰、晋王李治。李承乾与李泰为了争夺太子之位，斗得你死我活，结果是两败俱伤，皆被流放。而李治对于两位兄长的争斗袖手旁观，从不参与，更无觊觎太子位的野心。一是因为李治当时年龄还小，二是与李治仁厚、软弱的性格也有关系。结果太子位却稳稳妥妥地落在李治身上，使他做了唐朝第三代君主高宗皇帝。李治是真正不争而得益的典型。

还有一种情况是把不争当作一种争的手段。《明史·朱升列传》记载：

朱升，字允升，休宁人。元末举乡荐，为池州学正，讲授有法。蕲、黄盗起，弃官隐石门。数避兵逋窜，卒未尝一日废学。太祖下徽州，以邓愈荐，召问时务。对曰："高筑墙，广积粮，缓称王。"太祖善之。

"高筑墙，广积粮，缓称王"这一主张不仅深得朱元璋的赞赏，对明王朝的建立起到了极大的积极作用，而且影响深远，被当代人发展为"深挖洞，广积粮，不称霸"的斗争策略。朱元璋"缓称王"，目的是为了避免自己过早成为各军事集团攻击的主要目标，以便为自己赢得充分发展力量的时间与空间，其最终目的是为了达到"故天下莫能与之争"的称王目的。事实证明，朱元璋的这一表面不争的策略是成功的。

六十七章

【题解】

本章带有总结性地提出了三条重要原则：一是守柔，二是节俭，三是不敢为天下先。但这三条原则都只是手段，而非目的。守柔的目的是为了克刚，节俭的目的是为了扩展，不敢为天下先的目的是为了成为万物的领导者。

天下皆谓我道大^①，似不肖^②。夫唯大，故似不肖。若肖，久矣其细也夫^③！

我有三宝^④，持而保之^⑤：一曰慈^⑥，二曰俭^⑦，三曰不敢为天下先^⑧。慈，故能勇^⑨；俭，故能广^⑩；不敢为天下先，故能成器长^⑪。

今舍慈且勇^⑫，舍俭且广，舍后且先，死矣。夫慈，以战则胜，以守则固^⑬。天将救之，以慈卫之^⑭。

【注释】

①大：含有大而不当、迂阔而无用的意思。

②似不肖：似乎什么也不像。道是万事万物规律的总称，因此它不

可能与某个具体事物相似。

③细：小，微不足道。

④三宝：三件法宝。也即三条值得珍惜的原则，具体指下文说的"慈""俭""不敢为天下先"。

⑤保：保持。同"持"义近。《韩非子·解老》以及河上公本都作"宝"。宝之，以之为宝。

⑥慈：柔和。《增韵》解释"慈"："柔也，善也，仁也。"这里主要取"柔"义。"慈"与"勇"相对，"俭"与"广"相对，"不敢为天下先"与"故能成器长"相对，意义皆相反。"勇"为刚，所以把"慈"解释为柔。也有不少注者把"慈"解释为仁慈的意思。

⑦俭：与五十九章的"啬"义同。意思是清静节俭，积蓄力量。王弼《老子道德经注》："节俭爱费，天下不匮，故能广也。"

⑧不敢为天下先：做事不敢抢在天下人的前面。老子主张"不敢为天下先"的原因，见"解读"。

⑨慈，故能勇：能够做到守柔，所以才能变得勇猛刚强。老子说的"柔"，不是懦弱无能，而是至刚若柔，只有这样的人才能够忍辱含羞，最终以柔克刚。如勾践能够忍受亡国之耻，韩信能够忍受胯下之辱，刘邦能够忍受鸿门之羞，而这些人的本质则是至刚至勇之人。

⑩广：扩大展开，成就事业。"俭，故能广"，也即无为而无不为的意思。

⑪器长：万物的首长。器，泛指万物，这里主要指人。

⑫且：而。

⑬"夫慈"几句：能够做到守柔，凭它作战就能胜利，凭它守卫就能坚不可摧。这同六十九章所说的"用兵有言：'吾不敢为主而为客，不敢进寸而退尺'"是一个意思，是说作战也要用守柔之道，这样才能取得胜利。

⑭天将救之，以慈卫之：天要救助一个人，保护这个人的办法就是让

他处于柔和的状态。七十六章:"人之生也柔弱,其死也坚强。万物草木之生也柔脆,其死也枯槁。故坚强者死之徒,柔弱者生之徒。"可见老子认为谁柔和谁就能生存,谁刚强谁就将死亡。

【译文】

天下人都认为我讲的道太大了,似乎什么都不像。正因为它太大,所以什么也不像。如果它像某个具体事物的话,它早就变得微不足道了。

我有三件法宝,我要牢牢地掌握着它们:一是守柔,二是节俭,三是做事不敢抢在天下人之前。能够做到守柔,所以才能变得勇猛刚强;能够做到节俭,所以才能拓展功业;做事不敢抢在天下人之前,所以才能成为万物的领导者。

现在如果舍去守柔,而只求勇猛刚强;舍去节俭,而只求拓展功业;舍去退让处后,而一味抢先,结果只能是灭亡。能够做到守柔,凭它作战就能胜利,凭它守卫就能坚不可摧。上天要救助一个人,保护这个人的办法就是让他具备柔和的品性。

【解读】

不少人都主张"敢为天下先",认为这是一种可贵的品质,而老子却提倡"不敢为天下先"。老子的这一主张主要是就政治而言,从政治的角度看,老子的这一主张不无道理。

历史上的改朝换代,主要有两种手段,一是内部政变,二是依靠暴风雨式的武装起义,用暴力推翻老王朝,建立新政权。在中国几千年的历史上,第一位起兵造反的都没有成功,而成功者都是随后起兵的人。如秦朝末年首先起兵的是陈胜、吴广,而最终得天下的是随后起兵的刘邦,建立西汉;王莽篡汉建立新朝之后,首先起兵的是绿林、赤眉,而最终得天下的是随后起兵的刘秀,建立东汉;东汉末年首先起兵的是黄巾,而最终得天下的是随后起兵的魏蜀吴;隋朝末年首先起兵的是瓦岗军、王薄,而最终得天下的是随后起兵的李渊,建立大唐。如此等等,几无例外。明朝朱元璋也是一位后起兵者,因此史学家在《明史·太祖本纪》中评论朱元璋时说:"天道后起者胜。"后发制人者是最后的胜利者。

　　刘邦在正式起兵之前,有一个行为也特别能够说明"不敢为天下先"的重要性。刘邦曾以亭长身份押送徒役去骊山服役,这些徒役半路逃走很多。刘邦估计等到了骊山就会逃光,于是走到丰(今江苏丰县)西的大泽时,就趁着酒兴,干脆把所有徒役全部释放,然后带着愿意留下的徒役藏于山中,后来这支队伍不断壮大。《史记·高祖本纪》接着记载:

　　　　秦始皇帝常曰:"东南有天子气。"于是因东游以厌之。高祖即自疑,亡匿,隐于芒、砀山泽岩石之间。

刘邦深藏不露地躲在芒山与砀山(两山相距八里,在今安徽砀山与河南永城一带)的广泽深山之中,不公开打出反秦旗号,一直熬到"秦二世元年秋,陈胜等起蕲,至陈而王,号为'张楚',诸郡县皆多杀其长吏以应陈涉"时,才率领部下出山逐鹿中原。可以说,刘邦深谙"不敢为天下先"之道,后发制人,结果力克群雄,最终成为天下之"器长"。

六十八章

【题解】

本章阐述了"不战而屈人之兵"的作战原则,同时提醒君主一定要对所用之人表示谦下。

善为士者不武①,善战者不怒②,善胜敌者不与③,善用人者为之下④。是谓不争之德,是谓用人之力,是谓配天、古之极⑤。

【注释】

①善为士者不武:善于当武士的不依赖勇猛。士,先秦时期"士"的含义非常广泛,底层贵族、文人、武士、男子均可称为"士"。根据上下文,这里的"士"指武士。一说专指将官,王弼《老子道德经注》:"士,卒之帅也。"武,勇猛,勇敢。

②怒:奋激。解释为"愤怒"也可,因为愤怒会使人失去理智。

③善胜敌者不与:善于战胜敌人的人不和敌人直接作战就能制服对方。与,对付。这里指直接与敌人作战。见"解读"。

④为之下:处于所用者之下。为,处,居。之,代指所用的人。《史

记·张释之冯唐列传》:"上古王者之遣将也,跪而推毂,曰:'阃以内者,寡人制之;阃以外者,将军制之。'"上古时期,将军出征时,君主要为他跪地推车,这就是"为之下"的表现。

⑤配:符合。天:自然。极:最高原则。

【译文】

善于当武士的人不依赖勇猛,善于作战的人不表现激奋,善于胜敌的人不去直接和敌人作战,善于用人的人先对所用之人表示谦下。这就是不与人争夺的美德,这就是善于利用别人力量的办法,这就符合了自然的、自古以来就有的最高法则。

【解读】

古人认为对待敌人,最好的方法就是孔子说的"夫修之于庙堂之上,而折冲乎千里之外"(《吕氏春秋·召类》),在朝堂上谋划好自己的政治,就能够使千里之外的敌人自动退却。《孙子兵法·谋攻》也说:

是故百战百胜,非善之善者也;不战而屈人之兵,善之善者也。

故上兵伐谋,其次伐交,其次伐兵,其下攻城。

在战场上百战百胜,也不是最好的,最好的办法是"不战而屈人之兵"。关于"不战而屈人之兵",《吕氏春秋·召类》记载了一例:

士尹池为荆使于宋,司城子罕觞之。南家之墙,擁于前而不直;西家之潦,径其宫而不止。士尹池问其故,司城子罕曰:"南家,工人也,为鞔者也。吾将徙之,其父曰:'吾恃为鞔以食三世矣,今徙之,是宋国之求鞔者不知吾处也,吾将不食。愿相国之忧吾不食也。'为是故,吾弗徙也。西家高,吾宫庳,潦之经吾宫也利,故弗禁也。"士尹池归荆,荆王适兴兵而攻宋,士尹池谏于荆王曰:"宋不可攻也。其主贤,其相仁。贤者能得民,仁者能用人。荆国攻之,其无功而为天下笑乎!"故释宋而攻郑。孔子闻之曰:"夫修之于庙堂之上,而折冲乎千里之外者,其司城子罕之谓乎!"

楚王计划进攻宋国,就派大夫士尹池出使宋国以打探虚实。士尹池看到宋国相国子罕是如此爱民，就急忙赶回楚国，劝告楚王不可攻宋，因为爱民者必得民心。而此时的楚王已经召集军队准备出征，总不能再把军队遣散，使自己失信于国。楚王最后决定，既然宋国不能打，那就打郑国，算是为自己找了一个台阶。子罕就是凭着自己对百姓的爱护，不战而屈人之兵。

六十九章

【题解】

本章再次阐述了反战思想。老子反对侵略战争，支持正义之战，在此基础上，提出了"哀兵必胜"这一影响重大的军事思想。

用兵有言①："吾不敢为主而为客②，不敢进寸而退尺。"是谓行无行③，攘无臂④，扔无敌⑤，执无兵⑥。

祸莫大于轻敌⑦，轻敌几丧吾宝⑧。故抗兵相加⑨，哀者胜矣⑩。

【注释】

①用兵：指用兵打仗的人。

②吾不敢为主而为客：我不敢主动发动侵略，但可以反抗侵略。主，主动进攻别人，也即发动侵略战争。客，被动地防守，也即反抗侵略。一般来说，"主"是指侵略战争，"客"是指卫国战争。由此可见，老子并不反对正义战争。

③行无行（háng）：即"无行行"，不摆军阵。前一个"行"作动词用，指行动、排列。后一个"行"作名词用，指行列、军阵。

④攘（rǎng）无臂：即"无攘臂"，不要卷起袖子以示争斗。攘臂，卷
　起袖子，高举臂膀。描述争斗的样子。

⑤扔无敌：即"无扔敌"，不要随便攻击敌人。扔，拉扯。这里指攻击。

⑥执无兵：即"无执兵"，不要随便使用兵器。执，拿，使用。

⑦轻敌：轻易与人为敌。也即轻易树敌。不少注本，如任继愈《老
　子新译》、陈鼓应《老子注译及评介》都把"轻敌"解释为"轻视
　敌人"，似不确，与上下文义不合。

⑧几丧吾宝：意思是如果轻易与人为敌，这基本上就是违背了大道。
　几，几乎，基本上。丧，丧失。引申为违背。宝，指道。六十二章：
　"道者，万物之奥，善人之宝。"一说，"宝"指身体。"丧吾宝"意
　思是丧失自己的生命。

⑨抗兵：举兵。抗，举。加：施加。这里指把兵力施加于对方身上，
　也即攻敌。一说"加"应作"若"，蒋锡昌《老子校诂》："《道德真
　经集注》引王弼注，'抗，举也；若，当也。'是王本作'若'。"帛书
　本也作"若"。若，相等。"抗兵相若"的意思是"双方出动的军
　队实力相等"。

⑩哀者胜矣：主观上不愿打仗，但在受到攻击、不得不带着悲哀心情
　去自卫反击的一方能够取胜。即三十一章所说的"兵者，不祥之
　器，非君子之器，不得已而用之。……杀人之众，以哀悲莅之"。
　关于本章的主旨及哀兵必胜的例子见"解读"。

【译文】

　用兵打仗的人说过："我不敢主动地发动侵略战争，但可以奋起反抗
侵略；我不敢前进一寸，而宁可后退一尺。"这就是提醒人们不要随便动
用军队，不要随便卷起袖子奋臂争斗，不要随便攻击敌人，不要随便使用
兵器。

　最大的灾祸就是轻易与人为敌，轻易与人为敌基本上就是违背了大
道。因此两军举兵对抗，被迫自卫、心情哀伤的一方获胜。

【解读】

任继愈先生说：本章"是讲用兵打仗的道理。老子以退为进的方针，在军事方面，则表现为以守为主、以守取胜的主张。这条总的作战原则是不全面的。但老子提出的不可轻敌和双方兵力差不多相等的条件下，悲愤的一方将获胜等见解还有它的合理的地方。"（《老子新译》）

我们认为本章同三十一章一样，是反对侵略战争的。本章一开始就说"吾不敢为主而为客"，不主动攻击别人，只在必要时进行自卫，这正是三十一章所讲的"兵者，不祥之器，不得已而用之"。本章接着说："行无行，攘无臂，扔无敌，执无兵。祸莫大于轻敌，轻敌几丧吾宝。""宝"即"道"，"道"是清静无为的。而随便用兵，轻易与人为敌却是多为的表现，是违背大道的，这正是三十一章所讲的"夫唯兵者，不祥之器，物或恶之，故有道者不处"。本章最后的"故抗兵相加，哀者胜矣"，一方面讲的是三十一章中的"杀人之众，以哀悲莅之"，同时也体现了老子的无为而无不为的一贯思想，也就是说，只有不愿作战的人才能取得战争的胜利。因此如果把"轻敌"按今天的意思解释为看轻敌人的力量，虽然合乎军事常识，但同本章以及全书的思想都失去了联系，甚至相违背。老子是反对战争、反对杀人的，他不是一个兵家，他之所以谈兵，仍是为他的哲学、政治观点服务的。

关于"哀兵必胜"，《史记·田单列传》记载：燕军及各国联军在占领齐国大部分国土之后，又包围了齐国的即墨，守城的主帅田单有以下举措：

（田单）乃宣言曰："吾唯惧燕军之劓所得齐卒，置之前行，与我战，即墨败矣。"燕人闻之，如其言。城中人见齐诸降者尽劓，皆怒，坚守，唯恐见得。单又纵反间曰："吾惧燕人掘吾城外冢墓，僇先人，可为寒心。"燕军尽掘垄墓，烧死人。即墨人从城上望见，皆涕泣，俱欲出战，怒自十倍。

田单就是采取各种办法——设法让燕军割掉被俘齐军的鼻子，挖掘齐国百姓的祖坟，使自己的军队变为"哀兵"，最后转败为胜，一举击退了燕军，收复了齐国国土。

七十章

【题解】

　　本章与第二十章的性质一样,是一首抒情诗。在第二十章中,老子抒发了被迫出走、前途渺茫的悲愤抑郁之情。本章则吐露了自己不被理解、主张不被重视的苦闷心境。老子在理论上可以对一切都淡泊处之,但一回到现实,对自己所处境况依然是难以释怀。

　　吾言甚易知①,甚易行②;天下莫能知,莫能行。

　　言有宗,事有君③。夫唯无知④,是以不我知⑤。知我者希⑥,则我者贵⑦。是以圣人被褐怀玉⑧。

【注释】

①吾言甚易知:我的主张很容易理解。言,言论,主张。

②甚易行:很容易实践。王弼《老子道德经注》:"可不出户窥牖而知,故曰'甚易知'也;无为而成,故曰'甚易行'也。惑于躁欲,故曰'莫之能知'也;迷于荣利,故曰'莫之能行'也。"

③言有宗,事有君:我提出的主张是有依据的,我要求做的事也是有一定根据的。宗,主,根据。君,主。引申为根据。老子这两句话

的意思是说，自己的言论、主张都不是凭空而来，而是有所依据的，这个依据就是大道。

④夫唯无知：人们太无知了。本句的主语是世人。夫唯，发语词。

⑤不我知：即"不知我"。知，理解。

⑥希：同"稀"。少。

⑦则：效法。贵：可贵。物以稀为贵，因此这里的"贵"引申为难得，稀少。

⑧被褐（pī hè）：穿着粗布衣。形容贫贱的生活。被，同"披"。穿着。褐，古代穷人穿的粗布衣。玉：比喻美好的才能。

【译文】

我的主张很容易理解，也很容易践行；然而天下竟然没有人能够理解，也没有人能够践行。

我提出的主张都是有所依据的，我要求做的事情也是有一定根据的。由于人们太无知了，所以不能理解我。理解我的人太少了，能够效法我的人更为难得。因此圣人虽然怀着美好的才能，却过着贫贱的生活。

【解读】

李白说："古来圣贤皆寂寞。"（《将进酒》）中国古代最著名的圣贤是四位：老子、孔子、孟子、庄子。这四位圣贤无一例外都是孤独寂寞的。老子是孤独寂寞的，他哀叹自己"天下莫能知"，孔子也是孤独寂寞的：

子曰："莫我知也夫！……知我者，其天乎！"（《论语·宪问》）

孔子认为天下没有一个人理解自己，如果有，那大概就是上天了，因此"仲尼干七十余君无所遇"（《史记·儒林列传》）。孟子的遭遇与孔子相似，时人都认为孟子思想"迂远而阔于事情。……是以所如者不合"（《史记·孟子荀卿列传》）。时运不济，再加上个性原因，庄子似乎更为孤独寂寞：

三人行而一人惑，所适者，犹可致也，惑者少也；二人惑则劳而不至，惑者胜也。……而今也以天下惑，予虽有祈向，其庸可得邪？

　　知其不可得也而强之，又一惑也。(《庄子·天地》)

庄子说："三人同行而其中只有一个糊涂人，他们还可以到达目的地，因为糊涂人毕竟只占少数；如果三人中有两个糊涂人，他们就会搞得疲惫不堪也到不了自己想去的地方，因为糊涂人占了多数。更何况如今整个天下人都是糊涂人，我虽然有自己的追求和理想，可又怎能实现呢？知道自己的理想无法实现却还要勉强去追求，这就是在所有糊涂人之外又多了一个糊涂人！"朱熹对庄子的孤独处境看得极为清楚："庄子当时也无人宗之，他只在僻处自说。"(《朱子语类》卷一二五)"僻处自说"准确地描述了庄子那种孤立无助、备受冷落的处境。

七十一章

【题解】

本章赞美"君子盛德,容貌若愚"的品质,批评那些不懂装懂、信口开河的人。

知不知,上[1];不知知,病[2]。

夫唯病病[3],是以不病[4]。圣人不病,以其病病,是以不病。

【注释】

[1]知不知,上:懂得了,外表看起来却好像什么也不懂得,最好。上,上等,最好。

[2]不知知,病:不懂却装懂,那就是毛病了。关于"知不知,上;不知知,病"的实例,见"解读"。

[3]夫唯:发语词。病病:把这种毛病看作毛病。第一个"病"是动词,意思是"把……看作毛病"。第二个"病"是名词。

[4]不病:不会犯这种毛病。

【译文】

懂得了而外表上好像什么也不懂得,最好;不懂得而装出懂得的样子,这就是毛病。

　　如果知道这种毛病是一种毛病，就不会犯这种毛病。圣人没有这种毛病，这是因为他们把这种毛病当作毛病，所以没有这种毛病。

【解读】

　　《史记·老子韩非列传》记载，孔子曾经单车赴周，问礼于老子。老子告诫孔子说：

　　　　良贾深藏若虚，君子盛德，容貌若愚。

优秀的商人虽然家藏万贯财货，表面上看起来却好像一无所有；道德高尚的人内心充满了美德，表面上看起来却好像憨愚无知。这讲的正是"知不知，上"的意思。在《道德经》一书中，类似的观点不少，如四十一章的"上德若谷，大白若辱"，四十五章的"大成若缺""大盈若冲"等。如果把"知不知，上；不知知，病"解释为"知道自己不知道，最好；不知道，而自以为知道，就是病"（任继愈《老子新译》），这与孔子的"知之为知之，不知为不知，是知也"（《论语·为政》）的意思相似。这种解释虽然也具有普遍意义，但考虑到老子的整个思想体系，故不取此说。

　　关于"知不知"和"不知知"这两种人的表现，我们举《玉堂丛语》卷八记载的一件事情为例：明朝永乐年间，曾鹤龄进京参加科举考试，途中与几位浙江举子同坐一只船。那几位举子年轻气盛，傲视一世，一路上议论锋出，谈笑风生，而曾鹤龄却沉默寡言，似无能者。几位举子见状，就故意拿书中的一些疑义询问他，而曾鹤龄也谦虚退让，口称不知，几位举子就嘲笑他说："此人无知，被推荐为举子进京考进士，完全是一种'偶然'。"于是他们就毫不客气地一路称他为"曾偶然"。然而考试结果却大出意料，几位不可一世的举子名落孙山，而"曾偶然"却"抡大魁"，中了状元。于是，曾鹤龄就写了一首诗歌送给几位举子：

　　　　捧领乡书诏九天，偶然趁得浙江船。

　　　　世间固有偶然事，不意偶然又偶然。

曾鹤龄是"知不知"的典范，而几位年轻的浙江举人则是"不知知"的典型。

　　这几位浙江举人的学问固然不如曾鹤龄，但能够考上举人，腹中当不会空无一物，言谈大约也无大的失误。还有一些满腹败絮的人，竟然也敢"口吐莲花"，丝毫不惧见笑于大方之家：

　　　　昔有一僧人，与一士子同宿夜航船。士子高谈阔论，僧畏慑，拳足而寝。僧人听其语有破绽，乃曰："请问相公，澹台灭明是一个人、两个人？"士子曰："是两个人。"僧曰："这等尧舜是一个人、两个人？"士子曰："自然是一个人！"僧乃笑曰："这等说起来，且待小僧伸伸脚。"（张岱《夜航船·序》）

这位士子连澹台灭明（孔子弟子，复姓澹台，名灭明）是一个人、尧舜是两个人的基本常识都不知道，竟敢在众人面前高谈阔论，信口开河，唬得僧人连腿也不敢伸直。

七十二章

【题解】

本章指出百姓生活动荡、无以温饱，完全是暴君造成的；那些圣君与暴君相反，圣君虽然也有自爱之心，但从不抬高自我，更不会施行残暴政策。

民不畏威^①，则大威至^②：无狎其所居^③，无厌其所生^④。夫唯不厌，是以不厌^⑤。

是以圣人自知，不自见^⑥；自爱，不自贵。故去彼取此^⑦。

【注释】

① 民不畏威：百姓不害怕暴君的恐怖政策。威，威胁，恐怖。

② 则大威至：那么更大的恐怖政策就施加于百姓的头上。这两句讲统治者对百姓的统治手段越来越严酷，下面两句解释"大威"的内容。

③ 无狎（xiá）其所居：不让百姓生活安定。狎，安习，安乐。居，生活。理解为"居住"也可。

④ 无厌其所生：不让百姓有充足的生活资料。厌，吃饱，满足。所

生,生存所需。即衣食。

⑤夫唯不厌,是以不厌:正是因为暴君不让百姓吃饱穿暖,所以百姓才吃不饱穿不暖。这两句揭示百姓挨冻受饥的原因,正如七十五章所说的"民之饥,以其上食税之多,是以饥"。关于这一段,学界有不同解释,录以备考:"人民不畏惧统治者的威压,则更大的祸乱就要发生了。不要逼迫人民的居处,不要压榨人民的生活。只有不压榨人民,人民才不厌恶(统治者)。"(陈鼓应《老子注译及评介》)

⑥见(xiàn):同"现"。表现,炫耀。

⑦彼:指"民不畏威,则大威至;无狎其所居,无厌其所生"这种做法。此:指"自知,不自见;自爱,不自贵"的做法。这几句旨在说明圣人如果处在统治者的地位是如何做的:他们有自知之明,从不炫耀自我;他们虽然也爱护自己,但并不抬高自己。一般统治者与圣人的做法是相反的,其分歧的焦点还在于"有为"和"无为"。前者知道"民不畏威"而有为——"则大威至",后者知道"民不畏威"则无为——"不自见""不自贵"。"有为"将激化矛盾,天下大乱;"无为"将消除对立,天下大治。

【译文】

由于百姓不害怕恐怖政策,于是暴君就用更大的恐怖政策施加于百姓头上:他们不让百姓安逸地生活在自己的家园,不让百姓有充足的生活资料。正是因为暴君不让百姓吃饱穿暖,所以百姓才吃不饱穿不暖。

因此圣君有自知之明,从来不去炫耀自我;有自爱之心,却从来不去抬高个人。所以圣君抛弃暴君的做法而不去炫耀、抬高自己。

七十三章

【题解】

　　本章阐述两个内容:一是强调守柔,反对刚强;二是描述天道不争善胜、不言善应、不召自来、绵然善谋的特性。其中"天网恢恢,疏而不失"为千古名言。

　　勇于敢①,则杀②;勇于不敢③,则活。此两者,或利或害④。天之所恶⑤,孰知其故⑥? 是以圣人犹难之⑦。

　　天之道,不争而善胜,不言而善应,不召而自来⑧,绵然而善谋⑨。天网恢恢⑩,疏而不失⑪。

【注释】

①勇于敢:努力做到果敢刚强。勇,奋勇,努力。敢,果敢,刚强。

②杀:被杀,非正常死亡。王弼《老子道德经注》:"必不得其死也。"

③不敢:不刚强,也即谦退、柔和。

④或利或害:有的行为使人得益,有的行为使人受害。或,有的。第一个"或"指"勇于不敢",第二个"或"指"勇于敢"。

⑤所恶(wù):所讨厌的东西,指"敢"这种品性。

⑥孰:谁。故:原因。

⑦是以圣人犹难之:因此连圣人也难以回答这个问题。难之,以之为难。除王弼本外,其他不少版本都没有这一句,而且与全章也不协韵,因此怀疑是注文误入正文。

⑧不召而自来:不用召唤而自动到来。如春夏秋冬、风雨寒暑等等。

⑨绰(chǎn)然:不慌不忙、从从容容的样子。

⑩天网恢恢:大自然的规律就像一张广大无边的网一样。天,大自然的规律,也即大道。恢恢,广大的样子。

⑪疏而不失:网孔看似稀疏却从不遗漏任何东西。疏,稀疏。失,遗漏。"天网恢恢,疏而不失"这一比喻十分恰当,因为大至天地,小至蝼蚁,都必须遵循大道才能生存。后人改为"法网恢恢,疏而不失",只能说是表达了一种美好愿望,因为在古代社会,法网如蛛网,只能逮住小者,至于大者,不仅无法逮住,连网也能毁掉。

【译文】

努力做到果敢刚强的人,就会死于非命;努力做到谦退柔和的人,就能安然生存。这两种努力有的使人得益,有的使人受害。上天讨厌一些品行,谁能知道它讨厌这些品行的原因是什么呢?因此连圣人也难以回答这个问题。

大自然的运行规律,是不去争夺而善于取胜,不发一语而善于回应,不用召唤而自动到来,从从容容却善于谋划。大自然的规律就像一张广大无边的网一样,网孔看似稀疏却从不遗漏任何东西。

七十四章

【题解】

　　本章主要阐述反对刑杀的主张。老子首先指出"民不畏死"这一事实，因此依靠杀人是治理不好国家的；接着提醒玩火者必自焚，嗜好杀人者最终势必会伤害自己。

　　民不畏死①，奈何以死惧之②？若使民常畏死，而为奇者③，吾得执而杀之④，孰敢？

　　常有司杀者杀⑤。夫代司杀者杀，是谓代大匠斫⑥。夫代大匠斫者，希有不伤其手矣⑦。

【注释】

①民不畏死：百姓不怕死。百姓之所以不怕死，是因为他们无法生存。七十五章说："民之轻死，以其上求生之厚，是以轻死。"因为统治者太重视自我，他们为了个人享乐，加重盘剥，使百姓无法生存，结果百姓就会拼死反抗。

②奈何以死惧之：怎么能用死亡去威胁他们呢？惧，恐吓，威胁。

③为奇：干坏事。为，做。奇，邪恶，坏事。

④吾：不是指老子本人，而是以统治者的口气说话。执：逮捕。

⑤司杀者：掌握杀人权者。这里主要指自然规律。自然规律能够使
万物生存，也能够使万物死亡。"司杀者"也可理解为司法官员。
司，主管。

⑥大匠：技术高超的木工。斫（zhuó）：砍削木头。

⑦希有：很少有。希，同"稀"。少。

【译文】

百姓不怕死，怎么能用死亡去威胁他们呢？如果百姓一直是怕死
的，那么对于那些干坏事的人，我们就把他抓来杀掉，谁还敢干坏事？

永远应该由天地自然去杀人。代替天地自然去杀人，这就好比代替
技术高超的木工去砍削木头一样。代替技术高超的木工去砍削木头，很
少有不砍伤自己的手的。

七十五章

【题解】

本章紧承上章,解释"民不畏死"的原因。老子首先指出暴君是制造灾难、引起社会动荡的罪魁祸首,接着从辩证的角度指出,不太重视个人生命的君主胜过那些过分重视个人生命的君主。

民之饥,以其上食税之多^①,是以饥;民之难治,以其上之有为^②,是以难治;民之轻死^③,以其上求生之厚^④,是以轻死。夫唯无以生为者^⑤,是贤于贵生^⑥。

【注释】

①以:因为。上:指统治者。食税:收税。

②有为:多为。这里指统治者好大喜功,如秦皇、汉武大搞土木工程、征战拓边等。

③轻死:看轻死亡,不重视生命。指百姓不惜生命以反抗暴君。

④以其上求生之厚:是因为统治者用来养生的手段太过分。统治者太重视个人生命,势必会盘剥百姓以养己,结果会引起百姓拼死反抗。

⑤无以生为：不以生为事。即不把自我生命看得太重要。

⑥贤于：胜过。贵生：看重自我生命。为什么说"无以生为者，是贤于贵生"？见"解读"。

【译文】

百姓之所以忍饥挨饿，是因为他们的统治者收税太多，所以忍饥挨饿；百姓之所以难以治理，是因为他们的统治者好大喜功，所以难以治理；百姓之所以不怕死，是因为统治者用来养生的手段太过分，所以百姓不怕死。那些不一味重视自我生命的统治者，胜过那些过分重视自我生命的统治者。

【解读】

本章直截了当地指出统治者是给百姓制造灾难、引起社会动荡不安的罪魁祸首。本章提出的"无以生为者，是贤于贵生"，主要是要求当权者不要太看重自己的生命，以盘剥百姓为自己服务。在这方面做得最好的皇帝，当属汉文帝：

> 孝文帝从代来，即位二十三年，宫室、苑囿、狗马、服御无所增益，有不便，辄弛以利民。尝欲作露台，召匠计之，直百金。上曰："百金，中民十家之产。吾奉先帝宫室，常恐羞之，何以台为！"上常衣绨衣，所幸慎夫人，令衣不得曳地，帏帐不得文绣，以示敦朴，为天下先。治霸陵皆以瓦器，不得以金银铜锡为饰，不治坟，欲为省，毋烦民。（《史记·孝文本纪》）

就是这位"无以生为"的汉文帝，不仅稳定了汉王朝局面，开创了文景之治，而且也成就了自己的圣君美名，更重要的是全国百姓因此而过上了富裕祥和的日子。文帝的行为利国、利民、利己，可以说一举而三得。

"无以生为"这一道理不仅适合于君主，也适合每一位常人的养生活动。我们看白居易的《自觉》：

> 四十未为老，忧伤早衰恶。前岁二毛生，今年一齿落。形骸日损耗，心事同萧索。夜寝与朝餐，其间味亦薄。同岁崔舍人，容光方

灼灼。始知年与貌，衰盛随忧乐。畏老老转迫，忧病病弥缚。不畏
复不忧，是除老病药。

这首诗通过自己与崔舍人的对比，说明越是担忧老病，老病越是前来纠
缠；把老病放在一边别去考虑它们，反而能使老病远离自己。这也就是
第七章讲的"外其身而身存"的道理。

七十六章

【题解】
    本章以万物初生时柔弱、死后僵硬与"强大处下,柔弱处上"等自然现象为依据,再次强调柔弱胜刚强的道理。

    人之生也柔弱①,其死也坚强②。万物草木之生也柔脆,其死也枯槁③。故坚强者死之徒④,柔弱者生之徒。

    是以兵强则灭,木强则折⑤。强大处下,柔弱处上⑥。

【注释】
①柔弱:指身体柔软。

②坚强:僵硬。指尸体僵硬。

③枯槁:草木枯槁后,同样是僵硬而不柔软。

④徒:通"途"。道路,途径。与五十章"生之徒十有三,死之徒十有三"用法一样。

⑤兵强则灭,木强则折(shé):兵力强大了就会灭亡,树木强大了就会折断。王弼本原作"兵强则不胜,木强则兵",意思是依赖军队称王称霸,必定会遭到天下人的反对,因而必败无疑;树木长大了

就会被砍伐。今据《列子·黄帝篇》《淮南子·原道训》改。从长远的、辩证的观点来看，"兵强则灭，木强则折"的提法有其正确的一面，因为任何事物一旦达到它的极盛点，都会向反面发展，而且这种极盛状态也为滥施暴力提供了条件，客观上加速了这种转化。只是老子用自然现象去论证社会现象的方法是机械的，如果认为凡是柔弱的东西就能生存，凡是坚强的东西就会死亡，也不完全符合客观事实，带有片面性。

⑥强大处下，柔弱处上：坚硬庞大的东西总是处于下面，柔软微小的东西总是居于上面。王弼《老子道德经注》用树干与枝条的关系来说明这个问题：坚强的枝干处于下，柔弱的枝条却居于上。这两句字面意思讲的仍然是自然现象，目的是用自然现象去印证柔弱胜刚强的道理。

【译文】

人初生时身体是柔软的，死后的身体是僵硬的。万物草木初生时是柔脆的，死后是枯槁的。所以追求刚强是条死路，保持柔弱是条生路。

因此兵力强大了会灭亡，树木强大了就会折断。坚硬庞大的东西总是处于下面，柔软微小的东西总是居于上面。

七十七章

【题解】

本章主要表达了追求平等的愿望。老子赞美了公正平等的"天之道",批判了"损不足以奉有余"的"人之道"。

天之道①,其犹张弓与②？高者抑之③,下者举之;有余者损之④,不足者补之。天之道,损有余而补不足⑤,人之道则不然⑥,损不足以奉有余。

孰能有余以奉天下⑦？唯有道者。是以圣人为而不恃⑧,功成而不处,其不欲见贤⑨。

【注释】

①天之道:大自然的运行规律。天,大自然。

②其犹张弓与:大概很像安装弓弦吧？其,表示推测的语气词。犹,像。张弓,在弓上装弦。《说文解字》:"张,施弓弦也。"与,语气词,表疑问。弓弦的两端必须安装在弓两头相等的地方,一头高一头低是不行的,所以下文说:"高者抑之,下者举之。"

③高者抑之:高的一端要压低一些。

④有余者损之：弓弦长了就剪短一些。有余者，指过长的弓弦。损之，减少它。

⑤天之道，损有余而补不足：大自然的运行规律，是减损有余的而补给不足的。自然界的风风雨雨，都是把高处的东西向低处搬运，因此老子得出"损有余而补不足"是自然法则的结论。

⑥人之道：人们制定的原则。不然：不是这样。然，代词。这样。

⑦孰能有余以奉天下：谁能够把多余的财物拿出来奉献给天下人。

⑧为而不恃（shì）：帮助万物而从不依赖它们。即帮助万物而不求万物回报。为，帮助。恃，依赖。引申为追求回报。

⑨见（xiàn）贤：表现自己的恩德和才能。见，同"现"，表现。贤，这里是品德好、才能高的意思。

【译文】

大自然的运行规律，大概就像安装弓弦一样吧？高的一端要压低一点，低的一端就抬高一点；弓弦长了就剪短一些，短了就补长一些。大自然的运行规律，是减损有余的而补充给不足的；人们制定的原则却不是这样，是减损不足的去奉献给有余的。

谁能够把多余的财富奉献给天下人？只有懂得大道的人才能如此。因此圣人帮助了万物而不求它们回报，功成而不居功，他们不愿表现自己的恩德和才能。

七十八章

【题解】

　　本章首先用水的强大力量,说明柔弱胜刚强的道理;接着指出只有那些能够为国家忍受屈辱、承担灾难的君主,才能够成为国家的真正主人。

　　天下莫柔弱于水,而攻坚强者莫之能胜①,其无以易之②。弱之胜强,柔之胜刚,天下莫不知,莫能行。

　　是以圣人云:"受国之垢③,是谓社稷主④;受国不祥⑤,是为天下王。"正言若反。

【注释】

　　①攻:攻击,摧毁。坚强者:指坚固的物体。莫之能胜:即"莫能胜之"。没有什么事物能够超过水。之,代指水。

　　②其无以易之:大概没有什么东西可以代替水。其,表示推测的语气词。无以,没有什么。易,代替。

　　③受国之垢(gòu):能够为国家忍受屈辱。垢,屈辱。"受国之垢"的典型例子是勾践。勾践失败后,"其身亲为夫差前马"(《国语·越语上》),受尽屈辱,卧薪尝胆,最后灭吴兴越。

④社稷（jì）：国家。社是土神，稷是谷神，由于历代新王朝建立时，
　都要重新立社坛、稷庙以祭祀土神和谷神，因此社稷也就成了国
　家的代称。

⑤受国不祥：为国家承担灾难。不祥，灾难。"受国不祥，是为天下
　王"的例子见"解读"。

【译文】

　　天下最柔弱的事物是水，然而摧毁坚固物体的力量没有能够超过它
的，也没有能够代替它的。弱胜强、柔胜刚的道理，天下没有人不懂，然
而却没有人能够做到。

　　因此圣人说："能够为国家忍受屈辱，这才算是天下的君主；能够为
国家承担灾难，这才算是天下的君王。"这些正面的话听起来就好像反
话一样。

【解读】

　　上古不少帝王在灾难面前，都能够挺身而出，比如大禹为了治水，三
过家门而不入，"身执耒臿以为民先，股无胈，胫不生毛"（《韩非子·五
蠹》），以至于最后导致半身不遂，为后人留下"禹步"这一典故。商汤
王为了"救旱也，乘素车白马，著布衣，身婴白茅，以身为牲，祷于桑林之
野"（《尸子·卷下》）。商汤王乘坐素车白马，穿着粗布麻衣，身上缠绕
着白茅，把自身当作祭品献给神灵，以祈求上天降雨。春秋时期也有一
位能够为国家承担灾难的君主，他就是宋景公：

　　　荧惑守心。心，宋之分野也。景公忧之。司星子韦曰："可移
　　于相。"景公曰："相，吾之股肱。"曰："可移于民。"景公曰："君者
　　待民。"曰："可移于岁。"景公曰："岁饥民困，吾谁为君！"子韦曰：
　　"天高听卑。君有君人之言三，荧惑宜有动。"于是候之，果徙三度。
　　（《史记·宋微子世家》）

天象预示灾难将要落在宋君宋景公的身上，主管占候星象的大夫子韦表
示可以通过祈祷的方式，把灾难转嫁到相国或者百姓头上，甚至还可以

转嫁给收成。作为一国之君的宋景公对子韦的建议一概拒绝，甘愿自己承担这场灾难。由于宋景公敢于"受国不祥"，感动了上天，上天便改变了不利于景公的天象。

七十九章

【题解】

　　本章首先提醒人们不要与人结怨；接着用形象的比喻说明圣人"生而不有，为而不恃"，从不结怨于人；最后指出"天道无亲，常与善人"，天道毫无偏爱，永远赐福好人。

　　和大怨，必有余怨①，安可以为善②？是以圣人执左契③，而不责于人④。有德司契⑤，无德司彻⑥。

　　天道无亲，常与善人⑦。

【注释】

①和大怨，必有余怨：两家结了大仇恨，通过某种方法，虽然和解了大仇大恨，但这些仇恨毕竟还会为两家留下难以完全抹去的阴影。这种仇恨的阴影就是"余怨"。因此，最好从开始就不要与人结怨。比如西汉初年，匈奴围困刘邦，羞辱吕后，后来虽然以和亲方式缓和了匈奴与汉朝之间的大仇恨，但到了汉武帝时，武帝仍以此为理由，对匈奴发动了大规模进攻。

②安：怎么。

③左契（qì）：收债的凭据。古代借债时，在木板或竹简上写清借债内容，然后一分为二，债权人保存左边的一半，负债人保存右边的一半。左契，即左边的一半，是讨债的凭据。

④责：责求，讨债。"是以圣人执左契，而不责于人"两句，比喻圣人即使有恩于别人，也不求别人回报；即使居于有利地位，也不为难别人，这样就根本不会与人结怨了。

⑤有德司契：具有高尚品德的人就像那些握有契约而不向人索债的圣人一样。因为一旦索债，就会结怨。司，主管。

⑥司彻：掌管税收的人。税务官员收税时是不讲情面的。彻，周代的一种收税法，在百姓的十分收入中收取一分税。《孟子·滕文公上》："夏后氏五十而贡，殷人七十而助，周人百亩而彻，其实皆什一也。"

⑦与：帮助。善人：指按照规律办事的人。"天道无亲，常与善人"是一个颇受争议的命题，见"解读"。

【译文】

即使和解了大怨，也一定还有余怨存在，这怎么能算是尽善尽美呢？因此圣人即使握有讨债的契约，也不向人索取欠债。具有高尚品德的人就像握有契约而不向人索取债务的圣人一样宽容，没有高尚品德的人就像主管收税的税务官员一样苛刻。

大道对谁也不偏爱，它总是帮助那些按照大道办事的好人。

【解读】

"天道无亲，常与善人"与《周易·坤·文言》中的"积善之家，必有余庆；积不善之家，必有余殃"思想一致，是一个带有因果报应性质的命题。中国古代的报应思想分两类，一类是宗教报应观（即神学报应观），一类是人事报应观。

我们首先简要谈谈宗教报应观。

佛教入华之前，中国的宗教报应思想已经存在。中国报应观的核心思想也是善恶有报，如果他本人没有得到报应，那么这个报应就会落在他的子孙身上。这种报应观存在两个"弊端"。第一个弊端是，这种报应思想对于那些极端自私之人缺乏约束力。极端自私者只顾自己，根本不会把子孙后代放在心上，既然自己做了坏事，有可能不会得到报应，那么这些极端自私者就会肆无忌惮。第二个"弊端（这是个假弊端）"是人们可以去验证这种报应观。中国史学非常发达，从先秦始，朝廷就有史官负责记载历史。特别是对于一些重要家族、人物，史官详细记载了他们的生平事迹及其后代情况。既然史学发达，人们就可以根据史书记载去验证这一报应思想。某人干尽坏事，却终生无恙；那么再去查他们的子孙，结果发现他们的子孙照样享尽荣华富贵，于是人们就会怀疑，所谓报应，究竟有还是没有。

佛教报应观就非常精巧，克服了这些"弊端"。佛教报应观有两点值得注意：一是善恶有报，而这种报应必须由本人承担，用通俗的话讲，就是"谁欠债，谁还钱"，包括子孙在内的任何人都无法替他还债。这样一来，对于那些极端自私者就具有很强的约束力。二是佛教把报应思想与轮回思想联系起来。佛教认为一个人得到报应的时间分三种情况：一是现报，二是生报，三是后报。现报，就是说一个人的善恶在其生前就能得到报应。生报，是指一个人这辈子作的"业"，到他的来生、也即下一辈子时得到报应。后报，是指一个人这辈子作的"业"，要等到他的第二生、第三生，甚至百生、千生以后才得到报应。佛教报应思想不仅对于那些极端自私之人具有极强的约束力，而且人们还无法去验证这种报应思想。别说是下十生、百生，即使下一生的情况，我们也无法验证。人们有一种普遍心理，对于这类没法验证的事情，宁可信其有，不可信其无，更何况这是大圣人释迦牟尼佛说的。

其次，我们谈人事报应。

神学报应思想代表了民众的一种美好祈求，至于其真实与否，不必深究。我们坚信人事报应，好人有好报，坏人有坏报。我们各举一例：

> 晋侯饮赵盾酒,伏甲将攻之。……初,宣子田于首山,舍于翳桑,见灵辄饿,问其病。曰:"不食三日矣。"食之,舍其半。问之,曰:"宦三年矣,未知母之存否,今近焉,请以遗之。"使尽之,而为之箪食与肉,置诸橐以与之。既而与为公介,倒戟以御公徒,而免之。问何故,对曰:"翳桑之饿人也。"问其名居,不告而退,遂自亡也。(《左传·宣公二年》)

赵国贤臣赵盾(又称赵宣子)曾经救助过灵辄,当晋灵公要攻杀赵盾时,时为灵公卫士的灵辄反戈而击,救了赵盾。这是好有好报的事例。

我们再举恶有恶报的事例。武则天掌权时,喜欢重用酷吏。有位酷吏名叫周兴,他审问犯人时善用酷刑,因而制造了大量冤狱。据史书记载,死在他手里的就有数千人,还有大量的官员及家属被他流放到了岭南(今广东一带)。接着发生的事情让周兴始料不及:

> 或告文昌右丞周兴与丘神勣通谋,太后命来俊臣鞫之,俊臣与兴方推事对食,谓兴曰:"囚多不承,当为何法?"兴曰:"此甚易耳!取大瓮,以炭四周炙之,令囚入中,何事不承!"俊臣乃索大瓮,火围如兴法,因起谓兴曰:"有内状推兄,请兄入此瓮!"兴惶恐叩头伏罪。法当死,太后原之,二月,流兴岭南,在道,为仇家所杀。(《资治通鉴》卷二百四)

这就是历史上著名的"请君入瓮"故事。周兴发明酷刑本来是要残害别人的,结果却害到自己头上。虽然武则天没有杀他,但最终还是在流放途中死于仇家之手。

由于社会生活极为复杂,因此播种龙种、收获跳蚤的事情也时有发生,于是就有人质疑善恶有报这一观念。司马迁说:

> 或曰:"天道无亲,常与善人。"若伯夷、叔齐,可谓善人者非邪?积仁絜行如此而饿死!且七十子之徒,仲尼独荐颜渊为好学。然回也屡空,糟糠不厌,而卒蚤夭。天之报施善人,其何如哉?盗跖日杀不辜,肝人之肉,暴戾恣睢,聚党数千人横行天下,竟以寿终。

是遵何德哉?……余甚惑焉,傥所谓天道,是邪非邪?(《史记·伯夷列传》)

司马迁列举了一些事实,如伯夷饿死、颜回早夭,而盗跖却能寿终正寝,以说明"天道无亲,常与善人"这一命题的不可靠性。

由于历史太长,人口太多,谁都可以像司马迁那样,举出千万实例以证明好人没有得到好报,而坏人没有得到恶报,但和整个人类的数量及发生的事件相比,这类事情还是属于个例。从总体来看,"天道无亲,常与善人"仍然属于真理,我们对此深信不疑!

八十章

【题解】

本章描述老子理想社会的情况,对后世影响极大。在理想社会里,国家小,人口少;人们居住安定,不用迁徙;社会和谐,没有战争;生活简朴富足,没有各种技巧;邻国相望,但无交往。一切都是那样的祥和美满。这与《桃花源记》的内容十分接近,代表了古人那种美好的生活诉求。

小国寡民①。使有什伯之器而不用②,使民重死而不远徙③。虽有舟舆④,无所乘之⑤;虽有甲兵⑥,无所陈之⑦;使人复结绳而用之⑧。

甘其食⑨,美其服,安其居,乐其俗⑩。邻国相望,鸡犬之声相闻,民至老死,不相往来⑪。

【注释】

①小国寡民:国家要小,人口要少。小、寡,都用如动词,使国小,使民少。关于"寡民"的问题,详见"解读一"。

②什伯之器:泛指众多的器具,包括下文所讲的舟舆、甲兵等。什伯,即"十百",泛指众多。

③使民重死而不远徙(xǐ):重死,把死亡看得很重,也即重视生命。

徒,搬迁,搬家。这一句话,影响了中国数千年的政治。历朝历代执行的都是这一政策,古人称之为"安土重迁"。执行这一政策的目的有二,一是为了税收,二是为了社会安定。

④虽:即使。舆(yú):车。

⑤无所:没有因由,没有必要。所,代词。代指"乘之"的原因。因为不"远徙",所以用不上车船。

⑥甲兵:这里泛指武器装备。甲,战衣。兵,兵器。

⑦陈:陈列,摆出来。引申为使用。社会安定,没有战争,所以用不上甲兵。

⑧使人复结绳而用之:这句话的意思是不要文字。结绳,远古时代的一种记事方式。远古没有文字,人们依靠在绳上打结以帮助记事,绳结形状、大小的不同则标志着不同的事情。关于老子反对文字、科技的原因,见"解读二"。

⑨甘:用如使动词,"甘其食"即"使其食甘",使他们吃好。下面的"美""安""乐"的用法同"甘"。总观《老子》全书,老子并不反对发展生产,但他认为发展生产应该有一个度,要适可而止,适可而止的标准就是十二章讲的"为腹不为目"。关于这一点,也可参见三十二章"始制有名,名亦既有,夫亦将知止。知止可以不殆"的注释及"解读"。

⑩乐其俗:为百姓制定他们所乐于接受的风俗习惯。换言之,在美好的社会里,百姓愿意怎么生活,就让他们怎么生活,不要干涉、约束他们。

⑪不相往来:彼此不交往。老庄反对交往的原因,见"解读三"。

【译文】

国家要小,人口要少。即使有各种各样的器具也不使用,使百姓看重生命而不随便迁徙到远方。即使有船只车辆,也没有必要去乘坐它们;即使有武器装备,也没有必要去使用它们;让人们重新使用结绳的方法去记事。

百姓的食物甜美，衣服舒适，居住安定，风俗称心。邻国之间彼此看得见，鸡狗之声互相听得到，而人们直到老死，也不相往来。

【解读】

一

《国语·周语上》记载，周宣王进行过一次人口调查："宣王既丧南国之师，乃料民于大原。"但当时的人口数量没有记载下来。《文献通考·户口考》依据战国时期"苏、张之说，计秦及山东六国戎卒，……推人口数尚当千余万"。就在人口如此稀少的情况下，我国的先哲们已经就人口数量多少及其利弊问题展开了论争。论争主要分为两派，一派以儒家、墨家为主，认为当时人口太少，应尽快提高人口数量；一派以道家、法家为主，认为应该控制人口数量。

儒家提倡仁政，主要目的是为了百姓福祉，但也希望能够顺便以此招徕人口。孔子说只要推行仁政，"四方之民襁负其子而至矣"（《论语·子路》），"远人不服，则修文德以来之"（《论语·季氏》）。《孟子·梁惠王上》记载梁惠王向孟子诉苦："寡人之于国也，尽心焉耳矣。河内凶，则移其民于河东，移其粟于河内。河东凶亦然。察邻国之政，无如寡人之用心者。邻国之民不加少，寡人之民不加多，何也？"孟子就告诉他说要推行仁政，要让百姓"不饥不寒"，那么"天下之民至焉"。在这篇文章里，孟子也为齐宣王出过主意："今王发政施仁，使天下仕者皆欲立于王之朝，耕者皆欲耕于王之野，商贾皆欲藏于王之市，行旅皆欲出于王之涂，……其若是，孰能御之？"总之，孟子总体施政方针之一就是"广土众民"（《孟子·尽心上》）。可以说儒家将人口多少视为评判一个国家政治好坏的标准。

墨子同样认为人口应尽快增加，并且提出了比儒家更为具体的措施，强力推行早婚多育政策：

　　然人有可倍也。昔者圣王为法曰："丈夫年二十，毋敢不处家。女子年十五,毋敢不事人。"此圣王之法也。圣王既没,于民次也,其欲蚤处家者,有所二十年处家;其欲晚处家者,有所四十年处家。以其蚤与其晚相践,后圣王之法十年。若纯三年而字,子生可以二三年(疑为"人")矣。此不惟使民蚤处家,而可以倍与?(《墨子·节用上》)

墨子认为,如果一对夫妇能够提前结婚十年,那么这对夫妇就可以为国家多生两三个孩子。

道家与法家则主张控制人口数量。本章"寡民"二字明确表示老子希望控制人口增长。他认为要想实现理想社会,人口一定要少。这一主张颇具远见,因为自然资源有限,而人口增长一旦超出自然资源的承受力,对彼此都是严重伤害。现代自然资源与人口猛增之间所产生的张力,已充分证明这一点。

法家代表人物韩非就是站在这一角度,主张控制人口。韩非把战国动乱直接归咎于人口过多与自然资源匮乏这一矛盾:

古者丈夫不耕,草木之实足食也;妇人不织,禽兽之皮足衣也。不事力而养足,人民少而财有余,故民不争。是以厚赏不行,重罚不用,而民自治。今人有五子不为多,子又有五子,大父未死而有二十五孙,是以人民众而货财寡,事力劳而供养薄,故民争,虽倍赏累罚而不免于乱。(《韩非子·五蠹》)

韩非认为远古时期社会之所以安定,就是因为人口少而自然资源充裕,人们不用从事太重的体力劳动,就能够通过自然馈赠而满足衣食所需;而战国动乱的原因就是因为人口增长过快,自然界为人们提供的衣食满足不了人们的需求,从而造成人们彼此间的争夺。

对古代影响最大的是儒、墨两家的人口思想。汉惠帝即位第六年,命令"女子年十五以上至三十不嫁,五算"(《汉书·惠帝纪》)。汉朝规定每人每年要缴纳一百二十钱即一算的人头税,女子十五岁还不出嫁,每年要缴纳五算。惠帝运用经济手段敦促百姓早婚多育的目的与墨子一样。南朝周朗向朝廷也提出同样建议："女子十五不嫁,家人坐之。"(《宋书·周朗列传》)而道、法两家的主张,一直到近现代才慢慢受到重视。

二

老子反文字、科技的主张,受到学界一致批判,认为是在开历史倒车,而我们认为应该重新审视老子的这一主张。

原始社会的基本特征就是生产力极度落后,人们的文化水平非常低下。而老子的"小国寡民"社会并不具备这些特征,因为在"小国寡民"的社会里,还有舟船、甲兵、文字等先进工具,只是不去使用它们而已。我们过去阅读这段话时,总有一个疑问:既然"不用",为什么还要提出"使有什伯之器""有舟舆""有甲兵"? 其答案只能是:老子所描绘的这个社会并非我们常说的原始社会,而是要求人类经过文明发展后再自觉回归自然生活。人类初期阶段,没有车船、甲兵等什伯之器,也没有文字,后来人们创造、使用这些东西,使用一个阶段之后,又发现使用这些东西给自己带不来多少幸福,反而平添了不少麻烦,于是又自觉地把这些东西放置一边不再使用,重新回到结绳而治的纯自然生活状态。这是一个否定之否定的历史过程:

没有什伯之器,过纯自然生活——发明什伯之器,过所谓文明生活——虽有什伯之器而不用,重新恢复纯自然生活

通过这一过程,我们不难明白,老子所提倡的理想社会,不是蒙昧落后的原始时代,而是经过否定之否定后,对所谓文明的抛弃和对自然的回归。这就像老子多次提到的"复归于婴儿"(二十八章)一样。老子提倡的婴儿状态,绝非一般所说的婴儿状态,而是经过"婴儿——成人——复归婴儿"三个过程,后一种婴儿状态是大智大勇、至刚若柔的"婴儿状态"。同样,"小国寡民"是一种看似原始社会、而实际属于文明形式更高的社会。

三

老庄反对人们交往的原因有二。

一是为了避免摩擦。先秦的诸侯国很多,这些国家有时会为一点儿小事而发动一场大的战争。《史记·楚世家》记载:

> 吴之边邑卑梁与楚边邑锺离小童争桑,两家交怒相攻,灭卑梁人。卑梁大夫怒,发邑兵攻锺离。楚王闻之怒,发国兵灭卑梁。吴王闻之大怒,亦发兵,使公子光因建母家攻楚,遂灭锺离、居巢。楚乃恐而城郢。

吴国卑梁(在今安徽天长西北)一小孩与相邻的楚国锺离(在今安徽凤阳东北)一小孩为争采桑叶而争斗,这次争斗后来逐步升级,最后吴、楚两国竟然为此打了一仗。从"楚乃恐而城郢(楚国都城,在今湖北江陵纪南城)"的记载看,这次战争规模不小,而这次战争的起因仅仅是为了一篮子桑叶。

二是为了避免攀比。人的幸福感并非来自个人占有名利的多少,而是来自比较。一旦交往,就会比较;一旦比较,就会攀比;一旦攀比,就会竞争;一旦竞争,就会相互挤压,彼此伤害。交往是如何破坏人的幸福感的,我们举《庄子·秋水》的一个寓言:

> (坎井之蛙)谓东海之鳖曰:"吾乐与!出跳梁乎井干之上,入休乎缺甃之崖。赴水则接腋持颐,蹶泥则没足灭跗。还虷、蟹与科斗,莫吾能若也。且夫擅一壑之水,而跨跱坎井之乐,此亦至矣。夫子奚不时来入观乎?"东海之鳖左足未入,而右膝已絷矣。于是逡巡而却,告之海曰:"夫千里之远,不足以举其大;千仞之高,不足以极其深。……此亦东海之大乐也。"于是坎井之蛙闻之,适适然惊,规规然自失也。

井蛙的生活本来非常快乐,这种快乐来自它与虾、螃蟹和蝌蚪的比较;后来井蛙又很痛苦,而这种痛苦则来自与海鳖的比较。如果没有海鳖的来访,井蛙就会快快乐乐地过完一生,不幸的是它半道遇到了海鳖,它的快乐日子到此为止。

老子想阻断人们的交往是不可能的,但不能否认其用心还是善良的。

八十一章

【题解】

本章首先指出"信言不美""善者不辩""知者不博"等问题，接着要求人们效法"利而不害"的天道，提出圣人"既以为人，己愈有"的双赢原则。

信言不美①，美言不信；善者不辩②，辩者不善；知者不博③，博者不知。

圣人不积④，既以为人⑤，己愈有；既以与人⑥，己愈多。天之道，利而不害；圣人之道，为而不争⑦。

【注释】

①信言：诚实的话，真话。信，诚实。

②辩：会说话，有口才。对于"信言不美，美言不信。善者不辩，辩者不善"这段话，任继愈评价得十分中肯："这一章包含着一些辩证法思想。老子提出了真假、美丑、善恶等矛盾对立的社会现象，并指出某些事物的表面现象和实质的不一致。这比只从表面现象看问题是深入了一层。但是……如果认定'信言'都是'不

美'的，'美言'都是'不信'的；'辩者'一定都'不善'，'善者'一定都'不辩'，这就片面了。不能说世界上真、善、美的事物永远不能统一而只能互相排斥。因此，我们在肯定老子说对了的地方时，也要指出老子说错了的地方。"（《老子新译》）

③知者不博：明智的人不去广求知识。知，同"智"。明智。博，广泛地学习，这里主要指学习世俗知识。我们把"知者不博，博者不知"理解为"明智的人不去广求知识，广求知识的人不明智"，是以全书思想为依据。老子在十九章中说："绝学无忧。"在四十七章中说："其出弥远，其知弥少。"在其他各章中，反对博学的言论也不少。本章说的知识主要是指世俗知识。老子反对人们去学习世俗知识，要求人们只要掌握大道就可以了，因为世俗知识越多，人们的欲望就会越大，争夺也就会越激烈。

④积：指积累名利。

⑤既：尽，全部。《战国策·魏策一》引用本句时就把第一个"既"写作"尽"。如解释为"既然"的"既"，表示"……以后"，亦通。为：帮助。

⑥与人：给予别人。与，给。为什么说"圣人不积，既以为人，己愈有；既以与人，己愈多"？见"解读"。

⑦为而不争：只帮助别人而从不与人争夺。为，帮助。"不争"是老子处世的重要原则之一。在现实生活中，"不争"确实能避免一些灾难，有时甚至能得到不同程度的好处，但如果认为只要"不争"，就绝对安全，那无疑是错误的。因此，我们在理解老子思想时，一定不能过于胶着。

【译文】

真话不好听，好听的不是真话；好人不巧辩，巧辩的不是好人；明智的人不去博求世俗知识，博求世俗知识的人不明智。

圣人从不积累财富名利，尽全力去帮助别人，他自己反而变得更加富有；把一切都给予别人，他自己反而变得更加充实。大自然的运行规律，是施恩惠于万物而从不损害它们；圣人的处世原则，是只帮助别人而从不与别人争夺。

【解读】

从先秦至清代，不少贤臣良将都在践行老子的"圣人不积，既以为人，己愈有"这一原则。《战国策·魏策一》记载：

> 魏公叔痤为魏将，而与韩、赵战浍北，禽乐祚。魏王说，迎郊，以赏田百万禄之。公叔痤反走，再拜辞曰："夫使士卒不崩，直而不倚，挠拣而不辟者，此吴起余教也，臣不能为也。前脉形地之险阻，决利害之备，使三军之士不迷惑者，巴宁、爨襄之力也。县赏罚于前，使民昭然信之于后者，王之明法也。……臣何力之有乎？"……王曰："公叔岂非长者哉！既为寡人胜强敌矣，又不遗贤者之后，不掩能士之迹，公叔何可无益乎？"故又与田四十万，加之百万之上，使百四十万。故老子曰："圣人无积，尽以为人，己愈有；既以与人，己愈多。"公叔当之矣。

魏国大夫公叔痤打了大胜仗，但他把功劳归之于吴起余教、将士之力和王之明法，结果感动了魏王，在百万赏田之上，另加四十万亩。

清代曾国藩也是如此。我们在第二十八章的"解读"中谈过，按照欧阳兆熊的说法，曾国藩以儒家思想为基础，以道家思想为归宿，他不仅把"知其雄，守其雌"当作自己的座右铭，而且也积极践行老子的"既以为人，己愈有"这一原则。

《湘军志》《湘军记》等书记载，曾国藩在率兵打仗时，每打一次胜仗，他都把功劳归之于下属，自己从不揽功，这就是"圣人不积，既以为人"；我们设想一下，当下属看到主帅这种无私行为之后，肯定是感激万分，一心一意地跟着主帅作战。正是因为曾国藩的军队能够上下齐心协力，所以取得了最终的胜利。那么在整个战争取得胜利之后，朝廷会把整体功劳归之于谁？自然是归功于曾国藩，这就是"己愈有"。反过来，如果曾国藩每次打了胜仗,把所有功劳全部占为已有,其他任何人不得染指,那么结果就是将士们与他离心离德,曾国藩不仅无法取得最终胜利,自己反而会被对手击败而变得一无所有。

附录:《道德经》原文

上篇　道经

一章

道可道,非常道;名可名,非常名。

无名,天地之始;有名,万物之母。

故常无欲,以观其妙;常有欲,以观其徼。

此两者同出而异名,同谓之玄。玄之又玄,众妙之门。

二章

天下皆知美之为美,斯恶已;皆知善之为善,斯不善已。

故有无相生,难易相成,长短相较,高下相倾,音声相和,前后相随。

是以圣人处无为之事,行不言之教。万物作焉而不辞,生而不有,为而不恃,功成而弗居。夫唯弗居,是以不去。

三章

不尚贤,使民不争;不贵难得之货,使民不为盗;不见可欲,使民心不乱。

是以圣人之治:虚其心,实其腹;弱其志,强其骨。常使民无知无欲,使夫智者不敢为也。为无为,则无不治。

四章

道冲,而用之或不盈。

渊兮,似万物之宗:挫其锐,解其纷;和其光,同其尘。湛兮,似或存。吾不知谁之子,象帝之先。

五章

天地不仁,以万物为刍狗;圣人不仁,以百姓为刍狗。

天地之间,其犹橐籥乎?虚而不屈,动而愈出。多言数穷,不如守中。

六章

谷神不死,是谓玄牝。玄牝之门,是谓天地根。绵绵若存,用之不勤。

七章

天长地久。天地所以能长且久者,以其不自生,故能长生。是以圣人后其身而身先,外其身而身存。非以其无私邪?故能成其私。

八章

上善若水。水善利万物而不争,处众人之所恶,故几于道。

居善地,心善渊,与善仁,言善信,正善治,事善能,动善时。夫唯不争,故无尤。

九章

持而盈之,不如其已;揣而锐之,不可长保。

金玉满堂,莫之能守。富贵而骄,自遗其咎。功遂身退,天之道。

十章

载营魄抱一,能无离乎?专气致柔,能婴儿乎?涤除玄览,能无疵乎?爱民治国,能无知乎?天门开阖,能为雌乎?明白四达,能无为乎?

生之畜之,生而不有,为而不恃,长而不宰,是谓玄德。

十一章

三十辐共一毂,当其无,有车之用;埏埴以为器,当其无,有器之用;凿户牖以为室,当其无,有室之用。故有之以为利,无之以为用。

十二章

五色令人目盲,五音令人耳聋,五味令人口爽,驰骋畋猎令人心发狂,难得之货令人行妨。是以圣人为腹不为目,故去彼取此。

十三章

宠辱若惊,贵大患若身。

何谓"宠辱若惊"? 宠为上,辱为下,得之若惊,失之若惊,是谓宠辱若惊。

何谓"贵大患若身"? 吾所以有大患者,为吾有身,及吾无身,吾有何患? 故贵以身为天下,若可寄天下;爱以身为天下,若可托天下。

十四章

视之不见名曰夷,听之不闻名曰希,搏之不得名曰微。此三者不可致诘,故混而为一。

其上不皦,其下不昧,绳绳不可名,复归于无物。是谓无状之状,无物之象,是谓惚恍。迎之不见其首,随之不见其后。

执古之道,以御今之有,能知古始。是谓道纪。

十五章

古之善为士者,微妙玄通,深不可识。夫唯不可识,故强为之容:

豫焉,若冬涉川;犹兮,若畏四邻;俨兮,其若客;涣兮,若冰之将释;敦兮,其若朴;旷兮,其若谷;混兮,其若浊。

孰能浊以止? 静之徐清;孰能安以久? 动之徐生。

保此道者不欲盈。夫唯不盈,故能蔽不新成。

十六章

致虚极,守静笃。万物并作,吾以观复。

夫物芸芸,各复归其根。归根曰静,是谓复命,复命曰常,知常曰明。不知常,妄作,凶。

知常容,容乃公,公乃王,王乃天,天乃道,道乃久,没身不殆。

十七章

太上,不知有之;其次,亲而誉之;其次,畏之;其次,侮之。

信不足焉,有不信焉。悠兮,其贵言。功成事遂,百姓皆谓“我自然”。

十八章

大道废,有仁义;慧智出,有大伪。六亲不和,有孝慈;国家昏乱,有忠臣。

十九章

绝圣弃智,民利百倍;绝仁弃义,民复孝慈;绝巧弃利,盗贼无有。此三者以为文不足,故令有所属:见素抱朴,少私寡欲,绝学无忧。

二十章

唯之与阿,相去几何?善之与恶,相去若何?人之所畏,不可不畏。荒兮,其未央哉!

众人熙熙，如享太牢，如春登台。我独泊兮，其未兆，如婴儿之未孩。儡儡兮，若无所归。

众人皆有余，而我独若遗。我愚人之心也哉，沌沌兮！俗人昭昭，我独昏昏；俗人察察，我独闷闷。澹兮，其若海；飂兮，若无止。

众人皆有以，而我独顽似鄙。我独异于人，而贵食母。

二十一章

孔德之容，惟道是从。

道之为物，惟恍惟惚。惚兮恍兮，其中有象；恍兮惚兮，其中有物。窈兮冥兮，其中有精；其精甚真，其中有信。

自古及今，其名不去，以阅众甫。吾何以知众甫之状哉？以此。

二十二章

曲则全，枉则直；洼则盈，敝则新；少则得，多则惑。

是以圣人抱一为天下式：不自见，故明；不自是，故彰；不自伐，故有功；不自矜，故长。夫唯不争，故天下莫能与之争。

古之所谓"曲则全"者，岂虚言哉？诚全而归之。

二十三章

希言自然。故飘风不终朝，骤雨不终日。孰为此者？天地。天地尚不能久，而况于人乎？

故从事于道者同于道，德者同于德，失者同于失。同于道者，道亦乐得之；同于德者，德亦乐得之；同于失者，失亦乐得之。

信不足焉，有不信焉。

二十四章

企者不立，跨者不行；自见者不明，自是者不彰，自伐者无功，自矜者不长。其在道也，曰余食赘行，物或恶之，故有道者不处。

二十五章

有物混成，先天地生。寂兮寥兮，独立不改，周行而不殆，可以为天下母。

吾不知其名，字之曰"道"，强为之名曰"大"。大曰逝，逝曰远，远曰反。

故道大，天大，地大，王亦大。域中有四大，而王居其一焉。人法地，地法天，天法道，道法自然。

二十六章

重为轻根，静为躁君。

是以圣人终日行不离辎重，虽有荣观，燕处超然。奈何万乘之主，而以身轻天下？轻则失本，躁则失君。

二十七章

善行，无辙迹；善言，无瑕谪；善数，不用筹策；善闭，无关楗而不可开;善结,无绳约而不可解。

是以圣人常善救人,故无弃人;常善救物,故无弃物。是谓袭明。

故善人者,不善人之师;不善人者,善人之资。不贵其师,不爱其资,虽智大迷。是谓要妙。

二十八章

知其雄,守其雌,为天下谿。为天下谿,常德不离,复归于婴儿。

知其白,守其黑,为天下式。为天下式,常德不忒,复归于无极。

知其荣,守其辱,为天下谷。为天下谷,常德乃足,复归于朴。

朴散则为器,圣人用之则为官长。故大制不割。

二十九章

将欲取天下而为之,吾见其不得已。天下神器,不可为也。为者败之,执者失之。

故物或行或随,或歔或吹,或强或羸,或挫或隳。是以圣人去甚、去奢、去泰。

三十章

以道佐人主者,不以兵强天下。其事好还:师之所处,荆棘生焉;大军之后,必有凶年。

善有果而已，不敢以取强。果而勿矜，果而勿伐，果而勿骄，果而不得已，果而勿强。物壮则老，是谓不道，不道早已。

三十一章

夫唯兵者，不祥之器，物或恶之，故有道者不处。

君子居则贵左，用兵则贵右。兵者，不祥之器，非君子之器，不得已而用之，恬淡为上。胜而不美，而美之者，是乐杀人。夫乐杀人者，则不可以得志于天下矣。

吉事尚左，凶事尚右。偏将军居左，上将军居右，言以丧礼处之。杀人之众，以哀悲莅之，战胜，以丧礼处之。

三十二章

道常无名，朴虽小，天下莫能臣也。侯王若能守之，万物将自宾，天地相合，以降甘露，民莫之令而自均。

始制有名，名亦既有，夫亦将知止。知止可以不殆。

譬道之在天下，犹川谷之于江海。

三十三章

知人者智，自知者明。胜人者有力，自胜者强。知足者富，强行者有志。不失其所者久，死而不亡者寿。

三十四章

大道泛兮，其可左右。万物恃之而生而不辞，功成而不名有，衣养万物而不为主，常无欲。

可名于小,万物归焉而不为主;可名为大,以其终不自为大,故能成其大。

三十五章

执大象,天下往,往而不害,安平太。乐与饵,过客止。道之出口,淡乎其无味,视之不足见,听之不足闻,用之不足既。

三十六章

将欲歙之,必固张之;将欲弱之,必固强之;将欲废之,必固兴之;将欲夺之,必固与之。是谓微明,柔弱胜刚强。

鱼不可脱于渊,国之利器不可以示人。

三十七章

道常无为而无不为。侯王若能守之,万物将自化。化而欲作,吾将镇之以无名之朴。无名之朴,夫亦将无欲,不欲以静,天下将自定。

下篇　德经

三十八章

上德不德,是以有德;下德不失德,是以无德。

上德无为而无以为,下德为之而有以为。上仁为之而无以为,上义为之而有以为,上礼为之而莫之应,则攘臂而扔之。

故失道而后德，失德而后仁，失仁而后义，失义而后礼。夫礼者，忠信之薄而乱之首。前识者，道之华而愚之始。是以大丈夫处其厚，不居其薄；处其实，不居其华。故去彼取此。

三十九章

昔之得一者：天得一以清，地得一以宁，神得一以灵，谷得一以盈，万物得一以生，侯王得一以为天下贞。

其致之，天无以清，将恐裂；地无以宁，将恐发；神无以灵，将恐歇；谷无以盈，将恐竭；万物无以生，将恐灭；侯王无以贵高，将恐蹶。

故贵以贱为本，高以下为基。是以侯王自谓孤、寡、不榖，此非以贱为本邪？非乎？故致数舆无舆。不欲琭琭如玉，珞珞如石。

四十章

反者，道之动。弱者，道之用。天下万物生于有，有生于无。

四十一章

上士闻道，勤而行之；中士闻道，若存若亡；下士闻道，大笑之，不笑，不足以为道。

故建言有之："明道若昧，进道若退，夷道若纇，上德若谷，大白若辱，广德若不足，建德若偷，质真若渝，大方无隅，大器晚成,大音希声,大象无形。"道隐无名,夫唯道,善贷且成。

四十二章

道生一,一生二,二生三,三生万物。万物负阴而抱阳,冲气以为和。

人之所恶,唯孤、寡、不毂,而王公以为称。故物,或损之而益,或益之而损。人之所教,我亦教之:"强梁者不得其死。"吾将以为教父。

四十三章

天下之至柔,驰骋天下之至坚,无有入无间。吾是以知无为之有益。不言之教,无为之益,天下希及之。

四十四章

名与身孰亲?身与货孰多?得与亡孰病?是故甚爱必大费,多藏必厚亡。知足不辱,知止不殆,可以长久。

四十五章

大成若缺,其用不弊。大盈若冲,其用不穷。大直若屈,大巧若拙,大辩若讷。躁胜寒,静胜热,清静为天下正。

四十六章

天下有道,却走马以粪;天下无道,戎马生于郊。祸莫大于不知足,咎莫大于欲得。故知足之足,常足矣。

四十七章

不出户,知天下;不窥牖,见天道。其出弥远,其知弥少。是以圣人不行而知,不见而名,不为而成。

四十八章

为学日益,为道日损,损之又损,以至于无为。无为而无不为。取天下常以无事,及其有事,不足以取天下。

四十九章

圣人无常心,以百姓心为心。

善者,吾善之;不善者,吾亦善之,德善。信者,吾信之;不信者,吾亦信之,德信。

圣人在天下,歙歙为天下浑其心,百姓皆注其耳目,圣人皆孩之。

五十章

出生入死,生之徒十有三,死之徒十有三,人之生、动之死地亦十有三。夫何故?以其生生之厚。

盖闻善摄生者,陆行不遇兕虎,入军不被甲兵。兕无所投其角,虎无所措其爪,兵无所容其刃。夫何故?以其无死地。

五十一章

道生之,德畜之,物形之,势成之。

是以万物莫不尊道而贵德。道之尊,德之贵,夫莫之命而常自然。

故道生之,德畜之,长之育之,亭之毒之,养之覆之。生而不有,为而不恃,长而不宰,是谓玄德。

五十二章

天下有始,以为天下母。既得其母,以知其子。既知其子,复守其母,没身不殆。

塞其兑,闭其门,终身不勤。开其兑,济其事,终身不救。

见小曰明,守柔曰强。用其光,复归其明,无遗身殃,是为习常。

五十三章

使我介然有知,行于大道,唯施是畏。大道甚夷,而民好径。

朝甚除,田甚芜,仓甚虚。服文彩,带利剑,厌饮食,财货有余,是谓盗竽。非道也哉!

五十四章

善建者不拔,善抱者不脱,子孙以祭祀不辍。

修之于身,其德乃真;修之于家,其德乃余;修之于乡,其德乃长;修之于国,其德乃丰;修之于天下,其德乃普。

故以身观身,以家观家,以乡观乡,以国观国,以天下观天下。吾何以知天下然哉? 以此。

五十五章

含德之厚，比于赤子。蜂虿虺蛇不螫，猛兽不据，攫鸟不搏。骨弱筋柔而握固。

未知牝牡之合而全作，精之至也。终日号而不嗄，和之至也。知和曰常，知常曰明，益生曰祥，心使气曰强。

物壮则老，谓之不道，不道早已。

五十六章

知者不言，言者不知。

塞其兑，闭其门；挫其锐，解其纷；和其光，同其尘。是谓玄同。

故不可得而亲，不可得而疏；不可得而利，不可得而害；不可得而贵，不可得而贱。故为天下贵。

五十七章

以正治国，以奇用兵，以无事取天下。吾何以知其然哉？以此：天下多忌讳，而民弥贫；民多利器，国家滋昏；人多伎巧，奇物滋起；法令滋彰，盗贼多有。

故圣人云："我无为，而民自化；我好静，而民自正；我无事，而民自富；我无欲，而民自朴。"

五十八章

其政闷闷，其民淳淳；其政察察，其民缺缺。祸兮福之所倚，福兮祸之所伏。孰知其极？

其无正，正复为奇，善复为妖。人之迷，其日固久。是以圣人方而不割，廉而不刿，直而不肆，光而不耀。

五十九章

治人、事天莫若啬，夫唯啬，是谓早服。早服谓之重积德，重积德则无不克，无不克则莫知其极。莫知其极，可以有国。有国之母，可以长久。是谓深根固柢、长生久视之道。

六十章

治大国若烹小鲜。

以道莅天下，其鬼不神。非其鬼不神，其神不伤人。非其神不伤人，圣人亦不伤人。夫两不相伤，故德交归焉。

六十一章

大国者下流，天下之交；天下之牝，牝常以静胜牡，以静为下。

故大国以下小国，则取小国；小国以下大国，则取大国。故或下以取，或下而取。大国不过欲兼畜人，小国不过欲入事人。夫两者各得其所欲。大者宜为下。

六十二章

道者，万物之奥，善人之宝，不善人之所保。

美言可以市尊，美行可以加人。人之不善，何弃之有！

故立天子，置三公，虽有拱璧，以先驷马，不如坐进此

道。古之所以贵此道者何？不曰以求得，有罪以免邪？故
为天下贵。

六十三章

为无为，事无事，味无味，大小多少，报怨以德。

图难于其易，为大于其细。天下难事必作于易，天下大
事必作于细。是以圣人终不为大，故能成其大。

夫轻诺必寡信，多易必多难。是以圣人犹难之，故终无
难矣。

六十四章

其安易持，其未兆易谋，其脆易泮，其微易散。为之于
未有，治之于未乱。

合抱之木，生于毫末；九层之台，起于累土；千里之行，
始于足下。

为者败之，执者失之。是以圣人无为，故无败；无执，故
无失。

民之从事，常于几成而败之。慎终如始，则无败事。

是以圣人欲不欲，不贵难得之货；学不学，复众人之所
过。以辅万物之自然，而不敢为。

六十五章

古之善为道者，非以明民，将以愚之。民之难治，以其
智多。故以智治国，国之贼；不以智治国，国之福。

知此两者亦稽式，常知稽式，是谓玄德。玄德深矣、远矣，与物反矣。然后乃至大顺。

六十六章

江海所以能为百谷王者，以其善下之，故能为百谷王。

是以欲上民，必以言下之；欲先民，必以身后之。是以圣人处上而民不重，处前而民不害。是以天下乐推而不厌。以其不争，故天下莫能与之争。

六十七章

天下皆谓我道大，似不肖。夫唯大，故似不肖。若肖，久矣其细也夫！

我有三宝，持而保之：一曰慈，二曰俭，三曰不敢为天下先。慈，故能勇；俭，故能广；不敢为天下先，故能成器长。

今舍慈且勇，舍俭且广，舍后且先，死矣。夫慈，以战则胜，以守则固。天将救之，以慈卫之。

六十八章

善为士者不武，善战者不怒，善胜敌者不与，善用人者为之下。是谓不争之德，是谓用人之力，是谓配天、古之极。

六十九章

用兵有言："吾不敢为主而为客，不敢进寸而退尺。"是谓行无行，攘无臂，扔无敌，执无兵。

祸莫大于轻敌，轻敌几丧吾宝。故抗兵相加，哀者胜矣。

七十章

吾言甚易知,甚易行;天下莫能知,莫能行。

言有宗,事有君。夫唯无知,是以不我知。知我者希,则我者贵。是以圣人被褐怀玉。

七十一章

知不知,上;不知知,病。

夫唯病病,是以不病。圣人不病,以其病病,是以不病。

七十二章

民不畏威,则大威至:无狎其所居,无厌其所生。夫唯不厌,是以不厌。

是以圣人自知,不自见;自爱,不自贵。故去彼取此。

七十三章

勇于敢,则杀;勇于不敢,则活。此两者,或利或害。天之所恶,孰知其故?是以圣人犹难之。

天之道,不争而善胜,不言而善应,不召而自来,繟然而善谋。天网恢恢,疏而不失。

七十四章

民不畏死,奈何以死惧之?若使民常畏死,而为奇者,吾得执而杀之,孰敢?

常有司杀者杀。夫代司杀者杀,是谓代大匠斫。夫代大匠斫者,希有不伤其手矣。

七十五章

民之饥,以其上食税之多,是以饥;民之难治,以其上之有为,是以难治;民之轻死,以其上求生之厚,是以轻死。夫唯无以生为者,是贤于贵生。

七十六章

人之生也柔弱,其死也坚强。万物草木之生也柔脆,其死也枯槁。故坚强者死之徒,柔弱者生之徒。

是以兵强则灭,木强则折。强大处下,柔弱处上。

七十七章

天之道,其犹张弓与?高者抑之,下者举之;有余者损之,不足者补之。天之道,损有余而补不足,人之道则不然,损不足以奉有余。

孰能有余以奉天下?唯有道者。是以圣人为而不恃,功成而不处,其不欲见贤。

七十八章

天下莫柔弱于水,而攻坚强者莫之能胜,其无以易之。弱之胜强,柔之胜刚,天下莫不知,莫能行。

是以圣人云:"受国之垢,是谓社稷主;受国不祥,是为天下王。"正言若反。

七十九章

和大怨,必有余怨,安可以为善?是以圣人执左契,而不责于人。有德司契，无德司彻。

天道无亲，常与善人。

八十章

小国寡民。使有什伯之器而不用，使民重死而不远徙。虽有舟舆，无所乘之；虽有甲兵，无所陈之；使人复结绳而用之。

甘其食，美其服，安其居，乐其俗。邻国相望，鸡犬之声相闻，民至老死，不相往来。

八十一章

信言不美，美言不信；善者不辩，辩者不善；知者不博，博者不知。

圣人不积，既以为人，己愈有；既以与人，己愈多。天之道，利而不害；圣人之道，为而不争。

中华经典名著
全本全注全译丛书
（已出书目）

抱朴子内篇　　　　　　　　　　唐语林

抱朴子外篇　　　　　　　　　　北山酒经（外二种）

西京杂记　　　　　　　　　　　折狱龟鉴

神仙传　　　　　　　　　　　　容斋随笔

搜神记　　　　　　　　　　　　近思录

拾遗记　　　　　　　　　　　　洗冤集录

世说新语　　　　　　　　　　　岁时广记

弘明集　　　　　　　　　　　　传习录

齐民要术　　　　　　　　　　　焚书

刘子　　　　　　　　　　　　　菜根谭

颜氏家训　　　　　　　　　　　增广贤文

中说　　　　　　　　　　　　　呻吟语

群书治要　　　　　　　　　　　了凡四训

帝范·臣轨·庭训格言　　　　　龙文鞭影

坛经　　　　　　　　　　　　　长物志

大慈恩寺三藏法师传　　　　　　智囊全集

长短经　　　　　　　　　　　　天工开物

蒙求·童蒙须知　　　　　　　　溪山琴况·琴声十六法

茶经·续茶经　　　　　　　　　温疫论

玄怪录·续玄怪录　　　　　　　明夷待访录·破邪论

酉阳杂俎　　　　　　　　　　　潜书

历代名画记　　　　　　　　　　陶庵梦忆

唐摭言　　　　　　　　　　　　西湖梦寻

化书·无能子　　　　　　　　　虞初新志

梦溪笔谈　　　　　　　　　　　幼学琼林

东坡志林　　　　　　　　　　　笠翁对韵

声律启蒙

老老恒言

随园食单

阅微草堂笔记

格言联璧

曾国藩家书

曾国藩家训

劝学篇

楚辞

文心雕龙

文选

玉台新咏

二十四诗品·续诗品

词品

东坡养生集

闲情偶寄

古文观止

聊斋志异

唐宋八大家文钞

浮生六记

三字经·百家姓·千字
文·弟子规·千家诗

经史百家杂钞